甘肃政法学院2014年度校级重点科研项目"转型期我国社会整合研究——基于马克思主义视角"最终成果（编号：GZF2014XZDZZ04）

甘肃政法学院重点学科阶段研究成果

甘肃政法学院马克思主义学院文库

转型期我国社会整合研究
——基于马克思主义视角

张番红 著

中国社会科学出版社

图书在版编目(CIP)数据

转型期我国社会整合研究：基于马克思主义视角/张番红著.
—北京：中国社会科学出版社，2016.7
ISBN 978 - 7 - 5161 - 8519 - 3

Ⅰ.①转⋯　Ⅱ.①张⋯　Ⅲ.①社会整合—研究—中国
Ⅳ.①D669

中国版本图书馆 CIP 数据核字（2016）第 154283 号

出 版 人	赵剑英
责任编辑	田　文
特约编辑	陈　琳
责任校对	张爱华
责任印制	王　超

出　　版	中国社会科学出版社
社　　址	北京鼓楼西大街甲 158 号
邮　　编	100720
网　　址	http://www.csspw.cn
发 行 部	010 - 84083685
门 市 部	010 - 84029450
经　　销	新华书店及其他书店
印　　刷	北京明恒达印务有限公司
装　　订	廊坊市广阳区广增装订厂
版　　次	2016 年 7 月第 1 版
印　　次	2016 年 7 月第 1 次印刷
开　　本	710×1000　1/16
印　　张	19
插　　页	2
字　　数	302 千字
定　　价	69.00 元

凡购买中国社会科学出版社图书，如有质量问题请与本社营销中心联系调换
电话：010 - 84083683
版权所有　侵权必究

序　言

张番红博士的专著《转型期我国社会整合研究——基于马克思主义视角》即将付梓出版，力邀我为其撰写序言。该著作是在其博士论文基础上修改加工而成，作为其博士生导师，我亲历了他的博士论文选题、开题、撰写、成稿、修订、答辩以及后期反复修改与完善的全部过程。所以，我对这部著作有着特殊的情愫、感受和体悟。

经济新常态下，在2020年决胜全面建成小康社会转型期我国社会遭遇诸多矛盾和问题。为此，党的十八届五中全会提出以"创新、协调、绿色、开放和共享"为核心的"五大发展"新理念引领科学高效的社会整合体制机制建设，并全面助推"国家治理体系和治理能力现代化"，旨在实现近代百年以来无数仁人志士孜孜以求的国家富强、民族振兴与人民幸福等美好图景和价值诉求。可见，该选题具有重要的理论和实践指向性。该著作选取当代中国社会转型场景，以"我国社会整合"为研究对象，站在社会学立场上，从全球化与现代化出场，由转型困境切入，通篇贯穿着马克思主义理论基本视角，通过批判性反思和合理借鉴西方社会整合与我国传统社会整合思想，并联系当前世情、国情、党情和民情的新形势、新变化与新问题，探讨我国社会整合问题。其提出问题、分析问题和解决问题的思路与方法比较新颖。

一是通过文献梳理对"社会整合"及其"转型期"概念与含义进行了学理界定，详细厘清并中肯评介了中西方有关社会整合的基本理论，及其研究范式的时代价值和有益启示。

二是分析和论述了唯物史观是经典马克思主义和中国化马克思主义社会整合理论的逻辑元点，同时较为系统地总结了唯物史观中蕴含的社会整合理论基本观点。

三是以纵向论述方式对中国化马克思主义社会整合理论进行了较为全面和准确的梳理与概括。同时，着力以历史眼光探析了转型期由于社会经济体制、所有制结构、分配体制、就业体制等诸多领域变迁导致贫富差距、收入差距和城乡差距扩大、资源分配不公，以及基尼系数突破警戒线等我国社会整合面临的机遇、挑战及其要解决的新问题，严重影响社会系统结构稳定，客观上需要社会整合的干预和熨平、消解弥合与积极调适，以维持社会协调运行和有序发展，促进公平正义与和谐社会建设。接着深入阐释了转型期我国社会整合目标、任务和基本原则，及其内在结构和实践路径选择。

在我看来张番红博士的这部著作"问题意识"明确、主题突出，全文紧扣马克思主义经典原著，做到了层次分明且逻辑严密，文献梳理较为系统而全面，对其评述也还客观中肯而富有创见，表明作者对该研究领域的把握和理解比较深入。关于经典马克思主义和中国化马克思主义社会整合理论的总结与概括显示出作者比较扎实的马克思主义专业理论功底和修养。对于转型期我国社会整合面临的机遇、挑战和新问题的总体性分析与把握比较深刻和到位。对于中国共产党人社会整合理论与实践探索历程的整体性把握符合实际情况，关于其阶段性特点的论述有理论和实际两个方面的较有力支撑。该著作提出的转型期我国社会整合目标、任务和基本原则具有充足的理论和实践依据，且社会整合路径选择具有较强的现实针对性和一定的实践价值。该著作观点明确、结构完整、注释充足、写作规范、论证充分。总体上较好地体现了作为一篇博士学位论文应具有的学术性、理论性和现实指向性。

当然，社会科学中的任何一项学术研究和理论探索都有其不可避免的局限性。而转型期我国社会整合问题是当前理论界关注的高频关键词，也是热点命题，其涵盖领域比较广泛。作为初涉该课题研究的青年学者，该著作还有待在理论研究和深度挖掘方面给予进一步探讨性关切与回应，这也是该著作亟须改进和完善之处。总之，作为张番红的博士生指导教师，我很高兴看到其学术著作出版问世，也很乐意向大家推荐一读。

西北师范大学马克思主义学院院长
王宗礼教授

目 录

绪 论 …………………………………………………………… (1)

第一章 转型期的社会分化与社会整合 ………………………… (36)
 第一节 转型期是透视社会分化与整合的特定时空间场域 …… (38)
  一 国内学者视野下的社会转型内涵结构 ………………… (38)
  二 国外学者视野下的社会转型内涵历史轨迹 …………… (43)
  三 我国近现代以来的四次社会转型之旅 ………………… (47)
 第二节 转型期的社会分化与社会整合理论阐释 …………… (51)
  一 西方社会整合理论的生成背景归纳与代表性观点
   审视 ………………………………………………………… (52)
  二 我国传统社会整合理论的背景归纳与代表性观点
   审视 ………………………………………………………… (60)
 第三节 转型期国内外社会整合理论的当代价值与
    有益启示 …………………………………………… (66)
  一 西方社会整合理论的选择性借鉴与当代启示 ………… (67)
  二 我国传统社会整合理论的选择性借鉴与当代
   启示 ………………………………………………………… (70)

第二章 马克思主义社会整合理论及其发展 …………………… (74)
 第一节 唯物史观是马克思主义社会整合的理论基础 ……… (75)
  一 人类社会是在实践发展中的矛盾有机体 ……………… (76)
  二 社会基本矛盾是推动社会实践发展的根本动力 ……… (76)
  三 社会矛盾在实践发展中的永恒性 ……………………… (77)

四　马克思主义价值追求指向消灭社会对立,构设
　　　　"自由人联合体" ……………………………………（78）
第二节　经典马克思主义社会整合理论的主要内容 ………（84）
　　一　唯物史观中蕴含的社会整合思想 ………………（85）
　　二　经典马克思主义基本原理的社会整合观表达 …（90）
第三节　马克思主义社会整合理论在当代中国的发展 ……（93）
　　一　社会主义建设艰难探索时期的中国化马克思主义
　　　　社会整合理论 …………………………………（93）
　　二　有中国特色社会主义建设时期的中国化马克思主义
　　　　社会整合理论 …………………………………（95）

第三章　转型期我国社会整合面临的机遇和挑战 ……（103）

第一节　转型期我国社会整合的内在规定性 ………………（104）
　　一　社会整合的动力中心旨在调适以"利益"为核心的
　　　　社会关系 ………………………………………（106）
　　二　社会整合实践表征绝对运动和相对静止的辩证统一 …（106）
第二节　转型期我国社会整合面临难得机遇 ………………（114）
　　一　国际政治经济技术诸要素变化给我国社会整合带来
　　　　新机遇 …………………………………………（114）
　　二　国内政治经济文化社会环境变化给我国社会整合带来
　　　　新机遇 …………………………………………（117）
第三节　转型期我国社会整合遭遇严峻挑战 ………………（118）
　　一　国际大环境风云变幻给我国社会整合带来挑战 …（120）
　　二　国内经济体制深刻变革给我国社会整合带来挑战 …（122）
　　三　移动"互联网+"时代的新媒体快速发展给我国社会
　　　　整合带来挑战 …………………………………（125）
第四节　转型期我国社会整合新问题 ………………………（129）
　　一　社会结构急剧分化 …………………………………（130）
　　二　利益格局深刻调整 …………………………………（141）
　　三　思想价值观念深刻变化 ……………………………（143）
　　四　资源与生态破坏、环境污染以及食品安全等社会问题
　　　　日益凸显 ………………………………………（143）

第四章　转型期我国社会整合实践与探索 …………………… (145)

第一节　转型期从传统体制向现代新体制的转换与变迁 …… (145)
　　一　优化市场经济体制，科学安排政府和市场关系 ……… (146)
　　二　经济体制对政治体制和社会管理体制的要求 ………… (148)
　　三　体制转型的长期性和复杂性 …………………………… (149)

第二节　转型期我国社会整合的探索与演进 ………………… (149)
　　一　改革开放前的集权化治理结构与管制型机械刚性社会
　　　　整合 ……………………………………………………… (151)
　　二　改革开放以来的有机柔性社会整合 …………………… (153)

第三节　转型期中国共产党对社会整合的探索与实践 ……… (158)
　　一　党的第一代领导集体实现社会整合的探索与实践 …… (158)
　　二　党的第二代、第三代领导集体在改革中的社会整合
　　　　探索与实践 ……………………………………………… (163)
　　三　新时期新阶段的和谐社会整合探索与实践 …………… (168)

第五章　转型期我国社会整合目标、任务与基本原则 ………… (179)

第一节　转型期我国社会整合目标 …………………………… (180)
　　一　理顺社会关系，彰显社会公平正义 …………………… (180)
　　二　发展和完善有中国特色社会主义制度 ………………… (182)
　　三　增进民族团结的稳固发展 ……………………………… (183)
　　四　实现国家富强、民族振兴与人民幸福"中国梦" ……… (190)

第二节　转型期我国社会整合任务 …………………………… (192)
　　一　依法治国基础上的公民有序政治参与扩大 …………… (193)
　　二　有效调节国家和个体的利益分配与再分配关系 ……… (198)
　　三　发展和完善中国特色社会主义市场经济 ……………… (200)
　　四　积极推进国家治理体系和治理能力的现代化 ………… (202)

第三节　转型期我国社会整合基本原则 ……………………… (207)
　　一　促进人的发展与社会发展的一致性 …………………… (208)
　　二　激发社会活力，增进社会团结，实现社会稳定 ……… (208)
　　三　坚持最广泛的人民民主 ………………………………… (209)
　　四　坚持以"发展"为第一要务，着力遏制两极分化，实现
　　　　共同富裕 ………………………………………………… (217)

第六章 转型期推进我国社会整合实践路径选择 (219)

第一节 转型期我国社会整合内在结构和着力点 (220)
一 制度是社会整合的基础和保证 (220)
二 经济是社会整合的"源代码"与核心前提 (223)
三 政治是社会整合的"阿莉阿德尼线" (225)
四 文化是社会整合的"强化剂" (227)
五 价值观是社会整合的重点与难点 (229)
六 民生是社会整合的落脚点和最终归宿 (233)
七 法律是社会整合的依据和保障 (237)

第二节 转型期完善我国社会整合基本领域 (240)
一 完善我国的基本政治制度 (241)
二 完善我国的市场经济体制 (243)
三 完善我国的社会治理体制 (245)
四 完善我国的文化整合体制 (249)
五 完善我国的生态整合体制 (251)

第三节 转型期我国社会整合机制体系框架结构分析 (253)
一 利益与收入分配调控机制 (255)
二 政治参与机制 (261)
三 社会沟通与流动机制 (264)
四 区域联动均衡与矛盾协调机制 (266)
五 生态治理长效机制 (267)

结束语 (274)

主要参考文献 (278)

后 记 (293)

绪　　论

"问题意识"① 表征主体在透析客体过程中，能动反馈出问题时生成的质疑困惑与好奇探究的概念逻辑、印象认知、理解判断、心理状态与价值取向的总和。"问题意识"蕴含科学研究的最鲜明风格。有学者研究显示，意识到"问题存在"是理性思维的起点和原始创新的基础，没有"问题的思维判断"是盲动与肤浅的。所以，奥裔英国哲学家波普尔（Karl Popper）认为，任何科学研究都是源起于"问题"开始②，此所谓"学从问生、思从疑始"。"问题意识"作为科学研究的基因密码，彰显理论探索的逻辑元点，映射个体思维的"问题性"心理特质与优秀品格。可见，"问题意识"对于科学研究至关重要。德裔美国诺贝尔奖获得者爱因斯坦（Albert Einstein）认为，科学研究中的"提出问题"远比"解决问题"更重要且更困难③。而我国近代维新派代表人物暨著名思想家梁启超在归结为学切身体会时指出，能够发现"问题"只是做学问的起点，倘若科学研究找不出"问题"，那便无学问可言。由此简明扼要地阐释了但凡理论创作和学术研究，概由生成"问题意识"而得来④。因此，培育"问题意识"，要着力于养成"发现问题、提出问题，直面问题、研究问题，回答问题与解决问题"，并"以简驭繁、融会贯通"的良好思维素质与境界习惯，以此聚集推动社会科学研究的"人间正

---

① 何怀宏：《问题意识（当代博士生导师思辨集粹书系）》，山东友谊出版社2005年版。
② ［英］卡尔·波普尔：《猜想与反驳——科学知识的增长》，傅季重等译，上海译文出版社2005年版，第319页。
③ ［德］爱因斯坦、英费尔德：《物理学的进化》，周肇威译，湖南教育出版社1999年版，第66页。
④ 戴逸：《二十世纪中华学案》（综合卷1），北京图书馆出版社1999年版，第119页。

道"。转型期①，置身于市场机制在资源配置中起决定性作用广阔场域下，伴随全球化浪潮与"新五化"②运动快速深入与交织推进，"改革再出发"③号角已经吹响，具有强大社会激励保障和功能调控正能量的我国改革开放作为一种最现实"有效的社会整合机制"④和转型期最鲜明的时代符号，嵌入现代性让我国分享了世界经济一体化丰硕成果，国际影响力快速提升、综合国力跃上新台阶、生产力获得巨大释放、经济平稳较快发展⑤、人民生活显著提高⑥、民主法制建设迈出新步伐、公平正义理念的根基更加牢固，社会各系统纵深以一种爆炸性巨大变化、翻天

---

① 本书中"转型期"是指自1978年改革开放以来，我国经济、政治、文化、社会、生态与党的制度建设等各系统诸领域发生至为广泛而深刻的变迁，是透视新常态下我国社会整合的特定时空间场域。

② "富强、民主、文明与和谐"的社会主义强国是新中国的奋斗目标，从1950年到1960年我国将实现"工业、农业、国防和科学技术现代化"构想正式确定为总体国家规划。伴随有社会主义建设迅速发展，在党的十八大报告中首次提出，要坚持走中国特色"新型工业化、信息化、城镇化和农业现代化"的"新四化"道路，旨在助推"新四化"深度融合、良性互动与协调促进并同步发展。接着，党的十八届三中全会《决定》以全新思路将"全面深化改革"总体目标明确设定为全面提升"国家治理体系和治理能力现代化"，这就是外界所理解的"中国式的四个现代化"之后的"第五个现代化"，映射执政党科学因应世界局势变迁，彻底指向现代化转变和长期执政的战略谋划。随后，在2014年2月17日的省部级主要领导干部全面深化改革专题研讨班开班式上，习近平同志强调指出，推进"国家治理体系和治理能力现代化，必须完整理解和把握全面深化改革的总目标，这是两句话组成的一个整体，即完善和发展中国特色社会主义制度、推进国家治理体系和治理能力现代化。"由此表征执政党层面"工业化、信息化、城镇化、农业现代化以及国家治理体系和治理能力现代化"的"新五化"理论命题正式出场，彰显我国社会发展重要里程碑。《外媒：习近平为何提出"第五个现代化"》（http://news.sohu.com/20140814/n403439698.shtml.2014-08-14）。

③ 王波明：《改革再出发：深化中国改革的若干重大问题》，中国经济出版社2013年版。

④ 黄勇：《邓小平社会运行理论的基本点：激励与整合发展》，中国人民大学复印报刊资料《邓小平理论》2003年第5期。

⑤ 改革开放以降的我国经济快速增长相继经历了，从20世纪70年代末到80年代初"首次自由化"阶段，20世纪90年代"后发优势增长"阶段，20世纪末由精英阶层主导的"不可持续与过度投资"阶段，一直延续到党的十八大开启"再次自由化启蒙"阶段这样一个跌宕起伏的周期性发展轨迹。《专家称中国经济正处在第四个发展阶段》（http://finance.ifeng.com/a/20140620/12580090_0.shtml.2014-06-20）。

⑥ 有数据显示，2015年中国经济总量将达到10.39万亿美元，在世界诸国中仅次于美国排名第二。随之，2015年底我国人均GDP近7800美元。诚如林毅夫教授推演，我国在2020年人均收入有望达到12700美元，并成功迈入中高收入"国家"行列，从而实现2020年决胜全面建成小康社会的"第一个百年"奋斗目标。

绪 论

覆地全新姿态和"当惊世界殊"面貌呈现在世人面前，充分展现了转型期我国社会整合正能量。西方学者誉之为"中国经济增长之谜"①，也彰显了"中国体制的巨大优势"②。与此同时，快速蔓延的现代化裹挟在转型中牵引和助推全球化向世界历史嬗变，驱动世情、国情、民情、社情、政情和党情演进持续发生极为广泛而深刻的变革，有学者喻之为"三千年未有之大变局"③。缘于社会整合机制与治理体系滞后，由此遭遇市场经济"两重性"引起的社会结构断裂失衡与经济伦理缺位、消费与交往行为失范、权力寻租与阶层固化问题加剧、社会不公与张力扩大、管理与价值错位、人文精神衰微与"潜规则"④盛行、诚信缺失与信任危机、个体价值观念变异与精神生活非理性化、快速城镇化⑤与生态环境脆弱化、超老龄化社会提前到来与人口红利消减⑥以及与 GDP 数据相匹配的道德水平和价值体系有待完善等异质性社会问题相互叠加伴生并导致成

---

① 改革开放 30 多年来，我国取得巨大经济奇迹，这种快速发展在西方学者眼里不符合主流经济学理论逻辑和预设框架构想。因此，以英国经济学家彼得·罗兰为代表的西方学者将之称为"中国经济增长之谜"。

② 举国体制具有"集中力量办大事"优势。李文云：《高效是中国体制的巨大优势》，《环球时报》2013 年 8 月 20 日。

③ 转引自梁启超《李鸿章传》，中国三峡出版社 2009 年版。

④ 最早由吴思教授提出该命题，在我国是一种由来已久且独具特色"权力至上、金钱万能和人情第一"的"反法制"社会现象，是看起来为正式体制所不容且被批判的规则，却是渗透到现实生活中最为有效的"权大于法、钱大于权"游戏法则。"潜规则"盛行严重影响社会公平正义，滋生社会焦虑，是建设法治社会的最大障碍。只有立"明规则与硬规则"，让权力在阳光下运行，才能破除潜规则、陋规则。吴思：《潜规则——中国历史中的真实游戏》，云南人民出版社 2002 年版，第 3 页。

⑤ 截至 2015 年底，我国城镇常住人口 77116 万人，比上年末增加 2200 万人，乡村常住人口 60346 万人，比上年末减少 1520 万人。城乡人口数据的一增一减，使得我国城镇化率已快速上升到 56.1%，而农村人口进一步下降到 43.9%（http://www.ce.cn/xwzx/gnsz/gdxw/201601/19/t20160119_8371558.shtml）。

⑥ 改革开放以来，充足人口和劳动力供给是推动我国经济长期增长第一位财富泉。腾泰、范必等：《供给侧改革》，东方出版社 2016 年版。然而，人口老龄化已成为未富先老的我国经济可持续发展的抑制因素。目前我国 60 周岁以上老年人口约 2 亿，占总人口的 14.9% 且正在呈逐年加速上升趋势。预计 21 世纪上半叶，我国老年人口占全世界老人总量将达到 1/5，从而快速成长为超老年型国家。李红梅等：《我国 60 周岁以上老年人口约 2 亿，其中近一半处于"空巢"状态》，《人民日报》2014 年 2 月 14 日。

长中的连锁烦恼和不可避免的"变迁性社会问题"①、"发展起来以后的问题"②、"特殊人群社会问题"③ 以及"四大背景式问题"④ 和发展"过程中的问题"⑤，诱发社会成员心头笼罩一层"雾霾"，不禁使人怀念"寒门英杰辈出"⑥ 那个时代最温暖人心的变迁，映射现代性悖谬⑦与转型困境可能引发新常态下我国社会整合危机⑧。诚如著名经济学家吴敬琏教授所言，转型期"中国社会矛盾几乎到了临界点"⑨，加之持续发酵的全球金融危机也犹如"达摩克利斯之剑"让我国社会整合面临严峻风险与极大挑战。有识之士意识到，推进"国家治理体系和治理能力"现代化，社会整合正当时。

在此，合理选择与批判性借鉴法国社会学家涂尔干（Emile Durkheim）描述19世纪工业革命后凸显的社会问题并解剖其根源于"我们正在经历一个危机的时期，历史上最严重的危机莫过于近百年来欧洲社会传统的集体纪律已经丧失其权威。"⑩ 并指出"道德领域的起点就是社会领域的起点。"⑪ 历史叙事一再启迪我们，这种不平衡、不协调与不可持续性问题集中投射和聚焦于社会层面并指向转型期我国社

---

① 童星：《世纪末的挑战：当代中国社会问题研究》，南京大学出版社1995年版，第12页。

② 邓小平：《邓小平年谱》（下卷），中央文献出版社2004年版，第1364页。

③ 朱力：《当代中国社会问题》，社会科学文献出版社2008年版。

④ 吴晓林、李昌清：《中国发展所面临的"四大背景式问题"》，《学习月刊》2012年第1期。

⑤ 转型期我国遭遇的增长问题，环境与民生、作风与腐败问题，以及国际问题等都是发展中的问题、前进中的问题，质言之都是发展"过程中的问题"。郑剑：《科学对待"过程中的问题"》，《人民日报》2014年10月15日。

⑥ 迄今为止，"高考"依然是适合国情的有我国特色的社会性选拔人才最公平且最为有效的考试制度设计（http://news.xmu.edu.cn/s/13/t/33/2d/fd/info11773.htm.2013-06-06）。

⑦ 现代性在西方的缘起和孕育生成，既有效驱动社会生产力快速发展，优化了社会结构，提升了社会良序。与此同时，在新旧交替过程中又衍生出诸多社会问题，权且称之为现代性悖谬。袁君刚：《系统整合与社会整合：分析现代社会秩序的两种逻辑》，《理论月刊》2011年第7期。

⑧ 有学者认为，转型期我国社会整合遭遇因法治错位而衍生的"法律、体制、市场和路径"等四大困境。马宇：《深化改革面临四大困境》，《中国经营报》2014年7月12日。

⑨ 吴敬琏：《中国社会矛盾几乎到了临界点》（http://www.ChinaReviewnews.com.2013-9-10）。

⑩ Emile Durkheim, Moral Education. New York: The Free Press, 1961: 101.

⑪ Emil Durkheim, L'éducation Moral. Paris: Libraie Félix Alcan, 1925: 68.

会整合。基于此考量，本书立足于全球化与现代性破茧出场所衍生和释放出的一系列"社会问题"① 图景作为《转型期我国社会整合研究——基于马克思主义视角》的切题逻辑起点与言说现实依据，以加快发展社会主义市场经济、民主政治、先进文化、和谐社会、生态文明和党的制度建设科学化水平。让一切劳动、知识、技术、管理和资本的活力竞相迸发，让一切创造社会财富的源泉充分涌流，让每个人都尽享人生出彩机会，切实践行发展为了人民、发展依靠人民，让发展成果更多更公平地惠及全体人民。努力促进国家更加富强民主文明和谐、社会更加自由平等公正法治以及增进人民福祉为出发点和落脚点，着力构建"系统完备、科学规范、运行有效"的社会整合生态机制体系，着力化解突出矛盾与问题，不断推进中国特色社会主义自我完善和发展，旨在实现马克思预设每个人的"自由全面发展是一切人的自由全面发展的前提和条件"并构建"自由人联合体"的美好愿景，成为转型期我国社会整合的最终归宿指向和根本价值追求。

一 选题目的和意义

马克思说"问题就是时代的口号"②、是实践起点和理论创新的源泉，也是时代再现本体精神状态的最实际呼声。转型期我国社会整合已经成为这个火热时代的迫切呐喊，也是实现党的十八届五中全会《公报》提出 2020 年决胜全面建成小康社会奋斗目标和中华民族伟大复兴中国梦的重要抓手③，对于科学应对新常态下社会问题具有积极的学理

---

① "社会问题"容易诱发社会风险与危机，所以有学者提出，转型期"中国社会风险不容低估"观点。邱震海：《当务之急：2014—2017 年中国的最大风险》，东方出版社 2014 年版。

② 《马克思恩格斯全集》（第 40 卷），人民出版社 1982 年版，第 289 页。

③ 有学者认为，中国在 21 世纪的迅速崛起和成为一个全球性大国是举世瞩目的壮观景象和必然趋势，不仅深刻改变了世界经济格局，也嵌入全球政治、安全和文化等诸多领域并产生越来越重要的影响。实现中华民族伟大复兴的中国应当为人类和平与共同繁荣做出新贡献，其理想目标不是重建往昔的"中华帝国或中国统治世界"，也不是在霸权轮替的角逐中化身为"新霸主或天下帝国的重归"，而是着力从根本上改变霸权结构本根，最终促进人类走向公正和平与对话共建取向的"后霸权世界秩序"，即成为一个致力于终结霸权逻辑的大国。《中国的崛起不应该是重建"中华帝国"》（http://news.sina.com.cn/zl/Ruijian/2016 - 02 - 02/09365377.shtml.2016 - 02 - 02）。

价值和鲜明的实践意义。

(一) 发展和完善中国特色社会主义历史经验与探索实践的现实需要

理论是适应现时代要求而孕育生成，客观上要求必须"从已有的思想材料出发"①，这既是对传统思想的继承和发展，又映射于现实的关照与回应。马克思主义社会发展理论是马克思主义发展观的理论渊源及其经典呈现，与马克思社会生产理论、社会交换理论、社会结构理论和社会冲突理论共同结合为体系紧密的有机整体。转型期我国社会整合是马克思主义社会发展理论的重要组成部分，也是中国特色社会主义理论体系不可或缺部分。马克思主义经典作家在构建新社会的宏伟蓝图中，始终将社会整合视为一个重要抓手。新时期，建设有中国特色社会主义新的伟大工程，实践"两个一百年"奋斗目标、构筑中华民族伟大复兴中国梦，更是须臾离不开马克思主义社会整合理论的指引和规范。同时，随着时代境遇变化，社会整合应更多反映社会诉求和期盼，体现马克思主义群众观，映射党对人类社会发展规律、中国特色社会主义建设规律、共产党执政规律和马克思主义国家观的深化认识与科学判断，以及党领导下的多方参与、协同治理、以德治国与依法治国紧密结合的社会整合新视界而与时俱进。所以，社会整合是推进和升华中国特色社会主义理论体系的题中应有之义，指向我国经济社会转型发展的本质要求，彰显转型期助推国家治理体系和治理能力现代化的内在逻辑和实践诉求，是创新马克思主义社会发展理论的必然选择和实现经济社会可持续发展的现实需要。

(二) 释放社会活力、弥合社会矛盾，彰显马克思主义发展理论关照情怀

现代国家基本职能之一就是推进社会适度分化与整合。作为发展中超大型国家，我国是处于"现代化之中的社会，其政治共同体的建立，应当在'横向'上能够将社会群体加以融合，在'纵向'上能把社会

---

① 《马克思恩格斯全集》（第20卷），人民出版社1971年版，第19页。

和经济阶级加以同化。"① 以熨平现代性催生的社会"碎片化"②，用科学的社会整合收缩现代化生成的离心力。改革开放以降的剧烈社会转型，极大地增促我国连续保持世界少有的经济增长速度。同时，伴随现代化突飞猛进，市场在资源配置中的决定性地位及时出场，协同助推了国家巨大转型，使我国在较短时间赢取西方资本主义国家上百年发展成果。当前新常态下，我国迈入深化改革发展关键期、全面建成小康社会决胜期和胜利跨越"中等收入陷阱"③关键期，经济体制转型升级、政治体制稳步推进、社会结构深刻变动、利益格局深刻调整、思想观念深刻变化，共同冲击和碰撞主流意识形态，面对多元文化观念交流交锋交融的复杂变革情势，既释放社会发展巨大活力，也引发诸多严峻社会问题。如何应对和破解如上困境与挑战，以胜利化解矛盾与问题。党的十八大报告及时给出了关切和回应，社会建设事关民生福祉和幸福安康，应着力在发展经济和推进基本公共服务均等化为重点的基础上，大力保障和改善民生，积极推进社会体制改革、扩大公共服务、加强社会治理，倡导"富强民主、文明和谐，自由平等、公正法治、爱国敬业与诚信友善"为关键词的国家、社会和个体等"三维"层面的社会主义核心价值观，推动和谐社会建设。着力解决好人民群众最关心、最直接和最现实的利益诉求。因为利益是主体以一定的"社会关系为中介，以社会实践为手段，需要主体与需要对象之间的矛盾状态得到克服"④，

---

① ［美］塞缪尔·P. 亨廷顿：《变化社会中的政治秩序》，王冠华等译，上海世纪出版集团2008年版，第332页。

② 转型期我国社会"碎片化"格局蕴含社会结构尚未定型、社会态度与行为取向的多样性以及价值认知的差异和冲突等若干要素。李培林、陈光金、张翼、李炜等：《中国社会和谐稳定报告》，社会科学文献出版社2008年版，第1页。李强：《转型时期的中国社会分层结构》，黑龙江人民出版社2002年版，第59页。

③ "中等收入陷阱"，又称为"拉美陷阱"，表征经济体人均收入达到世界中等水平后，由于政治、经济、文化与社会等多种原因致使不能顺利实现发展战略与增长方式转型，导致内生增长新动力不足、经济停滞不前、贫富分化加剧、城市化进程受阻等社会矛盾凸显状态。我国是否会进入"拉美陷阱"，及其规避策略也是近年来学界广泛讨论的话题。刘福垣：《中等收入陷阱是一个伪命题》，《南风窗》2011年第16期。党国英：《惟有坚持改革开放才能避免"中等收入陷阱"》，《南方都市报》2011年9月5日。江时学：《"中等收入陷阱"：被"扩容"的概念》，《国际问题研究》2013年第2期。

④ 王伟光、郭宝平：《社会利益论》，人民出版社1988年版，第68页。

最终指向需要满足。而人们奋斗所争取的"一切都与他们的利益有关"①。毕竟，思想一旦"离开利益，就一定会使自己出丑"②。而利益是"一切人类生存的第一个前提，也就是一切历史的第一个前提"③。可见，转型期社会整合是推进社会治理，化解社会矛盾的现实需要，彰显了马克思主义社会发展理论对现实的关照情怀和服务于人民群众的强烈愿望。

（三）正确处理改革发展稳定关系，引领价值观念与保护生态的迫切需要

有学者指出，社会问题与"快速社会经济变迁有相当密切的关系"④。而"亨廷顿悖论"⑤ 认为，现代化进程是近代以来全社会范围内现代性要素及其组合方式发展生成的从低级到高级的世界性历史变革潮流和趋势。事实上，现代性"孕育着稳定，而现代化过程却滋生着动乱。产生社会秩序混乱的原因，不在于缺乏现代性，而在于为实现现代性所进行的努力。"⑥ 所以，如果一个国家或地区不稳定，那并不是因为它们贫穷，恰恰相反是因为它们急于致富的孜孜以求和无限眷恋。转型期我国社会结构日趋分化、利益冲突和社会矛盾复杂多变以及公共服务供给相对滞后情境下，以"创新、协调、绿色、开放和共享"为核心的"五大发展"新理念着力促进社会团结，积极构建社会整合生态体制机制就显得尤为重要。此时，作为一个走向现代化的超大型发展中国家，经济社会发展不可避免地会遭遇诸如"修昔底德陷阱"、"中等收入陷阱"、"卢梭陷阱"、"决策科学化陷阱"⑦、"腐败陷阱"⑧ 和

---

① 《马克思恩格斯全集》（第1卷），人民出版社1995年版，第82页。
② 《马克思恩格斯全集》（第2卷），人民出版社1995年版，第103页。
③ 《马克思恩格斯选集》（第3卷），人民出版社1975年版，第41页。
④ [美]塞缪尔·P.亨廷顿：《变化社会中的政治秩序》，王冠华等译，上海人民出版社2008年版。
⑤ 叶小文：《走出"亨廷顿悖论"》，《人民日报》（海外版）2011年7月26日第1版。
⑥ [美]塞缪尔·P.亨廷顿：《变化社会中的政治秩序》，王冠华等译，生活·读书·新知三联书店1988年版。
⑦ 辛向阳：《中国应警惕三大发展陷阱》，《人民论坛》2014年第2期。
⑧ 李永忠：《以制度反腐破反腐困境》，《组织人事报》2013年1月24日第11版。

"塔西佗陷阱"① 困扰，统称为后发外引型国家"转型陷阱"与"现代化陷阱"，是从起点到终点的渐进变迁过程中，生成利益固化格局致使经济社会发展畸形化问题不断积累，导致经济增长失速，由此孕育生发出最大限度维护既得利益的常态化与制度化的新旧混合体，激发了经济、政治、文化、社会和生态等领域的"蝴蝶效应"，使转型期我国社会整合陷入进退维谷状态。另外，市场化取向改革以降，我国传统工人阶级内涵与外延发生新变化，农民群体相对缩小，大量农民工"两栖人"② 涌现，新社会阶层更是如雨后春笋，这意味着社会结构转型分化，使得过去总体性社会依赖刚性整合手段形成的同质有序紧密的社会结构日益松散和异质化，给科学处理改革发展稳定关系，加强和创新社会整合提出了新挑战。毕竟传统社会整合模式的重管理轻服务、重处理轻预防、重人治轻法治、重控制少凝聚、重建设少治理，以及多头管理、职能交叉、权责不一、效率不高的前现代理念越发不能适应移动"互联网+"新媒体与"大数据"时代快速崛起的转型社会整合实践需要。如何有效提升社会整合，营造和谐稳定发展的社会环境与整合机制，是转型期面临的重要而紧迫的时代课题。胡锦涛同志多次强调指出，正确处理改革发展稳定关系，实现三者辩证统一，是关系"我国社会主义现代化建设全局的重要指导方针"③。当前我国处在经济发展全球化、政治格局多极化、社会思潮多元化的国家大环境与国内社会发展跨越期、中国特色社会主义"文化自觉"培育期以及和谐社会建设期的转型复合叠加期。转型就是一定程度上转轨，表征"一系列的剧变以及许许多多的非重复博弈"④。当前面临的障碍性因素就是"中等收入陷阱"，为此《人民论坛》杂志在征求国内50位知名专家意见基

---

① 该提法出自古罗马历史学家塔西佗，当公权丧失公信力时，无论什么政策，社会都会给予负评价，这就是著名的"塔西佗陷阱"定律，在信息化时代，走出该陷阱的智慧在于切实保障公众知情权、参与权、表达权与监督权。侯万锋：《走出"塔西佗陷阱"提升政府公信力》，《甘肃日报》2014年4月23日第3版。

② 朱光磊：《中国社会阶层演变的新趋势》，《北京日报》2010年4月12日第18版。

③ 本书编写组：《人民日报重要言论汇编：学习胡锦涛在庆祝中国共产党成立90周年大会上的讲话》，人民日报出版社2011年版。

④ [俄] 米洛斯拉英·贝希拉维：《理解中东欧国家发起自己"运用代理机构"改革浪潮与公共治理问题》，吴敬琏主编：《比较》第12辑，中信出版社2004年版，第46页。

础上，列出了包括经济增长停滞与回落、贫富与结构分化、就业困难等十个消极特征①。可见，加强新常态下的全领域总体性社会整合，注重治理主体多元参与、合作与共享，以及价值观念导引、生态环境保护之间的合理有序关系，促进经济发展和民生改善。着力构建富强民主、文明和谐，自由平等、公正法治，爱国敬业、诚信友善、安定有序、充满活力、人与自然和谐相处的良好社会秩序②。发展是硬道理，着力坚持"以人为本"的可持续发展模式和"创新、协调、开放、绿色与共享"为核心的"五大发展"新理念助力有中国特色"新五化"运动，以促进共同富裕和国家长治久安。

（四）加强和应对转型期社会变迁挑战，创新社会治理的理论和实践需要

随着改革再进行的共识达成和进一步深化，我国进入重要战略机遇期，体制转轨与社会转型同步推进，在经济总量持续增长的同时，社会分化导致心理失衡与社会矛盾凸显，彰显推进社会整合必要性和重要性。西方在走向现代化道路不同阶段渐次遭遇到的利益冲突与社会矛盾，在我国也会以不同方式与面貌在短时间内集中展示出来，对社会和谐稳定生成挑战。这种空前、全方位变革带来社会转型使得过去整合理念、手段、方法与机制等迫切需要升级与调整。胡锦涛同志指出，加强和创新社会管理，着力"维护人民群众权益，促进社会公平正义。"③而党的十八届五中全会就"如何破解社会整合难题、如何厚植社会整合优势"的解压策略是践行"五大发展"新理念，围绕中心、保持定力，统一于"四个全面"战略布局和"六位一体"总体格局，以释放经济增长内生活力为切入点、以促进产业结构优化升级为突破口、以扩

---

① 史志钦：《中国的经济问题要靠政治来解决》（http：//pit.ifeng.com/a/20160125/47223105_0.shtml.2016－01－25）。

② 社会秩序在本质上意味着个体行动基于成功所指导，就是说人们不仅可以有效运用知识，而且还能有信心预见从其他人那里获得合作。[英]哈耶克：《自由秩序原理》，邓正来译，生活·读书·新知三联书店1997年版，第200页。

③ 胡锦涛：《在省部级主要领导干部社会管理及其创新专题研讨班上的讲话》，《人民日报》2011年2月20日。

绪 论

大和完善国内市场为保障、以新型城镇化的循序渐进为依托，以切实改善民生福祉为核心和归宿，着力催生市场力量在推进供给侧结构性改革攻坚中确保经济运行在合理区间稳中有升，持续培育增长新动能与新业态，开辟发展新空间，提升发展新境界，握指成拳形成整合力，以"双引擎"驱动我国经济"双中高"，着力助推我国经济社会发展稳中向好的全局性深刻变革，以冲破思想观念障碍，突破利益固化藩篱，推进与创新国家治理体系和社会治理能力现代化作为全面创新社会整合总目标。

（五）协调利益关系，促进社会有序运行，着力构建和谐社会的现实需要

公平正义是社会主义核心价值诉求和目标指向，也是转型期考量社会进步与否的根本标准。缺少这个"润滑剂"的调适功效，社会矛盾与冲突就会凸显，和谐稳定的社会氛围就难以形成。公平正义不仅是"社会制度的首要价值"，也是人类社会发展始终的基本逻辑和目标追求。而社会整合是实现社会和谐的基本途径和重要抓手。当前，我国处于经济转轨与社会转型全面提速的变革时代，社会公平正义建设面临内在张力。随着社会生产力持续发展，社会分工高度精细化，社会财富逐渐增多，表征社会结构分化是客观存在的社会事实，是生产力发展和现代化进程中的必然产物。社会基本矛盾推动社会发展进步，内在规定社会结构分化的生成逻辑。社会分工是社会结构变迁的内在动因，并驱动和牵引社会结构由简单向复杂演变。社会结构分化对社会发展具有"双刃剑"效应，既有助于推动社会结构转型升级、促进人力资源优化配置、提升主体观念更新的正能量，也容易引发收入分配不公与贫富差距扩大等负效应，甚至挑战社会稳定。转型期社会分化与整合必然带来利益关系重大调整，社会各阶层在原有利益格局的积极"扬弃"中，以自主平等的主体身份，按照"民主公平与正义竞争"规则，重构新的社会利益格局是社会稳定的基石，因为社会"公平正义比太阳还要有光辉"。基于此，党的十六届四中全会有针对性地提出构建"社会主义和谐社会"的伟大战略构想，启示我们必须合理调控社会结构分化度，解决好民生问题、更加重视社会公平，"建立和完善维护社会公平的体制和机制，促进充分就业"①，完善社会保障体系，加快新常态下的发展动力、发展方式和产业结构转型升级速率，不断缩小收入差距，着力提高各阶层与群体的利益分配整合度，同时优化社会整合"含金量"，以真正发展好、实现好和维护好最广大人民群众的根本利益，让人民生活得"更加幸福更有尊严"②，使社会充满公正、文明与和谐。

二 研究现状

学术研究是前人不断沉淀铺陈和实践探索的过程，知识体系的这个特性决定了任何创新须立足于已有研究主题域的传统智慧、文献积累与考察分析，以便占据学术高峰，这是社会科学研究的预设基础和逻辑起点。如果缺失了这一步，研究者"就不可能综合、全面地了解这个世界。"③ 也就不可能取得新成就，因为孤立的研究者注定要重复前辈们曾经走过的弯路。同样，本书基于马克思主义视角探讨转型期我国社会整合问题，笔者以"社会整合"为关键词，通过 CNKI 数据总库进行期刊、学位论文、会议、报纸、集刊、年鉴等文献检索可以查阅到的资料显示，截至 2015 年 12 月 31 日，社会整合研究成果数量从 1981 年开篇之作到 2015 年的 199 篇呈逐年增长态势，其中 1981 年到 1991 年的起步探索阶段（共 19 篇）增长缓慢，1992 年到 2002 年的全面发展阶段（共 189 篇）增长明显，从 2003 年到 2015 年底的快速推进（共 2162 篇）且呈迅猛暴增状态。同时，伴随这种梯度上升趋势，"社会整合"研究相关著作成果也不断涌现，展现了理论界在社会整合规范性和科学性研究上的持续突破。而这三个阶段也恰好契合了我国改革开放"从农村家庭联产承包责任制试点全面推进到城市现代企业制度改革、从计划经济到商品经济再到市场经济以及从市场在资源配置中起补充作用到基础性作用再到起决定性作用"的改革深化全过程的三个不同历史阶

---

① 王宗礼：《收入差距、和谐社会与民主政治建设》，《甘肃社会科学》2005 年第 6 期。
② 国务院研究室编：《十一届全国人大三次会议〈政府工作报告〉辅导读本》，人民出版社 2010 年版。
③ [美] 哈里斯·库珀（Harris Cooper）：《如何做综述研究》，刘洋译，重庆大学出版社 2010 年版。

绪　论

段，充分彰显了我国社会整合在不同时期的研究侧重点和逻辑定位差异。常态下的社会整合遵循"分工—分化—整合—均衡—分化—非均衡—再整合—再均衡"的内在机理动态演绎着发展辩证法，其可能性就是基于主体共同的利益诉求以及规约个体行为的文化制度、法律价值观念和各种规范的存在。目前国内外学者从不同领域和学术视角解读社会整合，多是选取社会有机体的经济、政治、文化与社会生活等领域某一子集结构系统，运用多维坐标向度深入阐释和挖掘社会整合的内在规定性、本质特征、运行机制、功能结构与实施路径等取得了一定数量成果和见解。作为一个内涵丰富而意义深刻的概念，社会整合也被称为社会系统化，并指向社会发展一体化的基本逻辑需求，旨在通过系统的协调作用消除社会分化，促进个体遵守共同行为规范，养成共同价值理念，加强彼此依赖与功能互补，以达到整体性融汇统一。基于此，下文就转型期"社会整合"的国内外研究动态、研究状况作以文献回顾与简要评述。

（一）国外学者关于社会整合研究代表性观点与理论成果

"社会公序良俗"[①]是政治社会学关注的焦点，也是社会整合执着的价值诉求。语义生成译自西方社会学范畴的舶来词"社会整合"[②]，原本始于对现代大工业崛起，以及劳动分工与社会[③]分化加剧孕育生成的社会反常行为的关注[④]，后来逐渐从社会学扩大到哲学、经济学、政治学、文化学、人类学等领域的学者们探讨、协调及规范社会组织的常

[①] 社会公序良俗早源于罗马法，表征公共秩序与善良风俗。也有学者认为，社会公序良俗映射"政治平等、政治自由与经济自由"。Robert A. Dahl, A Preface to Economic Democracy, Polity Press, 1985：1.

[②] 随着18世纪欧洲工业革命兴起，以及文理跨学科研究普遍化，始于19世纪"社会整合"理论逐渐被引进并用以诠释社会发展过程中失序和危机的规范与熨平，旨在把社会分化通过某种方式达成彼此衔接，实现系统资源共享与协调工作，其核心机制在于将零散要素通过组合交叉、合并渗透、整理归纳成有价值、有效率且相对稳定的整体或实践活动。

[③] 马克思主义认为，社会是主体在活动和交往过程中所形成的相互关系的总称，最基本的社会关系分为物质层面和精神层面的社会关系。当然，在人类社会发展历史上社会关系是具体的和不断发展变化的。

[④] 吴晓林：《社会整合理论的起源与发展：国外研究的考察》，《国外理论动态》2013年第2期。

用概念范式。霍布斯（Thomas Hobbs）在其《利维坦》①（1651）中从政治哲学视角提出功利主义社会秩序观认为，"所有人对所有人的战争"② 这一"霍布斯难题"会自动带来社会整合。黑格尔（Georg Wilhelm Friedrich Hegel）在其《法哲学原理》（1819）中阐述了基于哲学客观唯心主义发散论的社会体系理论对诸伦理精神实体的社会整合功能。孔德（Auguste Comte）的社会秩序与进步理论暨"社会内聚力"思想中蕴含了早期社会整合萌芽及其理论关怀。马克思的历史唯物主义阶级冲突论揭示了社会变迁动力源而内含"实践整合"③ 功能。在此基础上，斯宾塞（Herbert Spencer）（1862）基于社会文化学视域下最早使用"整合"概念并提出社会结构各元素相互依赖、协调与控制的"有机体论"社会整合观。涂尔干（Emile Durkheim）借用"两分法"持续关注并最早提出基于"劳动分工和集体意识"之上结构功能主义的完整"社会整合"④ 概念，并将其建构于理想社会团结模型中依赖共同体社会的机械整合与有机整合，以及在社会意识形式与文化活动之上的"非契约性"社会整合理论。齐美尔（Georg Simmel）提出形式行动论社会整合观。随后，韦伯（Max Weber）在其《新教伦理与资本主义精神》（1920）中阐发新教伦理的理解行动理论生发现代资本主义社会整合的动力机制，并在《经济与社会》（1922）中从权威和制度层面来宏观阐述"科层制"是现代社会整合最主要组织范式。⑤ 本尼迪克特（Ruth Benedict）从文化人类学视角认为，多样性文化整合呈现出不同价值体系规定性，是非制度性社会规范整合的重要组成部分，不同的文化模式传统具有迥异的整合功能，是民族团结和社会良序的基础。并在

---

① 或称为《教会国家和市民国家的实质、形式和权力》是17世纪现代政治哲学奠基人霍布斯的代表作。

② 也有学者将"霍布斯式的敌对状态"称之为"无限制的经济竞争"。Tönnies. 1971. On Sociology：Pure, Applied and Empirical. Chicago：University of Chicago Press.

③ 有学者认为，马克思历史唯物主义境域中的阶级冲突具有"实践整合"功能。王毅：《"社会——个体互构"的社会整合机制探析——从马克思到吉登斯》，《求索》2014年第8期。

④ 岳天明：《基于道德基础的社会整合——涂尔干的社会理论及当代中国社会意义》，《华东理工大学学报》（社会科学版）2014年第2期。

⑤ 闻晓祥：《论社会整合》，南开大学博士学位论文，2007年。

其《文化模式》①（1934）中，将"文化整合"作为社会整合一部分，是人类文化中各因素组成的独特整体。索罗金（Pitirim A. Sorokin）在其《社会和文化的动力学》（1941）中提出基于符号、价值和法律规范的"文化周期循环论"② 社会整合观。科塞（Lewis A. Coser）在其《社会冲突的功能》（1956）中阐述了冲突是团结的整合器而具有社会整合功能。柯林斯（R. Collins）在其《冲突社会学：迈向一门说明性科学》（1975）中提出综合冲突与互动仪式链的社会整合论。雷克斯（Rex John）从分配视角审视冲突的社会整合观。而帕森斯（Talcott Parsons）继承和发展了涂尔干社会整合思想，提出"文化系统成为行动者的自觉"③ 社会均衡学说，从而发挥新功能主义的社会整合效果，并在其《社会体系和行动理论的演进》（1977）中首次明确阐述了结构功能主义的高度抽象和宏大叙事的"社会整合"观（AGIL），由此推动结构分化与社会变迁。在此之后不久，帕森斯的学生斯梅尔瑟（Smelser, Neil Joseph）提出分化助推现代化发展的社会整合论。以及艾森斯塔特（S. N. Eisenstaedt）提出"二维一体"的新功能主义社会整合论。

20世纪80年代以降的后帕森斯时代，达仁道夫（Ralf G. Dahrendorf）以社会共识与冲突的两面性方式阐述了其现代辩证冲突论的社会整合思想。④ 吉登斯（Anthony Giddens）提出了更加抽象的"结构二重性"社会整合理论⑤，并指出现代性断裂是时空矛盾在特定

---

① ［美］鲁思·本尼迪克特：《文化模式》，王炜译，社会科学文献出版社2009年版，转引自刘丰《先秦礼学思想与社会的整合》，中国人民大学出版社2003年版，第222—224页。
② 有学者认为，俄裔美籍社会学家索罗金从意义、价值、规范和象征认识其文化制度整合最高层次是基于社会现实和文化模式的相互依赖与个体人格互动性。张翼：《社会整合与文化整合：社会学者的"整合"观》，《人大复印报刊资料（社会学）》1994年第2期。
③ 李培林、苏国勋等：《和谐社会建构与西方社会学社会建设理论》，《社会》2005年第6期。
④ ［德］拉尔夫·达仁道夫（Ralf Dahrendorf）：《现代社会冲突——自由政治随感》，林荣远译，中国社会科学出版社2000年版。
⑤ Anna Vegle, "Differential Social Inregration among First Generation Greeks in New York", International Migration Review, Vol. 22, No. 4 (Winter, 1988), pp. 627–657.

区域的展示，要通过注入新要素以提升社会整合度①。李普塞特（Seymour Martin Lipset）在其《一致与冲突》（1995）中阐述了社会分层②功能与利益结构冲突的社会整合观。卢曼（Niklas Luhmann）提出"自为的系统功能论"认为社会系统具有自净化与纠正社会排斥的社会整合功能。罗兹曼（Gilbert Rozman）在其《中国的现代化》（2010）中提出，社会整合是社会内部各单位相互依存的整合观。洛克伍德（D. Loekwood）提出了系统整合与个体互动形成沟通和认同取向的社会整合观。哈贝马斯（Jürgen Habermas）的"交往理性沟通行动"社会整合论超越了其前辈帕森斯，他运用生活世界与社会系统理论来研究社会整合与系统整合，同时提出"人道主义"社会整合观，并将其解构为制度整合、政治整合、文化整合、规范整合、功能整合、价值整合、法律整合以及组织整合等诸多领域的社会整合生态体系。可见，哈贝马斯的社会整合属于沟通主义大社会整合观。而韦纳（Myron Weiner）在其《政治整合与政治发展》中基于政治学角度从"国家、领土、精英大众、社会秩序和民族政治"等五个层面整合进行解读③，以此推论，韦纳对社会整合的理解是立足于宽泛意义上，其适用范围也极为广泛，政治整合只是社会整合的一个子系统领域、手段和目标，从狭义理解是把国家从分离与断裂等不稳定状态下调整为良性有序运转过程，以使中央和地方以及地方之间保持统一、协调与政令畅通。派伊（Lucian W. Pye）则从整合、认同、法统、参与和分配等"六大危机"理论给后发展国家开出了熨平整合危机核心的社会整合处方④。

从以上学者及其理论观点可以看出，国外学界社会整合研究以"结构和行动"坐标探讨社会秩序的人文主义与科学主义范式，既侧重宏观视角览析社会整合总体模式，也注重从微观与主观意象理解、诠释

---

① 吴晓林：《社会整合理论的起源与发展：国外研究的考察》，《国外理论动态》2013年第2期。

② 社会分层经典理论有：马克思和新马克思主义的批判结构主义分层理论、韦伯和新韦伯主义的建构主义分层理论以及迪尔凯姆和新迪尔凯姆主义的功能主义分层理论等。刘祖云等：《转型期的中国社会分层：从理论到实践的探讨》，湖北人民出版社2009年版。

③ 潘小娟、张辰龙主编：《当代西方政治学新词典》，吉林人民出版社2001年版，第436页。

④ L. W. Pye. Aspects of Political Developmemt. Boston：Little. Brown company, 1966：63 – 67.

乃至建构，以强调其科学逻辑性，由此延伸出前期结构功能主义、新功能主义、批判理论、交往沟通主义、治理主义等整合理论多元范式，以及定性与定量相结合的实证研究法，体现出了鲜明的"西方中心主义"主导意识形态和价值立场。同时，国外学者立足于迥异学术旨趣，倾向于维护和关注个体、着力提高个体适应力，关注人与自然的和谐，强调个体本位与享乐主义，其检验多于理论发展，多指向从宏观与微观、抽象与具体、理论与实证、学理与对策等多维镜像全方位分析和解剖社会整合本质、功能、价值追求、整合领域以及内在规定性等多维视角诠释社会整合内涵，大致沿着"提出概念、建构理论范式，到检验与论证"这一"大胆假设，小心求证"的逻辑理路探寻社会整合。从学理脉络看，最早提出社会整合并用以解决现实社会问题的当属法国社会学家涂尔干，而将社会整合作为理论范式来解释社会变迁的则是美国社会学大师帕森斯。质言之，社会整合是社会整体内部各子系统之间的协同关系，旨在调整"系统内部的各套结构，防止任何严重的紧张关系和不一致对系统的瓦解"①，以维持社会系统整体动态均衡，其价值指向社会协调控制与相互依存，凝炼为"最佳社会秩序"②价值追求。从西方学者现有可获得文献中无论是以明示或潜在表达方式，都没有提及社会整合主体，也许是默认社会整合主体就是一元化社会本身缘故，而国内社会整合主体研究已经走向多元复合型模态。

（二）国内学者从社会子系统角度以及各自研究旨趣解读社会整合

从现有文献梳理和考察，我国学者对社会整合研究始于20世纪80年代初。伴随改革开放而来的"经济双重转型"③与社会急剧变迁，计划经济时代未曾触及的社会矛盾与利益冲突不断涌现，由此引起学者的

---

① ［美］安东尼·奥勒姆：《政治社会学导论》，葛云虎译，浙江人民出版社1989年版，第114页。
② 袁君刚：《系统整合与社会整合：分析现代社会秩序的两种逻辑》，《理论月刊》2011年第7期。
③ 有学者认为，改革开放38年以降，我国沿着一条从计划经济体制走向社会主义市场经济体制，同时从传统农业社会转向现代工业化社会的体制转型和发展转型叠加的经济双重转型轨迹行进，由此建构了有我国特色的社会主义改革开放之路。厉以宁：《中国经济双重转型的启示》，《人民日报》2016年2月25日第7版。

研究兴趣。其中较早关注"社会整合"的成果初见于上海大学主办的《社会》学术刊物1981年登载学者黄渭梁和张珠圣的《埃米尔·杜尔克姆》，该文将主张以社会事实"作为物体来研究"的西方社会学体系化奠基人涂尔干机械团结与有机团结的社会整合思想做了简要评介，由此开启和引领了我国学者对该领域的研究起点①。而学术界一般认为，我国社会整合研究比较系统规范且有一定理论权威的是孙立平教授于1990年6月发表在《学习与探索》杂志上的《异质性社会·政治整合·政治稳定》一文，被公认为是我国社会整合研究早期代表性成果。从20世纪90年代以来，尤其是党的十四大报告提出构建社会主义市场经济基本框架后，公民社会随之兴起，社会整合研究逐渐开始活跃并成为学界关注热点，2002年后持续达到高潮且呈快速扩张状态。市场化改革和城市化取向对我国社会的影响和渗透是全方位、深层次而异常深刻的，市场在资源配置中从基础性作用到决定性作用机制有力提升了我国社会转型跨越与快速发展，推动社会整合从刚性到柔性、从机械整合到有机整合、从单一整合到多元整合的多维度演进。近年来，国内关于该课题研究视域也已经从多学科、多向度展开，从社会整合主体、功能路径、基本内涵、理论诉求、实践指向与机制体系等切入并引起学者深入挖掘，彰显研究界域不断廓清、研究内容不断深入、研究方法不断丰富、研究视野不断拓宽且倾向于宏大叙事，旨在以提升人的全面自由发展作为马克思主义社会整合的最终价值与信仰指向。其中有代表性的国内学者和研究成果有：肖小芳等《马克思社会整合理论的新诠释——从帕森斯、洛克伍德到哈贝马斯》、王毅《"社会——个体互构"的社会整合机制探析——从马克思到吉登斯》、宁德安《社会整合初论》、吴晓林《现代化进程中的阶层分化与政治整合》、樊青青《国外社会整合的实现路径及其启示》、涂小雨《转型期中国共产党的社会整合机制研究》、贾绘泽《邓小平理论与当代中国社会整合》、王邦佐等《执政党与社会整

---

① 学者是创新思想的主体，是真理的捍卫者和社会的批判者，是肩负社会良知的化身与代言人的知识分子，作为"为理念而生的人"引进了发轫于西方"社会整合"理论模型与分析框架，试图找到破解我国转型期凸显变迁性社会问题的钥匙和路径，由此"社会整合"得以隆重出场。[美] 刘易斯·A. 科塞：《理念人——一项社会学的考察》，郭方等译，中央编译出版社2001年版，第2页。

合：中国共产党与新中国社会整合实例分析》、李辽宁《当代中国思想政治教育意识形态功能研究》、卢希望《执政党的社会整合功能研究》、程美东《改革开放以来中国社会整合体系的演变》、戴桂斌《社会转型与社会整合》、杨信礼等《论社会整合》。他们从社会整合内涵与外延，调整社会系统对象的经济、政治、文化、社会等各子目录角度探讨和追问社会整合，从意识形态整合入手，通过构建国家文化基础的社会主义核心价值观来整合公民价值认同，引领社会心态走向理性与平和，以利益平衡机制为基础提升社会整合、维护社会公序良俗、提供基本公共品和表达参与渠道，实现集体行动，其靶向选择适合我国基本国情、发展阶段、发展道路、制度模式，且兼容并包、海纳百川的有中国特色社会整合生态机制体系，其认识论渐趋辩证思维，其研究范式、方法论和发生机理突破了西方社会整合学术话语主导权，拓展了我国社会整合本土化研究问题域和新视界，从"单维分析"走向"多维透视"，呈现从学理阐释走向实证研究转轨态势，有效提升对转型期社会变迁的解释与说服力。可见，社会结构维度的子系统领域多元治理都是社会整合生态不可或缺的有机组成部分。

1. 从经济子系统维度诠释社会整合

经济子系统领域社会整合，旨在促进物质财富充分涌流，满足人民群众日益增长的物质和生活需求。在转型期经济全球化场景下，构建"大社会与小政府"的现代民主政府社会治理新模式，要充分发挥市场在资源配置中的决定性作用。当前，我国经济"现行版"遭遇严峻挑战，以前的经济增长过度依赖"四高四低"投资驱动型体制惯性，发展过程中积累问题和矛盾多、市场活力不足、经济运行效率与效益不高、产业同质化严重，经济结构亟待转型和升级，其根本出路在于积极推进供给侧改革助力我国经济行稳致远，加快从要素驱动与投资规模驱动为主走向以创新驱动为主转变，坚持以"创新、协调、绿色、开放与共享"为核心的"五大发展"新理念打造我国经济升级版，着力于调结构、转方式、激活力与转型升级是必经坎，建立战略调适与缓冲长效机制，更多依靠科技创新引领和支撑经济社会发展，以全面深化改革为动力，以厚植发展优势助推和破解发展难题与困境，以决胜2020年全面建成小康社会为总体目标。目前，拉动我国经济增长的"三驾马车"中投资过热，人民币外升内贬，国内消费乏力，对外贸易在逆境中徘徊，要提振我国经济须代之以制度改革、结构转型和要素创新为核心的"三大发动机"才是新常态下经济社会可持续发展的根本动力。为此，应着力推进产业整合，大力发展高新技术产业，打造产业集群，走自主创新道路，构建创新型国家，应积极利用后发优势，着力优化制度环境，全面拓展互利共赢与外向开放型经济水平①，着力统筹推进"新五化"运动，着力冲破体制机制束缚，不断提高经济发展质量和效益，借助于我国加入世界贸易组织（WTO）有力平台，分享世界经济发展"蛋糕"，以改革创新驱动资源配置优化、整体功能提升和国家综合实力增强，牵引经济持续健康发展与社会和谐稳定，为实现"两个一百年"宏伟蓝图奠定坚实基础。

2. 从政治子系统维度诠释社会整合

整合是对社会矛盾纠纷的化解机制与有效路径，其源动力是利益，对政治子系统的社会整合是发展中国家政治发展中面临的普遍而现实问题。学者吴素雄（2003）认为，转型期由于社会结构和思想价值观念多元化使党的执政合法性遭遇严峻挑战，计划经济时代"政党、国家和社会"一体化的威权整合方式有必要与时俱进地升级更新为"依法治国"和"以德治国"有机统一，以有效提升党执政合法化水平②。学者李辽宁（2006）认为，社会政治生活领域整合体现为实践活动，旨在打造社会协调稳定且有序运行的关系存在状态③。自此，政治生活领域的社会整合研究从无到有，折射了学术界对社会整合的高度敏锐性和开放度。学者王邦佐等（2007）认为，社会政治生活领域整合意在表明社会体系内各组成部分的"和谐关系"与社会整体的"均衡状态"。凡是为了维护社会秩序、建设和谐社会所进行的各种努力，都可视为社

---

① 张番红：《对外贸易转型发展的思考》，《宏观经济管理》2013 年第 9 期。
② 吴素雄：《当代中国社会分化与中国共产党整合功能的重新定位》，《湖北行政学院学报》2003 年第 1 期。
③ 李辽宁：《中国思想政治教育意识形态功能研究》，华中师范大学博士学位论文，2006 年。

会整合方式与过程①。同时,在宏观层面具有把关定向、利益整合、引导服务与经济增效等整合功能,在具体层面还具有解困释惑、调节情感、价值实现以及凝聚认同等整合功能,在实现从"政治动员"到"利益整合"、从"管理控制"到"引导服务"等多维角度发挥了正能量②。该领域研究有代表性的吴晓林等学者系统梳理了我国当代政治整合研究概念逻辑、问题论域、变量认识、实现路径与研究不足,从而全方位展现出理论界对整合议题研究的学术图景③。可见,政治整合旨在维护社会政治稳定、加强社会成员的政治认同,促进政治发展与社会和谐。

3. 从文化子系统维度诠释社会整合

文化是民族的血脉和精神符号,文化孕育共同价值和道德规范,以凝聚精神、激发活力。文化要植入语言载体中才能成为"决定社会秩序和被社会秩序决定的社会建设,是一种社会变迁和社会整合的关键因素"④。文化是约束个体行为潜在的一种不知不觉的内在制约因素,也是对人类生活的积极反思与沉淀,社会结构凝聚力的软整合方式就是发挥文化的凝聚力。社会整合也是文化人类学和社会学研究当中以帕森斯为代表的结构功能主义宏观分析学派的一个重要理论范畴,将社会整合视为有一定结构形态与组织化手段的完整社会系统,其组成各部分按照既定方式与路径相互联系与影响,同时对社会整体发挥着必要反作用。社会系统作为整体是以动态平衡状态存在,其任何部分变化都会趋于新的动态平衡,社会整体通过各组成部分的分工合作以达到社会系统在动态平衡中维持一种最佳功能和存在状态。所以,在社会整合过程中,要维系社会存在,须有为大众所普遍认可和接受的核心价值观作为整合主

---

① 王邦佐等:《执政党与社会整合:中国共产党与新中国社会整合实例分析》,上海人民出版社2007年版,第1页。
② 范鹏、王维平主编:《企业思想政治工作概论新编》,甘肃人民出版社2012年版,第10—14页。
③ 吴晓林、戴昌桥:《政治整合研究:概念逻辑、问题论域与研究展望》,《社会主义研究》2009年第4期。
④ Daphne W. Ntiri, "Africa's Educational Dilemma: Road-blocks to Universal Literaty for Social Integration and Change", International Review of Education. Vol. 39, No. 5 (Sep., 1993), p. 358.

导精神和灵魂。另外，作为文化的宗教社会整合功能表现为瓦解社会、心理慰藉与精神麻痹。而价值认同是文化维度诠释社会整合的一个重要向度。学者于景辉（2011）认为，随着现代化转型深入推进，社会异质性增强，发展失衡、贵贱贫富和价值观念分化加剧，亟须建立与社会发展相适应的利益分配机制，完善社会发展稳定器、协调器和安全网的社会保障机制，正确理解和尊重文化价值多元化走势，辩证对待文化全球化，充分利用文化价值的社会整合功能①。学者王虎学（2011）认为②，社会主义核心价值体系作为软实力，具有强大文化整合力、价值整合力和社会整合力，其指向社会主义核心价值体系三个层面，其中文化整合力和价值整合力是前提。可见，社会主义核心价值体系实质上更多展现文化价值与精神层面"软整合"，其整合力发挥的关键在于引导全社会成员养成对社会主义核心价值体系的文化认同和价值共识基础上，凝聚力量、整合资源，为国家立心，为民族铸魂，最终达成社会整合目标，这就是所谓的"人民有信仰、民族就会有希望、国家就会更有力量"。

4. 从社会生活子系统维度诠释社会整合

王康教授（1988）认为，社会整合是将社会存在和社会发展各要素、部分联系到一起，使之一体化。③ 学者蒋宝德等（1991）从广义和狭义两个层面解剖社会整合，广义的社会整合有制度整合、组织整合和舆论整合，狭义地表征人与社会关系的团体整合、文化整合、规范整合、意见整合以及功能整合等。④ 同时，在《中国大百科辞典》中的相关条目阐释，社会整合是调整社会中相关因素关系，缓解、消除矛盾与冲突，使之成为"有机整体的过程或结果。"⑤ 郑杭生教授（2003）认为，社会整合指向利益协调，旨在促成"人类共同体"⑥。戴桂斌教授

---

① 于景辉：《社会转型期的社会整合机制创新》，《中国社会学年会"社会稳定与社会管理机制创新"论坛论文集》2011年。
② 王虎学：《社会主义核心价值体系的整合力》，《重庆社会科学》2011年第2期。
③ 王康主编：《社会学词典》，山东人民出版社1988年版，第263页。
④ 蒋宝德、李鑫生主编：《对外交流大百科》，北京华艺出版社1991年版，第426页。
⑤ 中国大百科全书编辑部：《中国大百科全书：社会学》，中国大百科全书出版社1991年版，第351页。
⑥ 郑杭生主编：《社会学概论新修论》，中国人民大学出版社2003年版，第42页。

（2003）认为，社会整合是通过各种方式将社会结构诸因素或部分聚合为社会一体化的过程。① 朱力教授（2005）认为，社会整合是意识方面认识的趋同性或统一性，有整合社会精神纽带和"社会共同意识"，这样社会就会保持相对稳定的活动方式和社会秩序。② 学者孔令友（2005）认为，社会整合是调整与协调社会中有区别又有联系的不同群体和因素的矛盾冲突，通过相互顺应，遵守相同行为规范而达到团结一致的大一统有机均衡体系的过程和结果。③ 学者齐先朴（2008）认为，社会整合是对社会各自独立又有一定内在联系的要素按照某种规则和规范进行的调整与协调，以维系社会大致和谐，提高社会整体发展水平。④ 学者李朋（2011）认为，社会整合是对各种社会利益及其关系的协商与规整，旨在人类社会生活共同体与一体化的过程。⑤ 学者吴晓林（2013）认为，社会整合旨在回应现代化的社会衍生"断裂"问题。⑥ 学者王道勇（2014）认为，社会整合是综合运用"利益整合、资源整合、组织整合和价值整合"⑦ 等诸多手段应对社会矛盾的传统方式。所以，从一定意义上看，社会整合就是社会工程⑧、社会融合与社会整体化，是社会存在和发展的前提条件，指向提高社会一体化程度的过程，⑨ 是特定个体借助于载体而聚集在作为社会核心的理想信念周围，

---

① 戴桂斌：《社会转型与社会整合》，《求实》2003 年第 3 期。
② 朱力：《我国社会整合机制的转换：兼论"和谐社会"的理念》，《学海》2005 年第 1 期。
③ 孔令友：《构建社会主义和谐社会关键在不断强化党的社会整合功能》，《南京社会科学》2005 年第 3 期。
④ 齐先朴：《论增强党在信息时代的社会整合功能》，中共中央党校博士学位论文，2008 年。
⑤ 李朋：《谈谈党的社会整合功能》，《党政论坛》2011 年第 7 期。
⑥ 吴晓林：《社会整合理论的起源与发展：国外研究的考察》，《国外理论动态》2013 年第 2 期。
⑦ 王道勇：《从社会整合到社会合作：社会矛盾应对模式的转向》，《教学与研究》2014 年第 7 期。
⑧ 社会工程强调社会协调，映射马克思主义整合理论践行于和谐社会建设的中介环节，旨在通过理论指导和价值统摄功能，指向以社会关系再造、形成与设计，以及建构新社会事实为目标，王宏波：《社会工程研究的综合性特点及意义》，《教学与研究》2010 年第 8 期。从这个角度讲，社会工程与社会整合旨趣相契合。
⑨ 罗峰：《嵌入、整合与政党权威的重塑：对中国执政党、国家和社会关系的考察》，上海人民出版社 2009 年版，第 47 页。

促使成员间关系紧密,保持一致的行为方式和实践活动结果。

除此以外,学者樊青青(2011)从实践路径选择视角解读国外社会整合,主要有扩大意识形态的包容性,构建政党的基层组织,并探索我国选择性借鉴国外社会整合的成功经验与有益做法,以占据主流意识形态制高点,拓宽民众利益表达和政治参与渠道,充分发挥利益集团和统一战线独特整合功效等。[①] 学者吴晓林(2011)认为[②],国外社会整合的外延结构有社会整合与系统整合、结构性整合与社会心理整合,对于社会整合可能达成目的工具还是预设目的状态,对于社会整合的效度与限度,以及沟通、规则与交换等三种整合机制也进行了提炼与探讨。同时还认为,国外社会整合研究惯用实证方法聚焦于微观个体整合为主,关注社会失范,理论检验多于理论发展等。

国内学界对社会整合研究倾向于宏大叙述范式具有历史性、构成性和方向性特点,其各子系统在不同社会形态下的整合方式及其作用和指向地位有差别。同时,关于社会整合研究更多关注始于党的十四大报告从国家和制度层面构建社会主义市场经济体制以来,尤其是加入WTO后,随着经济转型跨越,社会转型失衡、人口老龄化、社会矛盾凸显、维稳迫切性以及社会差序格局生成,社会整合研究引发了学者立足于不同学科进行解读的研究热点和高潮。大体上我国学者社会整合研究经历了一个从"翻译介绍、嫁接改造、模仿借鉴、简单套用与裁剪汲取到理性反思"的逻辑进路轨迹。目前,理论和实务界对社会整合的内涵与外延、发生机制与完善进路、功能结构与标志动力、价值情怀与整合时态、当代境遇与路向坐标、本土立场与根本保障、理论自觉与基本特征、整合重点与实践途径、建构方向与提升之道、历史进程与机制运作原理等理论与实务问题的本质规定性有待达成一致和权威公认的学术定位,既有成果侧重于分析具体社会问题折射出了学者研究的独特视角和现实问题的关注。不足之处是学界多一般性地探析社会整合,基础理论研究有待加强、技术应用不够充分,内容和形式的创新不够,失却针对

[①] 樊青青:《国外社会整合的实现路径及其启示》,《求索》2011年第9期。
[②] 吴晓林:《20世纪90年代以来国外社会整合研究的理论初探》,《广东行政学院学报》2011年第1期。

绪 论

方向性且易生混乱，导致其现实意义和应用价值有所降低。同时，多学科与多背景的社会整合学术史研究及其研究方法的多样化、研究视野有待进一步开阔，研究范式与论域方法的有效性亟待实践检验。其内涵、指向与目标尚未达成权威表述，缺乏强有力的制度设计和体制安排方案，需要对症下药、顺势而为。对转型期我国社会整合现实环境分析的针对性有待与时俱进，对社会整合途径及机制研究有待深入和全面等。后危机时代和经济新常态下的社会整合有着复杂的历史经纬和现实因素，偶然中有必然，需要全面权衡考量。总之，我国社会整合研究重在宏大叙事与现实性探讨，亟待科学性、规范性、独立性和总体性研究深入，提倡以传统宏观研究为起点，尝试借用多学科研究思维方法论，拓展研究空间和深度领域，以求公允价值、返璞归真与固本培元，在研究对象内容和体系上取得新的标志性成果。

从以上国内外学者的研究成果发现，正如众多社会科学术语一样，学者们对社会整合范畴理解和界定众说纷纭、莫衷一是，诠释或描述略显模糊晦涩与模棱两可，对其内涵和概念解析版本众多，展现作为多面向"社会整合"定义域的"一个概念、多种表述"状态。总体来看，学者们是在较宽泛意义上使用和审视社会整合，这种概念的多义性和不明确性，映射了理论的"固有缺陷"，当然也蕴含了社会整合理论研究的深层潜力和多种可能性。美国学者安吉尔（Robert C. Angell）认为，社会整合作为经常提及的概念仅仅存在于许多人头脑中，是个说不清也道不明，至今仍是一个主体结构多元、内涵多变且"未产生什么成果的概念"[1]，当然也就没有一个普遍接受的严格定义，或许是人们"太熟知并非真知"，对其内涵缺乏深入研究而易于简单化，其意义反而难以把握。所以，黑格尔说，有一种习以为常的事情就是人们"在认识的时候假定某种东西是已经熟知了的，因而就这样不去管它了"[2]，而在日常生活中熟知的东西，恰好就是"他所不真知的东西"。可见，社会整合是性质模糊且不好定义的实践活动。毕竟，社会生活纷繁复杂且

---

[1] [美] R. C. 安吉尔：《社会整合》，《国外社会学》1990年第4期。转引自贾绘泽《邓小平理论与当代中国社会整合》，河北师范大学博士学位论文，2008年。

[2] [德] G. W. F. 黑格尔：《精神现象学》（上），贺麟、王玖兴译，商务印书馆1979年版，第20页。

呈多样碎片化，作为针对"利益"为核心的社会关系调适与消弭的社会整合命题的理解和研究也应该从宽泛意义的社会整合多维角度审视和阐述。由此可见，国内外学者关于转型期社会整合研究需要廓清前提、转换范式、划定界限、扩大视角、更新方法、指明方向，进一步深化与拓展研究空间，以突破重点和难点，并期待系统性研究的提升和有助于生成更有影响力、更有价值权威性与系统性的社会整合研究成果问世。同时，国内外学者立足于学理层面与社会现实联系的交叉结合向度诠释与剖析社会整合，彰显了学术理念与社会发展、学者与现实人生的良性互动和融通契合，折射了理论界对转型发展期社会整合的密切关注和敏锐判断，树立了我国社会整合学术研究坐标轴。本书通过梳理和归纳社会整合研究的代表性成果，认为转型期"社会整合"研究从概念界定到理论内涵，尽管目前学术界还没有形成较为一致的权威性表述，但是学者们从不同学科背景和观察视角解读社会整合生成有价值的代表性成果，将作为本书研究的逻辑起点。

综上所述，东西方文明的古老深沉与克制务实展现的社会整合各具特色。笔者认为，社会整合是以现代化为旨趣的转型国家必须面对的现实命题，表征社会多因素相互统一协调的过程和结果，是个包容性很强的多义性概念。社会整合外延包含政治整合、文化整合、制度整合、规范整合以及功能整合等多元形式。[①] 共同利益是社会一体化基础。多元利益之间的社会整合是其核心。社会整合需要统筹来自理性的内在控制力，以协调社会关系、平衡社会利益、规范社会行为、解决社会问题、化解社会矛盾、促进社会公正、应对社会风险、保持社会稳定，可以归纳为"贵在重民生、谋在顺民意、成在解民忧"，使我国社会在深刻变革中既生机勃勃又井然有序且"经济发展、政治清明、文化昌盛、社会公正与生态良好"的美好愿景。而处于转型期的我国社会整合表征内涵不断发展且与时俱进着的难以准确和科学界定的范畴，其动力源自全球化与现代化，其实质和关键是对利益关系调整与重塑，具有系统性、整体性和协同性等内在特征，通过逐渐消弭社会异质化而趋近于社

[①] 王邦佐等：《执政党与社会整合：中国共产党与新中国社会整合实例分析》，上海人民出版社2007年版，第1页。

绪 论

会同质化，旨在形成合理社会流动机制，构建"活力更加迸发、发展更加向好、公平更加彰显，以及稳增长、推转型、改民生"的和谐社会结构，打造公平公正、有序稳定的社会系统。转型期我国社会整合定位于大社会整合，其对于西方社会整合研究的选择性批判与合理借鉴要秉持"为我所用"的学术逻辑和思想解放①、实事求是、与时俱进、求真务实理念，一切从我国社会主义初级阶段基本国情和实际出发的科学态度，努力消解二者张力，进一步打破西方社会整合研究元理论话语垄断，摆脱"西天取经"般的思维定式，深刻总结西方社会整合成功范式，着力推进理论与实践创新，坚持"以人为本"，将西方社会整合与我国的传统文化、历史特点和现实国情相结合，涵盖"中国内容"，贡献"中国智慧"，发出"中国声音"，表达"中国方案"，以体现我国民族特色、时代特色、实践特色，彰显中国气派、中国精神、中国形象、中国文化和中国表达，从而生成转型期有中国特色社会整合体系助推我国社会治理现代化进程和绩效科学化。其社会整合生态结构包括，立足于社会主义初级阶段基本国情，以中国特色社会主义理论为指导，以经济建设为中心，共同指向激发经济活力、社会活力和制度活力，协同促进社会生产力发展，推动生产关系同生产力、上层建筑同经济基础相适应的体制机制整合，坚持以公有制为主体，多种所有制经济并存，按劳分配为主体、按生产要素分配为补充的经济基础，秉持中国特色社会主义道路、理论和制度"三个自信"，其社会整合着力点有经济、政治、文化、社会、生态，以及党的制度整合领域等"一体六翼"新格局，以推动经济社会持续健康发展的、更加注重社会整合"顶层设计"、整体规划，注重社会整合宏观、中观与微观相结合的有中国特色社会整合生态机制体系。同时，要将从下到上的自发社会整合与自上到下的总体规划性自觉整合融会贯通，推进社会整合机制科学化，努力促进"国家富强、社会公正、人民福祉"作为社会整合出发点和落脚点，具体目标是2020年决胜全面建成总体小康社会，旨在"两个一百年"

---

① 有学者认为，现代中国的第一次思想解放开启于1978年的改革开放，第二次思想解放则是1992年的构建社会主义市场经济体制，而第三次思想解放将进一步廓清共有与私有、人治与法治的迷雾，为实现"两个一百年"奋斗目标，从而为构建有我国特色的现代文明国家奠定坚实基础。

美好图景和中华民族伟大复兴中国梦，根本目标是践行马克思预设的"每个人的自由全面发展是一切人的自由全面发展的前提和条件"，并建立"自由人联合体"是其最终归宿和价值诉求。

三 运理思路、逻辑结构与主要内容

现代著名作家纳博科夫指出，事物结构高于事物本身，就是强调文章结构与演进的逻辑性、条理性与连续性地位的重要性。转型期我国社会整合嵌入社会发展过程始终，彰显社会存在的普遍规律、根本法则和基本状态，表征社会发展的内在源泉与重要动力，社会分化与社会整合共同指向社会存在。人类社会发展更多是在遵循社会发展客观规律基础上的人化社会整合的渗透作用，社会要发展必须借助于适度的社会整合方式和手段的导向与协调才能实现既定社会发展目标。社会整合是社会发展的重要前提和基本向度，社会发展是社会整合的目的、结果和状态，社会整合与社会发展对于中国特色社会主义实践同等重要。转型期我国社会整合是对以"利益为核心"社会关系的协调和规整，这种社会关系在我国社会转型期一般表现为经济、政治、文化、社会、生态和党的制度建设等若干向度，以及阶级阶层结构、社会矛盾和阶层分化，其指导思想是中国特色社会主义理论体系，社会整合主体是政治组织、社会组织和个人等多元主体，其核心主体在当代中国是执政的中国共产党，其对象是社会关系，功能展现为社会团结、社会凝聚、社会控制、社会管理、社会建设、社会治理与社会和谐，其价值目标旨在实现社会一体化和社会系统功能的协调与和谐。在社会"断裂"时代要达成社会整合目标与任务，需要综合运用多种社会整合机制，构建社会整合生态机制体系以发挥整体联动和有机协调社会整合组合拳功效，有效提升社会整合科学化水平。

本书以"问题意识"为导向，遵循"提出问题、分析问题与解决问题"技术路线和运理思路。全书共分六章，具体化为绪论、正文等框架组成。绪论作为整体规划，具体阐述了选题缘由、目的和意义，文献回顾与相关研究述评，研究思路与逻辑结构，研究方法、可能的创新点，以及研究的重点和难点、不足之处和后续研究建议。第一章，回顾和总结西方与我国传统社会整合理论的主要观点及其对转型期我国社会整合的选择性借鉴和当代启示。第二章,从唯物史观是马克思主义社会整合理论基础,以及马克思主义创始人的社会整合理论和中国化马克思主义社会整合理论等各层面阐释了马克思主义社会整合理论及其嬗递和发展。第三章,从转型期国内外社会发展出现的政治、经济、文化、技术和社会等诸要素新变化,透视我国社会整合面临的张力、机遇、挑战和问题,并对转型期我国社会整合做了积极反思。第四章,扫描式梳理了从传统体制向新体制的转换,以及执政的中国共产党在改革开放前后两个时期对社会整合的积极探索与有益实践。第五章,基于马克思主义社会整合理论的基本观点和方法,探析了转型期我国社会整合目标、任务和基本原则。第六章,从制度、经济、政治、文化、价值、民生、法律等若干代表性领域,分析了转型期我国社会整合内在结构和着力点,并从完善我国基本政治制度、市场经济体制、社会治理体制、文化整合体制和生态整合体制等镜像探讨了转型期我国社会整合基本领域,最后从利益与收入分配调控、政治参与、社会沟通与流动、区域联动均衡与矛盾协调,以及生态治理等多维向度审视了完善和优化转型期我国社会整合机制结构支撑体系总体性分析与路径选择,重构自主独立的有中国特色多模社会整合生态认同和本土性话语体系框架。结束语是基于马克思主义视角对本书主要观点的总结性表述。

四 研究方法

研究方法是学术探索的重要工具。研究方法的选择与研究对象、研究内容以及研究目的具有直接相关性。① 俄国著名生物学家巴甫洛夫认为,科学离不开研究方法的创新成就而取得成功和前进。研究方法每前进一步,我们前面就开拓了一片充满新鲜事物且更辽阔的景致。所谓"科学研究"只能在科学的总问题场所和视野内提出问题。

---

① 林尚立:《当代中国政治形态研究》,天津人民出版社2000年版,第54页。

学术研究的头等任务就在于设计研究方法①。社会科学的任务是透过纷繁的社会现象，借助于由此及彼、由表及里，去粗取精、去伪存真的辩证唯物主义和历史唯物主义研究方法，探求客观真理，揭示社会本质和规律。韦伯指出，方法如果不是用来作为"研究的准备，而是用来作为结论，对于揭示历史的真理都是无济于事的。"② 因此，本书基于马克思主义"历史与逻辑相一致"③ 的学术视角，综合运用多种研究方法。

（一）社会学、政治学等多学科交叉分析法

马克思主义认为，科学的研究方法是抽象的规定在思维逻辑运行进程中的具体再现。转型期我国社会整合有着深刻的经济政治、文化社会和生态建设背景，新中国成立67年来，我国社会孕育了急剧变迁，传统社会④"两阶级、一阶层"的单一社会结构模式逐步让位于转型期多元多样多变化的社会阶层结构。尤其是改革开放以降38年来，随着社会全方位转型变迁，我国社会系统各领域进入了快速、全面分化时期，缘于市场在资源配置中决定性地位的市场化取向改革激发了社会前所未有的激情和活力，也深刻地改变了人们的利益结构、就业方式、思想观念与价值范式。转型期我国社会整合无疑是一个综合性问题，其需以融合的眼光，跨学科视野，并借助于社会学、政治学及马克思主义相关理论对转型期我国社会整合问题有个全方位、整体认识和把握。因此，多学科综合交叉分析法是本书主要研究方法。

---

① ［俄］巴甫洛夫·伊凡·彼德罗维奇：《巴甫洛夫选集》，吴生林等译，科学出版社1955年版，第49页。

② 转引自［英］安东尼·吉登斯《资本主义与现代社会理论：对马克思、涂尔干和韦伯著作的分析》，郭忠华、潘华凌译，上海译文出版社2013年版，第171页。

③ ［德］G. W. F. 黑格尔：《哲学史讲演录》（第1卷），贺麟、王太庆译，商务印书馆1981年版，第34页。

④ 我国传统社会是自然经济为主导、以"家族宗法观念与人治官本位思维"为支撑的小国寡民社会，是家族亲情伦理的外在化延伸实体。朱岚：《中国传统官本位思想生发的文化生态根源》，《理论学刊》2005年第11期。此处传统社会是指称新民主主义革命胜利后我国致力于社会主义建设探索与实践初期的社会结构。

(二) 利益分析法

马克思主义认为，人们的一切活动都与利益有关。恩格斯指出，每一个社会的"经济关系首先是作为利益表现出来的"①。利益是探讨和审视社会整合的一把钥匙和总开关。韦伯指出，实在本身是具有"无限多方面的联系，这种无限多方面的联系对于任何无前提的认识来说都是一个混沌的世界，如果人们要试图获得对于它的清楚认识，那么就必须找到一个着眼点，并且清楚所要确定的范围。"② 所以，转型期我国社会整合研究也必须坚持用利益分析法，这样有助于科学把握利益在社会整合中的重要地位及其运行机制。

(三) 比较与数据分析法

社会现象纷繁复杂，只有透过现象才能看到事物的本质。数据是反映事物内在规律的客观实在规定。比较与数据分析法就是对照事物以廓清其异同点的常用逻辑分析方法。转型期我国社会发生了全方位、极为深刻的变化，尤其是社会分化趋向强烈。新中国成立初的我国社会阶层结构比较简单，而且长时期内保持刚性稳定，改革开放后比较短时期，社会分化快速全面，如何运用现有的整合理论来解释社会现象，需要运用比较与数据分析法通过镜鉴和参考前辈学人作出的社会整合相关调研数据以支持本书论证，从马克思主义视角探析和科学认识转型期我国社会整合理论与实践。

(四) 文本分析与史论结合法

文本体现为文献，是以文字形式为主要载体，具有历史参考价值的重要资料。文献检索与阅读是学术研究的基本方法，具有任何社会研究的无法超越性，因为其能够为研究提供翔实的学术成果，同时能呈现相关组织或单位的历史记录③，由于社会科学研究的长期性，社会现象和

---

① 《马克思恩格斯选集》(第2卷)，人民出版社1972年版，第103页。
② [德] 马克斯·韦伯：《社会科学方法论》，韩冰法、莫茜译，中央编译出版社1999年版，第18页。
③ 袁方：《社会研究方法教程》，北京大学出版社1997年版，第392页。

社会生活的复杂性，只有通过梳理学术文献史，阅读、考虑前辈学人在社会整合领域的研究综述，才能确立新的研究起点。从历史维度审视，对每一"特殊的历史情况进行具体的分析"[①]，以探析马克思主义社会整合理论蕴含在大量的马克思主义经典文献和著作中，收集、占有、检索和阅读文献资料以积累尽可能多的相关材料。恩格斯说，历史从哪里开始，"思想进程也应当从哪里开始，而思想进程的进一步发展不过是历史进程在抽象的、理论上前后一贯的形式上的反映，然而是按照现实的历史过程本身的规律修正的，"[②] 这时，每一个要素可以在它完全成熟而具有典型性发展点上加以考察。列宁在其《论民族自决权》中提出，在分析任何一个社会问题时，马克思主义理论的绝对要求，就是要把问题提到"一定的历史范围之内。"[③] 也就是要按照历史与逻辑相辩证一致的原则，对研究对象深入展开历史考察和理论分析，以科学认识社会整合理论演进与变迁。

五　本书重点与难点

社会科学研究价值体现在为解决某一社会问题而提供学理支撑与实践路径选择，为此就必须有明确的研究重点和难点，以此彰显研究的"问题意识"。

（一）重点是厘清社会整合系统思路

理论是时代的产物，是对时代问题进行理性思考的成果。任何一种理论都与其产生的时代有着密切的联系，都展现为一个时代性命题。社会整合是历史和时代的产物，是一个系统思路。根据学者研究，整合生成晚于分化。社会整合蕴含科学发展观和以"创新、协调、绿色、开放与共享"为核心的"五大发展"新理念中统筹协调思想的内在含义，是对以"利益"为中心的经济、政治、文化、社会、生态文明及党的

[①]《列宁选集》（第2卷），人民出版社1960年版，第857页。
[②]《马克思恩格斯选集》（第2卷），人民出版社1995年版，第122页。
[③]《列宁选集》（第2卷），人民出版社1960年版，第512页。

制度建设科学化诸关系的规整与协调。社会整合具有整合主体、整合中心、整合对象、整合目标、整合路径与手段，整合完整回路和过程等若干构成要素。社会整合主体为了达到社会整合目标和中心而借助于社会整合最佳路径与手段作用于社会整合对象，以实现社会整合目标，同时对社会整合绩效进行评价和反馈的这样一个完整循环流程。当然随着社会发展，社会整合机制和路径选择也会发生变化。所以，本书的重点指向，基于马克思主义整体性视角与社会学基本原理的结合，努力对社会整合的内在要求、基本内容、宗旨目标、运作方式、实践路径与绩效反馈做出分析和探讨。

（二）难点是科学构建有我国鲜明特色的社会整合机制体系

社会整合是一个系统方式。机制分析是对事物运行内部结构和机理的探求，目的是寻求制约耦合关系，找到社会病灶，实现理想整合目标和模式以及整合主体选择的最佳路径与手段，据此提出对转型期我国社会整合制度安排和政策设计有一定参考价值的理论探索与改进路径。由于我国社会转型尚在进行中，社会生活日新月异的变化决定了整合机制的探索完善和与时俱进的必要性、现实性。加之，社会整合体系开放性以及社会整合实证研究的成果数量不足等诸多因素使得构建以发展为先、经济建设彰显"提升"，以和谐为基、文化传承体现"创新"，以服务为本、社会建设更加完善，以人为本辅之以环境为要，生态建设体现"品位"的完善有效的有我国特色的社会整合机制框架体系以便发挥整合综合性功效，成为本书研究的难点。

六 本书创新点

自18世纪的欧洲工业革命开启现代化大幕以降，社会各行业分工越来越精致，学术研究也不例外。在社会科学研究高度专业且分工细密化的今天，很难找到一个全新学术增长极，先前能够取得学术进步的空白领域早已分割为学术殖民地，所以除非有相对优势，不敢轻易言说创新。当然，社会科学创新并不是仅指发现事物的全新看法，而多指向视角、方法和观点等更加适中行为。古人讲，做学问的事不知为不知，知之为知之，行家一看便可掂出半斤八两。① 基于以上考虑，本书可能的创新点：一是视角与方法的创新。本书着力于从跨学科多视角审视社会整合概念、靶向、功能、路径以及发展趋势等多维参数，通过吸纳前辈学者研究的成果精华，并加以综合提炼和概括出我国社会整合机制体系多维框架构想；二是试探性提出社会整合生态概念，以期对转型期我国社会治理有些许启示。

（一）研究视角与方法创新

社会整合与人类发展共生相伴，作为实现公序良俗目标的整合机制是维系社会秩序的平台和着力点，也是转型期各阶层地位与诉求的反映，尤其在经济新常态下社会呈现出多元剧变特征时更是如此。笔者从超星电子图书、CNKI 数据总库等目前能查阅到的已有关于社会整合的研究成果多是从社会学、政治学、经济学、管理学、法学、文化人类学、哲学伦理学等诸多视角解读和审视社会整合。本书尝试以一种跨学科和文献法的分析视野，在借鉴社会学系统论和众多学者相关成果基础上，坚持马克思主义整体性研究思路和话语言说范式，运用唯物史观和唯物辩证思维贯穿社会主义经济、政治、文化、社会与生态整合研究，并结合社会结构、社会分化、社会协调、社会沟通、社会建设、社会融合、社会治理、社会管理以及社会场域等多角度入手，尝试从学理层面厘清和探析我国社会整合内涵、结构与形式，并试图从实践层面归纳出有中国特色的社会整合机制生态体系。

（二）观点创新

转型期，在我国着力构建市场机制在资源配置中起决定性作用的社会主义市场经济体制历史进程中，现代性蕴含的社会分化异常激烈，由此生成的社会断裂危机，用传统单一和刚性的社会整合手段与路径略显力不从心，期待或选择适合我国基本国情、制度模式、发展道路与建设阶段的有综合性且兼容并包的多元柔性社会整合机制体系才能达到社会

---

① 周作人：《书房一角》，新民印书馆 1944 年版，转引自曹建华《法治问题探析》，兰州大学出版社 2003 年版，第 248 页。

绪　论

整合预期效果，这个机制体系可以称之为社会整合生态。在转型期我国社会整合研究中，将社会整合放到现实中考虑与审视，并结合社会分化事实与社会发展目标，从学理层面探寻我国社会整合机制生态结构体系多维框架构想，试图为决策层的制度设计提供理论依据。本书从理论层面厘清社会整合系统思路，从实践层面探讨社会整合机制构建，据此提出整合各种社会组织的有效路径，整体协调与统筹经济、社会、政治、文化、生态与党的制度建设诸系统，以及整合各种教育、技术、传播、沟通与认同手段，实现治理体系整合化、协同化、高效化与现代化。

第一章　转型期的社会分化与社会整合

社会①发展遵循从简单到复杂，从史前到语言与文字、再到数字信息时代的高度智能且密不可分的诸要素和系统构成的有机整体。社会的"发展途径和发展方式早已注定"②，规模市场的生产精细化分工，孕育了技术创新与科学进步，从而极大释放了劳动生产率，而非均衡发展导致了过度分化，由此引爆了社会矛盾和危机，从而使社会整合的出场具有了逻辑合理性和现实必要性。分化与整合作为人类社会发展的普遍规律和基本生存法则，是推动社会进步的原动力。在探析转型期社会变迁问题时呈现出了独特而巨大的"魅力"，其双重逻辑坐标在社会分工的中介纽带和桥梁作用下，共同孕育和互利生成社会整合的作用机理，建构起转型期我国社会发展的两个基本逻辑维度。"分化"与"整合"属于社会文化学范畴的惯常语，表征和谐共处的"命运共同体"和完美的"共生共荣"关系。盘点西方学术界，对分化作理论阐述的学者比较少，大多将学术兴趣指向社会整合研究③。而在我国情况也类似，都倾向于重整合研究而轻分化阐释，以至于在好些场景下"分化与整合"成了同义语。初源于细胞生物学术语的"分化"一词，表征细胞体发育过程的形态、结构与功能等生物物理性特征发生差异的特殊状态变

---

① 在古汉语中，"社会"两字是分开表意的，其中"社"指祭祀土地神的地方，而"会"意为聚集之意。"社会"意指人们为祭神而集合在一起。据考证，"社会"一词最早见于《旧唐书》。郑杭生：《社会学概论新修》，中国人民大学出版社2003年版，第52页。
② 杨庆祥：《人类社会发展周期性解密》，吉林文史出版社2009年版，第58页。
③ 张翼：《社会整合与文化整合：社会学者的"整合"观》，《人大报刊复印资料》（社会学）1994年第2期。

化。社会学意义的"分化",内含统一共同体的分解与破坏、转型与嬗变的性质和状态,以及社会系统结构不断分裂与重组并形成新社会结构的过程。分化使社会异质性增加,反映了社会结构的不平等格局,映射个体和群体间差距拉大。分化不仅是指领域和区域分化,也包括阶层分化、组织分化、利益分化、观念分化和个体分化等。而地质学术语"整合"一词,指代上下岩层间在时间上的发展状况和空间上的接触形态,从一个侧面直接记录了地壳运动演化史。社会学意义上,整合就是社会一体化、良性互动及秩序和谐之意,是在社会有机体系统中把有存在价值的要素和资源借助于某种纽带和介质作用有机黏合与合理配置联结在一起,或者把不同事物交互渗透,实现信息系统彼此衔接、资源共享、优化配置与协同工作,以最大限度发挥系统整体价值和功效。从历史和现实审视,整合内在包含着分化,使社会系统的各要素及其各成分之间形成有机联系,生成为功能与体系相对独立的整体。正如当代社会学理论大师亚历山大(J. C. Alexander)所言,社会分化对于确定"现代社会生活的实际特征、它所面临的紧迫威胁,以及它的现实前景而言,分化概念比当代的任何其它概念都为贴切。"[1] 关于分化与整合的生成时间,美国早期社会学家瓦尔德(Lester Frank Ward)认为,人类分化历史"已经有差不多15万年,整合也就差不多5万多年了。"[2] 可见,人类社会先有分化然后有分工的逻辑生成,千呼万唤中整合出场了。作为社会学命题的"社会整合"引起学者关注和追问应该是18世纪现代大工业迅速发展,尤其是19世纪社会学诞生以后的事情。在社会领域,作为颇具分析性和争议性矛盾体的"分化与整合"表征人类社会发展长河中相辅相成的两种趋势和基本维度,分化与整合的共生相伴,以及二者之间保持必要的张力,有助于社会协调一致,充分发挥各自的能动调适功能。

---

[1] [美] J. C. 亚历山大:《分化理论:问题及其前景》,《国外社会学》1992年第1期。
[2] Leste F. Ward, Social Differentiation and Social Integration, The American Journal of Sociology, Vol. 8, No. 6 (May, 1903).

第一节 转型期是透视社会分化与整合的特定时空间场域

在社会科学研究中,理论的要素"概念"是科学理论建构的基础,是科学认识活动的基本工具,是"解决问题的必须的和必不可少的工具,没有限定的专门概念,我们便没法迅速和准确地思考问题"[1]。同理,社会科学探究缘起于具有分类比较、量度设模等功能概念,我国社会整合研究离不开转型这个特定的时间空间场域。因此,有必要在开篇先将转型的内涵与概念做个界定与解析。20世纪50年代以降,作为西方社会功能结构学派现代化理论的"转型"议题引起学术界关注,尤其是随着冷战解体和经济全球化深入推进,核心国家和边缘国家同样面临社会经济转型问题[2]。"转型"蕴涵不同的语词定义,一般是指社会转型,包括国家的民主转型与公民转型的同步汇合。学者对"转型"的解读视角多多,没有公认的权威界定,可谓莫衷一是,各执一端,彰显转型研究的"一个概念,多种表述"复合面向状态。正如英国哲学家罗素在回答别人提出"什么是哲学"这一问题时说要弄清楚哲学是什么,"唯一的途径是去从事哲学"[3]。同样,社会转型的内在规定性是什么,得从转型渊源谈起。

一 国内学者视野下的社会转型内涵结构

转型不失为社会发展的契机,借此反思和修正路向,孕育社会发展保持正确航向和沉稳的动力。正如《周易·系辞下》中记载:"穷则变,变则通,通则久。"《淮南子》有云:"法与时变,礼与俗化。"[4]可见"变"是万物运行的铁律。转型就是发展方式的变迁,旨在实现

---

[1] [美]埃德加·博登海默:《法理学:法哲学及其方法》,邓正来、姬敬武等译,华夏出版社1987年版,第465页。
[2] Cook, I, G. & Murray G. (2001) China's Third Revolution: Tensions in the Transition to Post - Communism, London: Curzon Press.
[3] [英]伯特兰·罗素:《西方的智慧》,伯庸译,世界知识出版社1992年版,第4页。
[4] 《淮南子》,《诸子集成》,中华书局1954年版。

第一章　转型期的社会分化与社会整合

一个国家或地区从传统农业社会向现代工业社会，从总体性社会向多样性社会转轨的渐进式与爆发式相结合的治道变革与历史发展进程，不仅要实现经济现代化，而且要实现社会现代化、政治现代化以及文化现代化，更应指向包括具有现代精神气质的人的"现代化"是后发现代化国家的突出共性问题。毕竟"心态（体验结构）的现代转型比历史的社会政治经济制度的转型更为根本"[①]。可见，"转型"不同于一般制度性嬗变，是根本性变化与整体性、全方位的转化过程。[②] 发端于生物学范畴的"转型"一词意为生物演化论，源于西方社会现代化发展理论，指物种间转换，后来被逐渐借用或移植到社会学中，用以表征社会发展过程中社会结构的重大变迁，是开放社会、能动社会、公民社会和多元复合社会的过渡形态，转型彰显现代化的建构历程。台湾学者蔡明哲（1987）首先将"Social Transformation"译为"社会转型"[③]，并认为发展蕴含从传统走向现代的社会转型过程。我国社会学界最早提出并加以论证"社会转型"命题研究始见于20世纪80年代中后期，学者们尝试用这个概念来描述我国自改革开放以来社会经济领域发生的具有进化意义的宏大而精致的结构性变化。[④] 作为有机开放系统的社会，是活动和发展着的有机体，映射自然历史过程。中国社会科学院李培林教授在我国学术界最早探讨并提出"转型"理论并做学理阐述。一般认为，社会转型是现代化的存在方式、状态与结果，映像整体性发展与结构性异动，表征社会发展的数量关系分析框架，从这个层面审视，社会转型与现代化是同义语。所以，对于我国现代化的诉求，如果不和社会转型相结合，可能就是一个很大的缺陷。[⑤] 在"互联网＋"时代和经济新常态下，我国的社会转型既遵循了"社会转型的一般规律，又具有其独

[①]［德］马克斯·舍勒:《资本主义的未来》，刘小枫编，罗悌伦等译，香港牛津大学出版社1995年版，第5页。

[②] Gomulka, L. (2001) The Transformational Recession under a Resource Mobility Constraint, Journal of Comparative Economics, 29 (3).

[③] 蔡明哲:《社会发展理论——人性与乡村发展取向》，台湾巨流图书公司1987年版，第66页。

[④] 卢汉龙、彭希哲主编:《二十世纪中国社会科学》（社会学卷），上海人民出版社2005年版，第356页。

[⑤] 袁方等:《中国社会结构转型》，中国社会出版社1998年版，第209页。

特性"①。

转型期我国社会正经历着从乡村到城市、从封闭半封闭到逐步开放、从同质到异质、从伦理移位到法理的现代化进程中。② 著名的社会学家郑杭生教授（1996）认为，转型是社会制度从一个时期向另一个时期的过渡阶段，是从转型前期到转型后期，从计划到市场，从传统型社会向现代性社会的转变过程，是从农业的、乡村的、封闭半封闭状态的传统型社会，向工业的、城镇的、开放的现代性社会状态的转变，转型不仅意味着社会结构和机制切换，还包括人们的价值观与行为方式等的全面切换。③ 学者方江山（2000）认为，我国社会转型经历了短暂的"侵蚀阶段"、"转型探索阶段"和"市场全面转型阶段"。④ 学者韩庆祥（2002）认为，转型是发展理念和价值的变迁，社会结构质的变化，社会运作方式、机制和特征的变化，是从权力社会走向能力社会，由人治社会走向法治社会，由人情社会走向理性社会，由依附社会走向自立社会，由身份社会走向公民社会，由注重先赋走向注重后致社会，由一元化社会走向多样化社会，由静态社会走向流动社会，由"国家"社会走向"市民"社会。⑤ 学者徐海波（2003）认为，转型是运动型式和社会类型的转变与过渡。⑥ 学者宫志刚（2004）认为，社会转型是从传统的原型低级社会规范结构向发展逻辑的更高层次的演进和升级，是社会体制在较短时间内的急剧切换和叠加变迁、社会结构的重大转变和社会发展的阶段性转变以及社会的更替。⑦ 谢舜教授（2005）认为，转型内在规定了社会要素组织化程度提高和社会组织系统结构改善。⑧ 刘祖

---

① 李培林：《"另一只看不见的手"：社会结构转型》，《中国社会科学》1992年第5期。
② 陆学艺、景天魁：《转型中的中国社会》，黑龙江人民出版社1994年版，第32页。
③ 郑杭生：《中国社会转型中的社会问题》，中国人民大学出版社1996年版，第1—3页。
④ 方江山：《非制度政治参与：以转型期的中国农民为对象分析》，人民出版社2000年版，第7—8页。
⑤ 韩庆祥：《当代中国的社会转型》，《现代哲学》2002年第3期。
⑥ 徐海波：《中国社会转型和意识形态问题》，中国社会科学出版社2003年版，第1页。
⑦ 宫志刚：《社会转型与秩序重建》，中国人民公安大学出版社2004年版，第6—10页。
⑧ 谢舜：《非政府组织与当代中国的社会转型》，《中国行政管理》2005年第2期。

云教授（2007）认为，社会转型是社会从一种类型向另一种类型的嬗变、是传统因素与现代因素的由内到外、由表及里、由名到实的一个此消彼长的社会发展与进化过程，蕴含社会系统各层面变迁，以及社会与自然关系的整体性、特定的社会发展过程。① 有学者将社会转型分为原发内源性社会转型、后发外源性社会转型，以及中国特色社会主义社会转型。② 我国著名学者陆学艺和李培林教授（2007）认为，社会转型是从产品经济向市场经济、从农业社会向工业社会、从乡村社会向城镇社会、从封闭社会向开放社会、从同质单一社会向异质多元社会、从伦理社会向法理社会的综合发展的进化过程，其外延包括结构、机制和观念的变迁升级等的全面转型。③ 学者梁波认为，转型表征社会结构变迁为基础的，由国家垄断向社会相对独立，从总体性社会向分化型社会的总体生存格局的组织、身份、制度、生活方式、价值观念及人格的内外全面转型。④ 转型是从分散低度整合的传统社会到高度集中整合的总体性社会的变迁。⑤ 学者李强等（2008）认为，我国传统社会是政府主导型、整体利益型、关系身份等级型和家庭伦理本位型社会，要转型为现代社会，须在政府与市场、整体与个体、关系与法理以及家庭伦理与个体自由之间找到平衡点。⑥

与此同时，在迈向现代化进程中，还面临经济和社会转轨的任务，实现从计划经济到市场经济、从传统社会到现代社会的过渡和变迁。⑦ 转型作为"当代中国社会问题"是从前现代性传统社会转变为现代性社会，从此岸到彼岸的问题，其核心是社会结构的变迁，旨在从传统社

---

① 刘祖云：《中国社会发展三论：转型·分化·和谐》，社会科学文献出版社 2007 年版，第 3—13 页。
② 罗谟鸿、邓清华、胡建华、李芳编著：《当代中国社会转型研究》，西南师范大学出版社 2007 年版，第 4 页。
③ 陆学艺、李培林主编：《中国社会发展报告》，社会科学文献出版社 2007 年版。
④ 梁波：《当代中国社会利益结构变化对政治发展的影响》，兰州大学出版社 2007 年版，第 64—71 页。
⑤ 李友梅等：《中国社会生活的变迁》，中国大百科全书出版社 2008 年版，第 110 页。
⑥ 李强主编：《中国社会变迁 30 年（1978—2008）》，社会科学文献出版社 2008 年版，第 4—6 页。
⑦ 刘祖云、田北海等：《转型期中国社会分层从理论到现实的探讨》，湖北长江出版集团 2009 年版，第 1 页。

会向基于自由理性与个人权利的现代核心价值观为支撑,以市场经济、民主政治和民族国家为基本制度的现代文明形态的转型。① 也有学者认为,转型是包括"从计划到市场、从人治向法治、从集权向分权、从传统意识形态向现代意识形态"② 转变与过渡,是五千年文明与现代国家重叠的"超大型人口规模、超广阔疆域国土、超悠久历史传统、超深厚文化积淀等四超与独特语言政治、社会经济等四特"内涵超大规模"文明型国家"③ 转轨。学者杜玉华(2012)认为,转型本质是社会结构的"整体性、根本性的变动,整体性、渐进性、异质性、重叠性和形式性"是其基本特征。同时指出,社会转型经历了"起步与探索、确立与调整、深入与优化"三个周期性阶段,呈现了"从传统型社会结构向现代型社会结构"的变迁与演进,为我国社会整合贡献了正能量。④ 转型旨在全面实现现代化,现代化意味着"一切新的和老的、现代的和传统的集团,越来越意识到他们自己是集团,越来越意识到他们相对于其它集团的利益和权利。"⑤ 也有学者认为,我国的社会现代化转型,表征我国的历史条件、现实状况和经济全球化的产物,是民族自强和国家强盛的必然要求,是我国现代化道路上的一次全新探索,蕴涵经济体制和社会结构的转型,是由国家主导的,旨在实现工业化、城市化、民主化、世俗化、科层化和理性化的整体、常态和循序渐进式的历史镜像过程。⑥ 学者蔡昉(2014)认为,转型是从人口红利为主到改革红利为主导的变迁。⑦ 转型的常见存在状态是渐进式演变与跨越式渐

---

① 秦晓:《当代中国问题:现代化还是现代性》,社会科学文献出版社2009年版,第3—18页。
② 王新红:《转型时期宏观调控中的政府信用及其法治保障研究》,人民出版社2011年版,第20页。
③ 张维为:《中国震撼:一个"文明型国家"的崛起》,上海人民出版社2011年版,第64—79页。
④ 杜玉华:《社会转型的结构性特征及其在当代中国的表现》,《华东师大学报》2012年第5期。
⑤ [美]塞缪尔·P.亨廷顿:《变化社会中的政治秩序》,王冠华等译,生活·读书·新知三联书店1988年版,第35页。
⑥ 李朝祥:《嬗变与整合:公民政治意识和国家意识形态》,世界图书出版公司2013年版,第105—125页。
⑦ 蔡昉:《破解中国经济发展之谜》,中国社会科学出版社2014年版。

第一章 转型期的社会分化与社会整合

变,由此展现了社会转型本质属性的结构性变动,① 造就了当代中国的社会结构转型在所处历史方位、驱动机制、策略方针、内容动力以及路径取向等多维向度呈现出具有鲜明的我国特色和时代特点。

二 国外学者视野下的社会转型内涵历史轨迹

在18世纪法国"启蒙思潮"②的开启和引领下,伴随工业革命深入推进,欧洲资本主义发达国家率先迈入了现代化的发展大门,世界面貌由此改变,表明人类社会步入了近代社会转型时期,西方资本主义国家的工业革命取得了飞速发展,相继实现了现代化,创造了巨大社会生产力,促进了社会快速转型与变迁。为此,马克思说资产阶级在它的"不到一百年的阶级统治中所创造的生产力,比过去一切世代创造的全部生产力还要多,还要大。"③过去哪一个世纪能够料想到在社会劳动里蕴藏有这样巨大的生产力呢?

时光如白驹过隙,时不我待。现代化之路到了19世纪20年代,关押在圣赫勒拿岛上的拿破仑(Napoléon Bonaparte)一世提醒拜访他的英国国王特使阿美士德(William Pitt Amherst)时将中华民族称为"沉

---

① 王帆宇、朱炳元:《社会转型的实质与当代中国视野》,《江苏社会科学》2014年第3期。

② "启蒙思潮"缘起于18世纪法国启蒙运动,是一个举世瞩目的始于观念更新而及于自由实践的重大漫长的"理性"革命,其指向人类文明新时代。然而最先关注追问,乃至广泛探讨"什么是启蒙?"命题的却是德国思想家。1783年,在德国《柏林月刊》上刊载了著名神学家和教育改革家的策尔纳(Johanan Friedrich Zoellner)的文章直接发问:"何谓启蒙?这个就像什么是真理一样重要的问题,在有人开始启蒙之前诚然应该得到回答!但是,我还没有发现它已经被回答!"接着,康德在1784年的《答复这个问题:"什么是启蒙运动?"》(《历史理性批判文集》,何兆武译,商务印书馆1990年版)中认为,启蒙运动"就是人类脱离自己所加之于自己的不成熟状态。不成熟状态就是不经别人的引导,就对运用自己的理智无能为力。……要有勇气运用你自己的理智!这就是启蒙运动的口号。"可见,学者们各具特色的"启蒙"回答,使得启蒙至今,也没有取得学界的清晰定义,反而更加扑朔迷离。启蒙所确立的世界图景、思维方式与价值观念奠定了现代性基本路向,同时现代性危机,又使启蒙备受质疑。彭文刚:《启蒙之后的"启蒙"——启蒙世界观的内在逻辑与当代反思》,吉林大学博士学位论文,2013年。

③ 《马克思恩格斯选集》(第1卷),人民出版社1995年版。

睡的狮子"①，并强调指出："中国并不软弱，它只不过是一只睡眠中的狮子……中国一旦被惊醒，世界会为之震动。"如今，中国这头狮子已经醒了，但这是一只和平可亲与文明的狮子。可是英国人置若罔闻，因为资本家是人格化了的资本，资本追逐利润的天然属性决定了，作为资本代言人的英国资产阶级为了攫取原料产地和打开中国庞大市场，扭转中英贸易格局中英方外贸出超的不利局面，并试图把中国沦为其殖民地，悍然发动了对中国的鸦片战争，这场战争标志着中国近代历史"由盛而衰"的转折点。从此，古老的中国社会进入了"三千年未有之大变局"的急剧转型时期。来自西方坚船利炮的胁迫和冲击下，中国传统社会秩序开始解组，对于转型期的中国知识分子来说，构建一个符合"自由平等正义与公平公正"的理想社会秩序，成为社会整合的首要目标和价值追求。"自由与平等"作为现代性的两维逻辑坐标，二者之间存在着内在张力。西方资本主义文明纵然从学理上承诺"自由与平等"理念并将其标榜在了自己的旗帜上，却无法在实践层面予以圆满解决。就这样中国被迫走上了一条救亡图存的转型之路，这被学者们认为是中国近代社会转型的开始②，这条路是西方资本主义文明世界用枪炮威逼利诱着具有五千年文明史的中华帝国而载入近代史册的，因此这条转型道路也称为"暴力外引性转型之路"，以有别于西方资本主义国家的"原生性"转型之路。

有学者从马克思主义唯物史观角度解读，社会转型就是从低级社会向高级社会的进化过程，是人类社会从原始社会、奴隶社会、封建社会、资本主义社会向社会主义、共产主义社会的过渡和迈进征程。社会转型不仅通过改进运行方式来完善原有制度，而且是整合性的改变和引入全新的制度安排，即以"新制度代替旧制度"③。法国政治社会学奠

---

① 有学者认为，中国就像是一个"巨大的立方体"，在排山倒海的浪潮中会倾覆，但之后仍会顽强地矗立在那里，以另一面正视世界，永不消失，也永不沉没。柏杨：《中国人史纲》，人民文学出版社2011年版。

② 高全喜、何剑雄等：《国家决断中国崛起过程中的战略抉择》，中国友谊出版总公司2010年版，第4页。

③ ［波］格泽格尔兹·W.柯勒德克：《从休克到治疗：后社会主义转轨的政治经济》，刘小勇、应春子、纪志宏等译，上海远东出版社2000年版，第2页。

基人托克维尔（Alexis de Tocqueville）认为，社会转型是"从专制社会向民主社会"的转换过程。英国社会学家斯宾塞认为，社会转型就是"从军事尚武社会向工业社会"的转变。法国社会学家涂尔干认为，社会转型是"从机械团结社会向有机团结社会"的变迁。德国社会学家韦伯认为，社会转型是"从前现代社会向现代社会和后现代社会"的断裂性的变迁和发展。美国学者梅约（Maijoor S.）认为，社会转型是"从身份社会向契约社会的"演进。德国社会学家滕尼斯（Ferdinand Tnnies）认为，传统社会与现代社会弥合的纽带与桥梁是社会整合，而社会转型就是"从礼俗社会向法理社会，从共同体到社会"的整合变革。马克思的从"前资本主义社会"到"资产阶级社会"的形态变迁。被誉为"后工业社会"大师的美国学者贝尔（Daniel Bell）认为，社会转型是从"前工业社会、工业社会向后工业社会，从宗教社会向世俗社会"的代谢与变迁。转型是向现代化的迈进，而现代化的关键是人的现代化。正如美国著名现代化问题专家英格尔斯（Alex Inkeles）所说，在整个国家向现代化发展的转型过程中，人"是一个基本的因素。一个国家，只有当她的人民是现代人，其国民从心理和行为上都转变为现代人格，她的现代政治、经济和文化管理机构中的工作人员都获得了某种与现代化发展相适应的现代性，"[1] 这样的国家才是现代化的国家。哈贝马斯认为中国的社会转型自晚清起航经历了100多年历程，至今仍是一个"未完成的方案"。

综合国内外学者从社会学、人类学、历史学、政治学等多维学术视角对社会转型的诠释和解读，本书认为转型彰显当代中国社会的基本状态和鲜明特征，表征当下我国社会最为贴切的描述。转型是个多面向范畴，有着极为丰富的内涵与价值判定，呈现同一术语或概念，在大多数情况下，"由不同境势中的人来使用时，所表示的往往是完全不同的东西"[2]，这一事实，涉及器物技术、制度、体制、结构以及价值系统与文化心理等几乎无所不包的现代文明秩序形态的更新升级。19世纪英国著名法学家梅因

---

[1] 李培根：《人的现代化是教育永恒主题》，《中国科学报》2014年1月6日第1版。
[2] K. Mannheim Ideology and Utopia, Eng. trans. by Louis Wirth and Edward Shils, London: Routledge & Kegan Paul. 1960, p. 245.

(Henry James Sam Moines）认为，转型是从"身份到契约"的社会进步运动过程①。转型是社会运动形式的转变与过渡，包括社会结构和社会运行机制的切换。转型是从旧式现代性向新型现代性，从前现代性到现代性的过渡、渐变和突变。②改革开放蕴含的我国近现代以来的第四次社会转型大大推进了从以"皇权专制和家族宗法"为标志的传统社会向现代社会的过渡，从"强干预"社会走向"弱干预"社会，从以计划为主体的"短缺经济"体制走向了以市场经济为主体的"丰裕社会"体制。③转型期我国社会发展范式具有实践理性、实事求是、整体思维、强势政府、稳定优先、民生为大、渐进改革、顺序差异、混合经济与对外开放等若干特点。④转型内含社会总体结构变迁，是从要素驱动到创新驱动，其实质是利益格局的重新调适，表征为社会结构的分化与整合，旨在维护社会的动态均衡和建构"多元现代性"。新常态下的我国社会转型发端于党的十一届三中全会后"单位制"和"身份制"社会的渐次解体，在经济模式上实现"从强制性增长到出口导向型增长"⑤的转变，在工作重心上实现从"'以阶级斗争为纲'转到'以经济建设为中心上来'"⑥，在制度构设上实现从社会主义向后社会主义转变。

当前，我国社会转型是蕴含全球化转型、社会自我转型和虚拟社会转型的"三大转型"⑦，表征从"传统控制型"社会走向"后传统现代开放型"社会，经济形态由计划经济向市场经济，产业结构的转型是单一走向多元复合，社会形态的转型是传统刚性总体性转向现代性，治理结构的转型是从管理导向走向治理为主理念的多维创新，由集权统一向民主分权、价值观念由单一向多元化、从传统的农业社会向现代工业、城镇化、市场

---

① [英]梅因：《古代法》，沈景一译，商务印书馆1996年版，第97页。
② 郑杭生主编：《中国社会结构变化趋势研究》，中国人民大学出版社2004年版，第3页。
③ 孙立平、沈原、李友梅等：《转型社会的研究立场和方法》，社会科学文献出版社2009年版。
④ 张维为：《中国震撼：一个"文明型国家"的崛起》，上海人民出版社2011年版，第100—114页。
⑤ [法]塞巴斯蒂安·查尔斯、伊利斯·卡洛尼等：《中国的社会主义转型与增长体制》，张永红译，《国外理论动态》2013年第2期。
⑥ 《邓小平论建设有中国特色的社会主义》，中共中央党校出版社1993年版，第33页。
⑦ 汪大海主编：《社会管理》，中国人民大学出版社2013年版。

化与国际化社会的全面推进,治理方式从人治向法治、从集权向民主、从乡村走向城市,社会思想从官本位向民本位,文化从经学向科学的全领域转变。从市场被禁锢到成功转型为一个市场开放的全球经济大国,从走出传统社会主义到发展中国特色社会主义市场经济,从单一市场经济到多元市场经济①,从以"农业、农村为主的传统帝国"向"工业、城市为主的现代强国"、从原有的"金字塔型的官僚化社会结构"逐步过渡到"网络型的多元化社会结构"、从"血缘亲缘化的个人关系主导"逐步转变为"正式与非正式的契约化关系主导"社会的转轨与变迁,从内向、自我封闭性向开放、国际化转变,从威权体制向民主法制化体制转变,单一行政性社会整合到多元契约性转变,从神灵权力支配型社会到超越资本支配型社会的大转型,从节俭型社会到消费型社会,从威权走向民主、从熟人社会到陌生人社会,从国家与社会一体化到强社会、弱国家的转轨,经济体制转轨与社会结构转型同步进行。工业化初期的资本积累、中期的产业升级与后期的环境治理要求的历时态与共时态并存,从"整体性社会向多样化社会"的异常复杂的,全方位、多领域、多层面、多形态、深层次且史无前见的整体性。世界上规模最大的社会变迁与结构演进,就其广度和深度而言,几乎触发社会所有领域的快速和彻底转变,使得我国社会结构呈现出前所未有的演变图景,其新旧元素相互交织,异质性增强,从而使我国经济体制变革、社会结构变动、利益格局调整、思想价值观念变化都深深烙上社会转型的印记和标签。

三 我国近现代以来的四次社会转型之旅②

西方世界经过中世纪的漫漫长夜终于迈进了 17 世纪中叶,伴随英国

---

① [英]罗纳德·哈里·科斯、王宁:《变革中国:市场经济的中国之路》,徐尧等译,中信出版社 2013 年版。

② 有学者认为,我国近代大致经历了从 1840 年—1949 年的低速缓慢发展,从 1949 年—1978 年的中速发展,以及从 1978 年至今的高速发展等三个阶段的社会转型。梁波:《当代中国社会利益结构变化对政治发展的影响》,兰州大学出版社 2007 年版,第 62—64 页。也有学者推而广之地指出,人类社会迄今经历了"唐宋之变"的第一次现代大转型,"西方崛起"的第二次现代大转型,以及"社会主义兴起"的第三次现代大转型。胡鞍钢、王绍光、周建明、韩毓海:《人间正道》,中国人民大学出版社 2011 年版。同时,也有以荣剑等为代表的学者认为,览阅中国历史,大概有三次大的社会转型,分别是"殷周之变"、"周秦之变"以及现在出现的"从农业社会转向工业社会、从前现代社会转向现代社会、从计划经济转向市场经济、从高度集权体制转向现代民主包容体制。"马国川:《看中国》,中信出版社 2015 年版。

资产阶级革命胜利的隆隆炮声进入资本主义社会。面对世界资本主义国家的社会急速转轨,长期以来自以为是世界中心的东方中国也感受到了从未有过的机遇与挑战,鸦片战争的炮声终将它从夜郎自大的美梦中惊醒,这是中国的千年封建社会与西方资本主义现代化之"中西文化碰撞"的第一次正面交锋与冲突,古老的中国在暴力、屈辱和反抗中开始了"近现代性转型期追求"的历史过程,延续数千年的自给自足的小农自然经济被破坏并慢慢解体,泱泱大国逐渐坠入半殖民地半封建社会深渊,以 1842 年中英签订《南京条约》为代表的数百个不平等条约和以亿两单位白银计的战争赔款加重了人民负担,使国库空虚、民不聊生,随之社会矛盾逐渐激化。哪里有压迫,哪里就会有反抗;不在压迫中灭亡,就在压迫中抗争。清末"天地会、小刀会、哥老会",太平天国运动、义和团运动等一批农民起义风起云涌,沉重动摇了封建统治根基,终于迫使封建统治阶级营垒中涌现出以林则徐、魏源等为代表的一批先进知识分子相继主导和实施了致力于学习西方以"师夷之长技以制夷"的技术革新运动,以张之洞、李鸿章等为代表的"自强求富"的洋务新政和"同光中兴"①,以谭嗣同、康有为、梁启超等为首的保皇派崇尚东洋日本国明治维新的戊戌变法等现代化实践,试图通过改良的路径实践君主立宪道路等人类历史上几乎一切美好的理想体制,以实现国家富强、民族独立和人民福祉,并以此融入世界现代化俱乐部。但是要进入现代化的大门也是不容易的,19 世纪末中日《马关条约》和 20 世纪初《辛丑条约》的相继签订,使我国的现代化转型轨迹顿挫,由此诱发我国传统社会的长期动荡与社会断裂,使我国现代化进程转向并导致严重社会危机,宣告了近代中国社会以"维新改良救国"的第一次转型之路的彻底失败。

我国现代化转型的前途和出路在哪里?不屈不挠的精英志士阶层为"索我理想之中华"而矢志不渝,苦苦寻觅适合中国国情的发展道路,相

---

① 清王朝自乾隆中后期达到高峰后就一直开始走下坡路,自此以后再没有出现可以称为"治世"或是"盛世"的时代。相比之下,在清王朝统治 268 年期间,到 19 世纪六七十年代以休养生息为主要目的同治和光绪两朝,中外出现了"暂时和好",洋务运动也蓬勃开展起来,国家经济得到恢复,并且逐步引入西方先进生产技术,我国开始了历史上第一次对外开放和引进外资的发展新阶段。所以,"同光中兴"这一时期也被称之为 19 世纪后期,日趋衰败的清王朝统治出现的所谓"封建社会的最后一次回光返照"。

第一章 转型期的社会分化与社会整合

继走过了一条从"器物—制度—文化"这样一个向西方学习的思想历程。其中以孙中山为代表的辛亥革命党人打响"武昌起义"的枪声,宣告统治中国两千多年的封建专制君主集权政体寿终正寝,从而掀起了我国近代史上的第二次社会转型。尽管后人评价辛亥革命是"只开花不结果",但是辛亥革命从政治维度上埋葬了封建君主专制统治的历史功绩将永载史册。孙中山留下了临终遗言"革命尚未成功,同志仍须努力",并相继经历了君主立宪制、复辟帝制、议会制、多党制、总统制等政治治理方案都行不通。很多时候社会发展道路是历史的选择,十月革命一声炮响,给中国送来了马克思主义,从此中国共产党登上了历史舞台,中国革命的面貌就为之焕然一新。忧国忧民的中国共产党人接过了辛亥革命的接力棒,用28年时间推翻了帝国主义、封建主义和官僚资本主义在旧中国的统治,建立了新民主主义国家制度,并很快胜利完成了对农业、手工业和资本主义工商业的和平赎买式"三大改造",初步构设起了社会主义经济基础,开启了社会主义建设艰难探索阶段,其间有成功、失误,甚至严重曲折,这就是近代中国社会的第三次社会转型。新中国成立后的国内外环境异常复杂,新生的社会主义民族国家外受帝国主义军事包围、经济封锁、政治孤立,以及国内经济由于长期战乱,几近萧条,百废待兴,由于社会主义作为新生制度在马克思主义经典著作中也只是探索性设想,缺乏现成的成功范式与经验可以遵循参考。

因此,新中国选择了"一边倒"的国家治理与社会整合策略,"一切以俄为师",建立了完全克隆苏联模式的社会主义架构,这就是政治上中央集权,经济上再分配体制,"一大二公"。由于苏联模式的僵化与保守,严重地束缚了社会生产力的进步,其弊端日渐显露,导致我国的社会主义建设道路并不是一帆风顺,走过了不少弯路,并以"文化大革命"[①] 十年浩劫引发国民经济濒临"破产",国家再一次面临严峻

---

① 有学者认为,"大跃进"和"文化大革命"破坏了中国尚未成形的中央集权式计划经济体系,逐步演变成为"向地方分权的威权主义体制",为十一届三中全会后推进市场化改革取向准备了思想解放的启蒙先导,有利于后来市场经济的建立,所以这样的政治事件对中国的经济体制造成的破坏更像是经济学家熊彼特所说的"创造性破坏"。张军:《文革破坏了计划经济为改革打下了基础》(http://www.chinareform.org.cn/Economy/Macro/Practice/201305/t20130503_166212.htm. 2013 – 05 – 03)。

挑战和社会危机。党的十一届三中全会吹响了改革开放号角，再一次点燃了我们这个古老国家的希望，也昭示第四次社会转型起航了。新的万里征程开始了，改革开放以后，从中国独特国情、独特文化传统、独特历史命运和时代要求出发，探索和开拓国家发展道路和整合治理新范式，我国通过"摸着石头过河"式的改革路向，循序渐进地改变了人民公社的政社合一体制，实现了家庭联产承包责任制为核心的农村改革转向城市经济体制改革，从而形成了"农村—城市渐进模型"与"体制外—体制内渐进模型"[①]，这种"双轨过渡型"的中国经验不具有世界普世性，并且取得极大成功。市场化改革取向深入推进，城市化发展迅速，加入了世界贸易组织的我国市场机制在资源配置中的决定性作用出场，市场经济国家地位最终确立，形成了有中国特色社会主义市场经济、民主政治、先进文化、和谐社会、生态文明，维护社会公平正义，促进人的全面发展，坚持和平发展，"两个一百年"美好蓝图就在眼前，全面建成小康社会指日可待，进而实现现代化，全体人民共同富裕，重建中华民族伟大复兴之路。

从社会变迁角度反思，传统社会转型有其自身的内在逻辑进路与实践路向，作为"超大文明型"国家转型期的现代化之路无疑是一场深刻社会大变革、大转型，嵌入到社会生活的宏观结构、微观基础、社会关系、价值观念、社会文化与心理结构等方方面面都发生了全方位的变革与转轨，表征党和政府工作重心从"革命论"向"建设论"范式的转变，我国社会正从传统走向现代、从农业走向工业、从封闭走向开放民主和多元社会的急剧转型期。以上所述鸟瞰式地简要回顾了我国近代社会"突变浓缩与后发外引型现代化"转型之路，也就是转型期我国现代化之路的四个阶段历史演进的粗线条勾勒，涵摄了转型期我国社会结构的变迁与发展轨迹。从时间段上划分，1840年鸦片战争至1911年的辛亥革命是传统社会结构缓慢解体的第一次社会转型；从1911年的辛亥革命至1949年的新中国成立是我国传统社会结构迅速分化瓦解与连续震荡期的第二次社会转型；1949年的新中国成立至1978年的十一届三中全会召开是我国社会结构在新的历史条件下重组期的第三次社

---

① 李培林主编：《中国社会》，社会科学文献出版社2011年版。

转型；1978年的农村试点改革至市场化取向改革的深刻变迁是社会结构快速激烈的第四次社会转型，这第四次转型之路是全方位、多领域、深层次，前无古人的伟大社会转型图景，使我国社会结构发生了广泛而深刻的变化。社会整合是由转型期的矛盾和冲突倒逼而产生，又在不断的整合问题中得以深化，旧的问题整合了，又会产生新的问题。所谓"千年文明积淀、百年动荡沉浮"，不变的是执着追求民族复兴夙愿和探索发展道路的孜孜以求。所以，社会转型没有完成时，只有进行时，社会整合也就没有完成时，只有进行时，而且社会整合需要不断发展与完善，不会一蹴而就也不会一劳永逸。

第二节 转型期的社会分化与社会整合理论阐释

分化与整合表征转型期社会发展基本逻辑维度和生成存在方式，二者博弈融合、动态均衡且互惠共生于社会演进之天经地纬，此消彼长、相得益彰。人类社会早期分化的自发冲动与动态秩序孕育了分工的逻辑关联和必然合理性，牵引社会进化为庞大而又复杂的等级结构有机系统，在其中枢神经元的统筹指挥下，组成因子遵守系统蕴含的功能分解与"时间上递次推进，空间上重叠并存"的时空延伸机理，驱动生产分配与交换消费的环节与步骤各司其职，以此养护社会系统整体维持在"合理区间"良序运转。社会分化内含影响系统功能紊乱的潜在可能性，社会整合价值及其生成必要性自然出场。正如马克思所说，历史的起点也就是逻辑的起点。恩格斯则更为明确地指出，历史从哪里开始，"思想的进程也应当从哪里开始，而思想进程的进一步发展不过是历史过程在抽象的、理论上前后一贯的形式上的反映。"[①] 作为系统概念与时代精华的理论是社会整合行动的旗帜与实践的指南，辉映社会政治经济运行镜像。发端于20世纪70年代末的改革开放开启了我国社会发展的里程碑和新视界，从以家庭联产承包责任制为基础、统分结合的双层经营体制为核心的农村经济体制试点改革到城市经济体制改革推广，再延伸到涵盖政治体制改革在内的全方位、多领域与多层次的市场化取向

---

① 《马克思恩格斯选集》（第2卷），人民出版社1995年版，第122页。

改革，掀起了我国社会急剧变迁的开化与转型。从偏僻乡村到繁华都市，从农业化到新型城镇化、工业化、信息化，从自然经济到商品经济，从计划经济到市场经济，从人们的思想观念到现实生活实践，社会转型给人们带来了彻底的革新与变迁。从此我国社会发展步入快车道，伴随分化与整合的逻辑辩证法，经过改革开放以降的近38年现代转型，目前，我国经济总量已经仅次于美国位居世界第二，对外贸易总额位居世界第一，社会生产力、经济实力、科技实力迈上一个新台阶，人民生活水平、居民收入水平、社会保障水平迈上一个新台阶，文化软实力、国际竞争力、综合影响力迈上一个新台阶，国家面貌发生了历史性、整体性转型。在党的十八大确定"两个一百年"奋斗目标所描绘的宏伟蓝图指引下，积极发挥转型期我国社会整合的独特优势和正能量，为实现2020年决胜全面建成小康社会和重现中华民族伟大复兴中国梦，着力优化和提升我国社会整合科学化水平。

一 西方社会整合理论的生成背景归纳与代表性观点审视

任何思想观点都有其孕育和生成过程，同样一切划时代的体系的"真正内容都是由于产生这些体系的那个时期的需要而形成起来的。"① 社会整合发端于西方社会学理论，可追溯至18世纪欧洲启蒙运动时期，当时从中世纪的漫漫黑夜中走出来的社会学者们崇尚和关切自然理性与人类自身整合，借助于社会学理想模型推理发现人类行为规律可以被掌握并用来整合现代化诱发的社会问题，在微观上促进社会系统良性运行，在宏观上有助于社会稳定与和谐。此后，社会学发展至今的近200多年以降，人性和社会秩序整合成为西方社会学关注和研究的焦点与中心，在此基础上社会整合理论应运而生。为此，剑桥大学著名社会学家贝尔特（Patrick Baert）指出，20世纪社会理论家们抛弃了其前辈政治实践抱负而对社会秩序一再发生兴趣。从而把除此以外完全不同的涂尔干、早期的帕森斯以及加芬克尔（Harold Garfinkel）和吉登斯等学者统

---

① 《马克思恩格斯全集》（第3卷），人民出版社1960年版，第544页。

一起来。① 可见,西方社会学家们对社会秩序、社会运行持续关注,也反衬出社会整合研究的必要性和可能性。

(一) 西方社会分化与整合理论生成的背景归纳及其出场

随着 18 世纪工业革命的持续深入和近现代化的进一步扩展,19 世纪的欧洲发生了急剧的社会转型变迁,表征为经济停滞、贫富悬殊、生态破坏、腐败滋生、社会失范、信用缺失、信仰失落、人心浮躁、金钱崇拜、政治异化、秩序失衡、规范紊乱、各自为政、号令不畅等西方现代化的深层结构问题和道德性缺陷等价值危机逐渐暴露,导致社会不稳定,乱象丛生、混乱无序、阶级不平等和贫困不断增长、欲望膨胀、行为偏差和社会断裂等社会越轨失范问题层出不穷,社会分化以前所未有的图景迅速展开,新社会组织等相继从传统社会结构分化出来,前工业社会的刚性机械社会整合格局被打破,紧随劳动分工出现了"混乱、利己主义、缺乏合作、强迫性劳动分工"②等反常、病态的社会分化消极后果,以及激烈而动荡的社会变迁,致使规则混乱而无效,社会秩序遭遇前所未有的挑战。③ 社会学家纷纷为消除社会病态,恢复社会秩序与摆脱社会危机开出救世良方,其中的杰出代表是法国社会学家涂尔干提出的,通过"职业群体或法人团体的组织方式彻底拯救日益败落的伦理道德,并以此搭建起一个功能和谐与完备的新型社会。"④ 我国清末启蒙思想家严复将滥觞于 19 世纪欧洲斯宾塞的社会学原理译为"群学肄言"。由此,传统社会与现代社会的"断裂"催生了西方社会整合理论出场,也将社会整合植入了社会学理论视野,并且涌现了丰富多彩的社会整合思想。西方社会整合理论以当时历史和现实等基本国情为依据,在全面总结和借鉴人类社会整合文明优秀成果的基础上,建立了自己的体系并逐步发展完善。

---

① [英] 帕特里克·贝尔特:《二十世纪的社会理论》,瞿铁鹏译,上海译文出版社 2005 年版,第 68 页。
② Durkheim Emile, The Division of Labor in society (1893), New York: Free Press edition, 1933, pp. 353–410.
③ 吴晓林:《社会整合理论的起源与发展:国外研究的考察》,《国外理论动态》2013 年第 2 期。
④ [法] 埃米尔·涂尔干:《社会分工论》,渠东译,生活·读书·新知三联书店 2000 年版,第 3 页。

(二) 西方社会整合理论代表性研究成果审视

思想也称为"观念",属于理性认识范畴。唯物史观认为,思想是对客观存在的映射和反映。人们的社会存在决定人们的思想范畴等社会意识,正确的思想引领社会发展,对社会存在发挥正能量,而错误的思想则相反。关于事物知识的理解和叙述的理论是系统化且富有逻辑性的知识网络体系,是关于客观事物本质及其规律性的相对正确认识,是经过逻辑论证和实践检验并由一系列概念、判断和推理表达出来的体系。所以,作为认识表现形式的思想和理论,符合逻辑的系统化思想才是理论。西方社会整合思想源远流长,从古希腊哲学家柏拉图(Plato)的《理想国》,奥古斯丁(Aurelius Augustinus)的《上帝之城》等早期经典著作中勾勒了古希腊的美好社会蓝图。作为学科研究对象的社会整合理论生成是到19世纪传统社会向现代社会转型的断裂时期,作为其回应欧洲文明所遭遇的社会危机的社会整合理论出场。可见,西方社会学对社会整合关注和研究历时已久,其中具有代表性的社会整合学者有,斯宾塞、马克思、涂尔干、韦伯、帕森斯、哈贝马斯等社会学大师,及其五彩缤纷的社会整合思想大花园。作为社会学范畴的"社会整合"概念最早由19世纪英国著名社会学家斯宾塞在1862年首先使用"整合"命题而来,斯宾塞的社会普遍进化规律和社会有机体论为科学主义"整合"观提供了丰富而精致的理论渊源,斯宾塞认为"整合"是社会系统各组成结构与部分间的相互依存性及其协调与控制。社会整合的存在可能性在于社会成员共同的利益、文化、价值观念和各种社会制度规范。社会学大师帕森斯认为有足够的社会成员作为行动者受到适当的鼓励并按其角色体系行动,同时将其控制在基本秩序维持范围之内,避免对社会成员作过分要求,以免形成离散与冲突的文化模式,这是社会整合的必备条件。后继学者们对社会整合的研究旨趣倾向两条路径,一个是从学理层面上继续沿着帕森斯范式予以解释和运用,另一个是从社会整合实践对策层面,用来审视社会群体间的实际关系,特别是民族和种族群体关系,以及多族群国家在民族文化上的接近与融合等。法国社会学家孔德认为,社会整合表征社会结构系统各部分间的平衡和谐关系,是社会正常运转的基本条件,这种关系一旦遭到破坏,社会系统运转就会发生障碍,从而造成社会病态。① 美国学者罗兹曼在其《中国的现代化》中认为,社会整合是"社会内部各单位的相互依存"②。社会冲突整合论是建构于以帕森斯为代表的结构功能主义的反思与批判基础上的理论派别。德国社会学家齐美尔认为,社会是具备意识能力的个体间互动过程而并非实体,所以从基于目标和手段两个维度来阐释社会冲突整合论。德裔英国著名社会学家达伦多夫认为,社会组织是强制与协调性的联合体,阶级结构是社会冲突的真正根源,而人们试图引导冲突使之制度化,或者消除激烈冲突形式,但是冲突在人类社会中是客观存在而永远不可能消除的。由于权力与权威的存在必然引起竞争、社会冲突、社会变迁,所以权力和权威就成了解释人类一切活动的关节点。达伦多夫在其名著《走出乌托邦》和《工业社会的阶级和阶级冲突》(1959)中阐述了他的社会整合思想,而美国著名社会学家刘易斯·A.科塞在其代表作《社会冲突的功能》中提出社会冲突源于资源有限和不平等分配,其正功能表现为冲突的社会整合效果,增强社会凝聚力、社会控制力以及群体内部的管理等方面,科塞由此认为,社会冲突具有内部整合、促进稳定、激发平均以及利益均衡等"社会安全阀"与"缓冲器"的正能量。

1. 涂尔干的社会整合思想

法国社会学家涂尔干的学术研究特色是从19世纪的法国社会危机、经济危机、精神价值与社会心理危机,以及社会排斥、社会分裂等现实经验中归纳出社会实事,并最早提炼出围绕"价值结构、联结方式、制度安排"③和以集体意识为灵魂的社会整合理论。在涂尔干的视野里,社会整合和社会团结是同一概念,其社会整合思想蕴涵于其《社会分工论》、《自杀论》、《社会学方法的准则》和《宗教的社会形式》等著作中。涂尔干从社会伦理视角强调道德、宗教等团体和集体意识形

---

① 转引自黎民、张小山主编《西方社会学理论》,华中科技大学出版社2005年版,第29页。
② [美]吉尔伯特·罗兹曼:《中国的现代化论》,国家社科基金《比较现代化》课题组译,江苏人民出版社2003年版,第126页。
③ 李培林、陈光金、张翼、李炜等:《中国社会和谐稳定报告》,社会科学文献出版社2008年版,第11页。

式与文化活动的整合功能，其后期研究趋向于实践论。他把社会整合分为基于道德情感、宗教和法律基础之上的集体意识和共同意识为基础的机械整合和现代社会的有机整合，同时将社会团结细化分为前传统工业社会的机械团结和后现代工业社会的有机团结。[①] 涂尔干认为，社会分化与分工是从"机械整合"发展到"有机整合"的标志，所以他选择集体意识为精神基础和社会分工作为物质基础协同切入社会整合研究，因为他注重于通过社会实事研究社会现象，使其比同行们研究深入些，后人尊称其为社会整合研究鼻祖。涂尔干的社会分工是经济学角度的自为劳动分工与性别分工。分工内涵满足个体需要功能。分工构成了社会和道德本身，分工促成了个体间相互联系，分工产生了社会纽带，所以涂尔干以法律作为社会凝聚介质和纽带，社会秩序是涂尔干学术研究的主题。他认为，法律是社会基本价值的表达形式，具有社会团结功能。正因为法律表现了"社会团结的主要形式，所以，我们只要把不同的法律类型区分开来，就能够找到与之相应的社会团结类型。"[②] 于是，涂尔干将法律分为压制性法律和恢复性法律对应于不同社会整合方式。涂尔干认为社会分工缘起于人们追求幸福动机和愿望。[③] 涂尔干的理论中，社会就是一个道德共同体，现代社会整合是以职业道德核心为基础的多层次、多样态整合。他还认为宗教的社会整合展现为自我整合。[④] 集体意识是涂尔干社会整合的基石，不同的社会形态对应于不同集体意识，从而自我选择为适合的社会整合。涂尔干认为，传统道德和社会群体结构的毁坏使社会陷入失范。[⑤] 而社会发展形态和作为社会整合基础的集体意识的发展并不同步。分工的深入发展使社会各组成部分生成功能上相互依赖的整体，分工所形成的职业伦理为各职业群体内部整合提供了意识基础，却导致了个人主义膨胀和社会危机，为此涂尔干提出了

---

① 刘少杰主编《国外社会学理论》，高等教育出版社2006年版，第8页。转引自黎民、张小山主编《西方社会学理论》，华中科技大学出版社2005年版，第57—61页。
② ［法］埃米尔·涂尔干：《社会分工论》，渠东译，生活·读书·新知三联书店2000年版，第24页。
③ 闻晓祥：《论社会整合》，南开大学博士学位论文，2007年。
④ 同上。
⑤ ［法］埃米尔·涂尔干：《自杀论》，冯韵文译，商务印书馆1996年版。

道德个人主义思想，并以宗教研究为载体，进而探讨了道德个人主义的社会整合功能，标志着涂尔干社会整合思想探析从早期的结构视角转向后期的文化视角。① 综合起来，涂尔干视角下的社会整合就是社会团结与社会凝聚，社会团结适用于不发达的前工业化刚性同质传统结构社会中的个体与群体间的相互关联，这种社会关系建立在具有道德特性的共同意识与集体意识基础之上的广为认可的情感体验、道德情操、共同理想信念，以及因为生活需求、功能依赖而形成的相互依存关系之上。

2. 韦伯的社会整合思想

现代社会整合是多维度、多层面的大社会整合生态。韦伯是进入现代社会以来少有的百科全书式的社会学家。他研究社会整合是基于现代性社会背景，其研究范式是分析模型，主要涉及包括政治法律、文化等多层面、多方向、多维度的社会秩序问题。韦伯社会结构理论的基本内容是社会结构分层制度中人的等级秩序，其阶级分化标准展现为"经济分层、地位分层和政治分层"等三维分层。韦伯社会整合思想中没有完整的体系化社会结构理论。他在其代表作《经济与社会》和《新教伦理与资本主义精神》中阐述了"科层制"的现代社会整合组织范式。作为同时代不同国家的社会学家，韦伯与涂尔干同属人类社会学鼻祖，他们的研究不约而同地都契合于从人类精神生活维度而不是从物质性角度来剖析社会整合，其"新教伦理"精神展示了资本主义社会整合的动力机制。

3. 帕森斯的社会整合思想

继社会学大师涂尔干与韦伯之后，20世纪美国现代社会学奠基人帕森斯教授毕生致力于解答"社会系统如何实现自身整合"这一经典社会整合命题，其早期研究主要倾向于建构宏大社会整合理论，后期探讨旨趣则转向较微观层面的社会整合。帕森斯的"系统"概念首先是作为有机体系统、人格系统、社会系统和文化系统等组成的行动体系范畴而言的一个庞大层级体系。帕森斯认为，社会变迁是在文字和一般法律体系的共同作用下，从原始阶段、中间阶段过渡到现代阶段的结构分

---

① 李南海：《从结构到文化：迪尔凯姆社会整合思想的演变》，《沈阳工程学院学报》（社科版）2011年第1期。

化、适应性提高、容纳和价值普遍化等四个变迁过程。同时指出，社会发展走势是从注重先赋性与特殊性转变为注重成就性和普遍性。总体来看，帕森斯的社会整合是从单位行动出发构建其社会行动系统，具有维持自身生存发展功能的必要条件，可以从纵向与横向等多维向度展开的立体式社会系统。帕森斯从社会行动的结构出发，结合多学科范式研究社会整合问题，集中体现于其代表作《社会行动的结构》（1937）一书中阐述的"分析式"结构功能主义[①]社会整合思想。首先，从由行动者、目标手段、情境条件以及职业因素等构成的单位行动到社会体系。包含文化系统、文化模式、人格系统、社会系统、有机系统和行为系统等组成的社会体系存在是社会整合的基本条件。社会体系中文化系统的核心概念就是价值观，人格系统的核心概念是动机，社会行动系统的核心概念是地位、角色和规范。帕氏社会体系仅仅是制度化规范体系和互动模式制度化型式。单位行动与社会体系互动模式的制度化就是社会系统自整合。除此以外，还有社会化机制和社会控制机制的系统间整合，通过这样的运作流程，人格系统就变得与社会系统结构兼容并蓄了。综合起来，帕森斯的社会整合，表征社会文化系统与人格系统在结构上与社会系统自身结构相吻合，以形成社会系统的秩序均衡和持久。帕森斯从结构探讨转向功能追问，他的一般行动体系理论就相应地概念化为适应（A）、达成（G）、整合（I）和维模（L）功能等"AGIL"模式，对应于有机体系统、行动者系统、社会系统与文化系统。社会整合之所以有存在的必要性在于社会生活中基于人们共同的利益，以及对人们发挥控制、制约作用的文化、制度、价值观念和各种社会规范的存在。帕森斯作为社会学集大成者，一直致力于从理论上回应现代社会秩序形成。他认为共享文化和价值是社会整合的构成要素，在其《社会体系和行动理论的演进》（1977）中首次明确提出"社会整合"概念并将其纳入自己的结构功能主义理论范畴中，他根据功能划分法将社会整合外延化为"文化整合、规范整合、意见整合和功能整合"四个功能层面，并指出社会整合是社会体系内各组成部分间的和谐与稳定关系，是对该体系已有状态的维持，是对社会变迁和社会发展方向的控制，以对抗外

---

① 闻晓祥：《论社会整合》，南开大学博士学位论文，2007年。

来压力，促进社会在稳定状态中发展渐进。帕森斯对社会整合的贡献在于，以社会行动与社会结构的一般性理论为依托，对社会整合进行了结构功能主义的分析和探讨。

4. 哈贝马斯的社会整合思想

批判学派的法兰克福学派第二代旗手哈贝马斯的社会整合思想比帕森斯做得更为全面而精致，其核心思想是合法化的世界观与价值观层面上的社会整合。作为当代最有影响力的思想家哈贝马斯在其代表作《合法化危机》（1978）一书中诠释了"交往行动理论"社会整合思想。哈贝马斯的交往伦理与沟通对话是基于现代人的自觉意识而生成为其理性思想的庞杂而深刻，体系宏大而完备的社会整合方案。哈贝马斯的社会整合并不是某种客观的社会现象与历史现象，而是人们行动的过程与结果，他的社会整合理论是其社会整合实践的一部分。他以个人的理性化交往为中介，个体人格发展与社会结构变迁的同一性，融汇打通了个人行动与社会系统的关联，归属为人道化的社会整合暨社会批判理论的社会整合。哈贝马斯的社会整合是具有言语和行为能力的主体社会化过程中所处的制度系统，在这里表现为一个具有符号结构的生活世界。哈贝马斯的社会整合思想表征其世界观、价值观层面上的一种规范性秩序的形成。哈贝马斯作为德国著名哲学家、社会学家和批判学派法兰克福学派第二代旗手、"西方马克思主义者"的代表人物，他的社会整合理论要比帕森斯做得更为全面些。哈贝马斯认为，社会整合是通过规范集体良知的道德内容而实现的生活世界的整合。其沟通行动合理性理论认为，交往行为具有理解、合作、社会化及转型等积极社会整合功能，[①] 哈贝马斯根据社会整合所调节的社会生活领域从宏观和微观角度追问其路径选择，从而将社会整合分为：制度整合、政治整合、文化整合、规范整合、功能整合、价值整合、法律整合以及组织整合等社会生活的诸多领域整合。同时，社会冲突是由于价值观、地位、资源分配的不均衡或者有限性而引起的对抗性的行为模式及导致的社会整合与社会发展，这也是冲突蕴含的社会整合功能。

---

① 戚如强：《思想政治教育社会整合研究》，南京师范大学博士学位论文，2013年。

二 我国传统社会整合理论的背景归纳与代表性观点审视

社会整合是社会正常运转的重要抓手和不可或缺的一体化机制，否则作为原子化的个体就会无所适从，集体行动更无从谈起。所以，社会要得以维持有序运转，必须有一套为社会成员所普遍认同的合理性规则，以避免社会失范。而要使社会秩序稳定，必须提高群众对自己命运的知足感，使他们从潜意识中不可能奢求。为此必须有一个"群众拥戴的、令行禁止的权威。"① 而我国传统社会秉持以专制皇权和宗法为标志的礼治社会生成于中国悠久历史性实践，正好树立了这样一个权威，儒学推崇"文治复兴"的内在逻辑提供了符合那个时代的正义标准的规则秩序。然而作为目前"世界上最具改革活力的国家"②，在走向现代化的征途中，在东西方先发优势的强大冲击下，传统的我国社会秩序全面解组，对于转型期的我国而言，构建一个"富强民主、文明和谐，自由平等、公正法治，爱国敬业与诚信友善"的理想社会秩序，成为社会整合的首要目标。"自由平等、公平法治"是现代化的价值属性，但二者之间存在内在张力，西方资本主义国家在其早期的旗帜上做出了承诺，却无法在实践中给予圆满解决。我国传统社会没有现代学科的科学分类，只是按照我国实际对诸学科进行了"经史子集"的简单划分，在此基础上儒释道法墨农等诸派学者在先秦社会转型期"百花齐放、百家争鸣"的宽松学术氛围引导下，竞相展示本派学说在修身养性与齐家治国平天下的重要整合作用，产生了丰富的有代表性的社会整合思想与观点。

（一）我国传统社会整合理论生成的背景归纳

我国传统社会是以"家庭家族宗族和血缘地缘业缘"为纽带而衍生的社会结构具有严格等级性，而现代化快速转型引发严重"社会焦虑"和"社会断层"。学者们认为，春秋战国时期是我国传统社会历史上有代表性的社会转型时期，我国早期的传统社会整合思想萌芽就诞生

---

① ［英］艾伦·斯温杰伍德：《社会学思想简史》，陈玮、冯克利等译，社会科学文献出版社1988年版，第109页。

② 王元丰：《中国是当下最富改革活力的国家》（http：//www.zaobao.com/forum/views/opinion/st－ory20140106－296356.2014－01－06）。

于这个特定社会历史场景下,并在实践中发挥了积极的社会整合作用。以儒释道法墨农等为代表的先秦时期诸子百家,在"百花齐放、百家争鸣"方针的引领下学术思想繁荣,产生了我国历史上至为宝贵的基于"仁爱"基础上,继承传统、兼容并包、展现和谐,崇尚"礼让"与"节俭",以"仁爱—互助—互爱—大同"①为技术路线的社会整合建设思路。

1. 传统社会整合思想生成并活跃于传统农业社会时代

传统社会是以农业为主的熟人社会,人们的生活圈子和社会关系相对稳定,社会流动性不强,属于同质总体性社会,这些特征决定了传统社会整合思想着力于针对个体道德品行操守及内在修养等的教化引导。

2. 传统社会整合思想缘起于核心价值体系尚未完全确立的特殊历史时期

传统社会的各派学者期望自己的治国安邦社会整合思想策略能为帝王采用,所谓"学成文武艺,货与帝王家",传统社会的公共知识分子取得帝王赏识,得到皇家认可和重用,以自己的社会整合思想和学说实现治国安邦理想是知识分子毕生追求的价值目标和心理夙愿。

3. 传统社会整合思想生成于刚性单一的总体性社会整合时期

传统社会整合在国家层面是中央全能主义威权式政治整合的生成逻辑,在地方则是以家族、宗族为基础,以"礼治"为核心的,以士绅掌握话语权范式的地方自治。所谓"皇权止于县",就是说国家政权所及的范围到县一级,在县以下都有地方士绅管理,这是我国传统社会千年来心照不宣的铁律和社会治理模式。

(二)我国传统社会整合理论的代表性观点归纳

我国传统社会具有重人道、轻天道,重礼治、轻法治,重群体、轻个体,重感觉、轻理性的思想政治和伦理思维认知传统,以及重义轻利、重本轻末的辩证思维与传统浓郁的社会情结。我国是公认的世界"四大文明古国"之一,早在春秋战国这个大动乱、大分化、大改组的社会急剧变革转型时代,"诸家之说,蜂出并作",各种思潮相互激荡、交融与竞争。为了维护王朝的长治久安,执政者尊崇"百花齐放、百

---

① 张祖林:《关于构建和谐社会的几点思考》,《光明日报》2010年8月15日。

家争鸣"的方针并以儒释道法墨农等为代表的先秦思想家,十分重视各自的学说"治国理政"社会整合思想的研究。尽管我国漫长的传统社会时期只有"经、史、子、集"而没有像现代学科这样的精致划分,因此也就没有关于"社会整合"概念进行规范的学科界定,但是这并不影响我国传统社会注重社会整合在治国安邦修身齐家中的重要作用和发挥的正能量,以及拥有丰富社会整合思想的悠久传统。我国传统社会重人轻物、重道轻器、经世致用、经验至上、压抑个性与政道合一。①表征为传统中国社会呈现原子化与马铃薯状态的小农经济特质。关于这一点,从学者们对"二十四史"的研究中检索到每一代正史都有"礼乐志"和"刑法志"的社会事实,映射传统中国社会和政权得以维持的两大支柱是"理和法",这也是传统社会整合的基本机制。

在先秦诸子百家中,不管是儒家施仁政的"大同世界与小康社会"、法家的"法治社会"、道家的"小国寡民"以及转型期我国的"和谐社会"②,都是学术百花园里姹紫嫣红的奇葩,旨在寻求社会整合关于稳定、秩序、均衡、和谐的社会状态。由于各个学术流派的立场不同,研究旨趣各异,它们又各自提出实现社会整合的不同措施,儒家提倡"以人为本、仁爱中庸、正心诚意、格物致知、内圣外王与以德治国",以及"忠孝仁爱与礼义廉耻"等社会整合思想契合对应于当今的共同价值观"仁——公正与平等,义——道义与民主,礼——修齐与治平,智——文明与自由,信——公平与合理"。可见,儒家的"修身"思想有助于优秀传统文化的回归与复苏;③ 法家提倡"以法治国"

---

① 夏淼:《当代中国乡村文明建设研究》,兰州大学博士学位论文,2011年。
② "和谐社会"是个很富有我国传统文化气息的表述,表征社会生存与发展状况,是多样文明的相互依存、相互借鉴、相互交流与交互生辉,和谐社会不是没有矛盾,而是强调社会通过整合机制在化解矛盾的过程中获得动态的相对和谐与均衡,和谐社会最关键的是利益和谐。和谐社会具体化为由包括社会发展、生活质量、社会进步和人类发展等一系列指标构成。和谐社会外延既包括和谐中国也包括和谐世界。19世纪法国自由主义经济学家巴斯夏在其《和谐经济论》中提出"一切正当的利益彼此和谐"的观点,并认为自由的社会是和谐的。和谐社会是利益主体多元且处于相对饱和状态并具有包容适应性和公平正义制度价值的社会。和谐社会是一个和谐共生的社会共同体,凸显社会主义公平正义的制度本质。张瑞敏:《执政新理念——从阶层和谐走向社会和谐》,人民出版社2010年版。
③ 陈赟:《儒家"修身"功能有助优秀传统文化回归》(http://news.xinhuanet.com/politics/2014-09/28/c_1112661328.htm.2014-09-28)。

第一章　转型期的社会分化与社会整合

不同于现代法治思想,古代法家主张的"法治"立足于"法自君出"、"法为君用",旨在强化君权、巩固专制皇权,与"人治"在本质上是相通的,而现代法治思想作为新型治国方略,更多彰显人民主权的集中体现和根本保证;道家倡导"无为而治、无为而无不为"的社会整合思想以其独特视角分析了实现转型期社会整合的路径和措施,其中老子的"人法自然,刚柔并济"与"清静无为,绝圣弃智"等社会整合思想可以对应于帕森斯结构功能主义社会整合理论的适应(A)、目标达成(G)、整合(I)及模式维持(L)等四种功能体系,且相互关联、相互配合、相互影响,共同指向均衡状态和"无为而治"[①]的社会整合目标。

我国传统社会历来"重德修义",在"德、能、勤、绩、廉"诸体系中"德性"始终被视为个体入世之第一位要求,德性内涵注重"孝悌、忠义和信恕"养成,而"以德治国"社会整合思想渊源可以追溯至西周时期的周公王朝。夏朝最后一个王夏桀统治离心离德,被商汤乘机所灭。殷商不幸于暴政亡国启发人们对治国方略的深入思索。商朝最高统治者自称是"天"和"上帝"在人间的代表,是受"老天"护佑的,所谓"君权神授",就是宣称自己是"天"的意志代言人,借以论证其统治万世不变,并愚弄老百姓对其统治逆来顺受。不堪忍辱的奴隶奋起暴动,终使"天命改降在周"。这种历史大变革使得转型期的西周朝最高统治者常常深入反思商朝灭亡的惨痛历史教训。周朝的统治者们认为"皇天无亲,惟德是辅;民心无常,惟惠之怀",就是说"天"只辅佐有德之人。"德"在周公那里被推崇到治国安邦社会整合高度来透视,"以德配天"、"敬德保民"理应成为治国理政的重要整合方略,周公时常敬诫"天子"和诸侯"国君"在内的统治集团成员,要秉持"以德配天"去证明自己是"天和上帝"在人间的合法执行者,是"天命"适格的承载者,作为统治者要自警自省自励,不断提高自己的道德品质,以维持王朝的万世一统,彰显执政智能和直面整合的深思熟虑。

---

① 褚珊珊:《试论老子"无为而治"的社会整合思想》,《云南师范大学思想政治理论课教育教学研究与理论探索》2010年10月1日。

春秋战国时期是我国历史上的社会大变迁、大转型期，也是我国由奴隶社会向封建社会过渡的阶段，新旧王朝更迭，社会动荡不安，以天纵圣人孔子、孟子、管子、老子、荀子和墨子等为代表的各派知识分子从维护社会稳定和民生安居角度考虑，对国家政治经济、法律文化整合等多向度进行了深入和系统性研究。孔子继承了周公衣钵并加以发挥，成为儒家"德治"思想的创始人，他推崇"德政"的同时，又强调"德教"的重要，从而完整诠释了儒家"德治"思想。儒家在倡导"德治"思想的同时，也不轻视"刑罚"的作用。孔子认为，"德和刑"，"宽和猛"对于维持和巩固社会和谐稳定都是不可缺少的利器。孟子格外强调"仁政"的重要性，他倡导统治者要关心老百姓利益，强调以"德治"换取老百姓衷心拥护。荀子扬弃了先秦孔、孟儒家的礼学思想，独辟蹊径形成了自己完整丰富、深刻而又博大精深的礼学思想体系，尤以"天地、先祖和军师"这"三礼"的提出为典范。人类社会作为一个整体系统，群体秩序的维系须以礼之"分"为基础，最后以"分"至"和"，但过于强调礼的规范功能反而会增加社会内部张力，因而"乐"的隆重出场就起到了调和与化解作用，"礼与乐"共同承担社会整合的独特职能。荀子把"礼"和"刑"同等视为治理国家基本社会整合范式。荀子提倡"隆礼而重法"，主张"德主刑辅"，强调"隆礼尊贤而王，重法爱民而霸"，这样就能实现"隆礼至法则国有常"的社会良序状态，同时承认法治在社会整合中扮演的重要角色，并将"礼与法"并举，这与他对战国中晚期诸侯争战与世风日下之动荡时局，以及"人之性恶"的洞悉是分不开的。荀子所看重的是儒家德主刑辅的德性主义主导下的社会整合模式。而老子提出"无为而治与自由放任"思想是一种自发的社会整合理想模式。以管子为代表的学者提出运用国家经济政策减少社会阶层贫富分化，认为缩小贫富分化的根本途径是"贫富有度"，"贫富无度则失……贫富失，而国不乱者，未之尝闻也"（《五辅》），因为"甚富不可使，甚贫不知耻"（《侈靡》）。管子主张用拉动消费的方式以扩大和增加贫困人群收入，同时主张按士、农、工、商四大社会阶层"四民分业"，通过这一系列社会整合举措缓和了社会矛盾，实现了社会稳定，有效遏制了两极分化，有利于使国家走向稳定。从西汉初年到汉武帝时期，汉儒总结秦朝二世而亡的历

第一章 转型期的社会分化与社会整合

史教训，汉武帝刘彻废"黄老"而行董仲舒等儒家代表学者关于"大一统、天人感应、以德治国、罢黜百家、独尊儒术、表彰六经"等积极有为的社会整合观，在批判道家"无为"之治的同时，吸纳了法家"依法治国"思想的核心与精髓，以此更加充实和完善了儒家"德治"的思想内涵。尤其是其"天论"思想及其基础上的一系列制度设计维护了封建制度人伦根基，并为社会良性运行提供了权力制衡与机制保障。①

在我国五千多年文明的悠久历史长河中，两千多年的封建社会之所以能够长期延续与发展，原因固然很多，但与其肇始于周公的"明德慎罚"思想以及"德主刑辅"、"霸王道杂之"的儒家主流意识形态与核心价值观引领的治国方略不无关系。孔子则明确提出把"德治"放在第一位，把"刑法治"放在第二位。在孔子看来"道之以政，齐之以刑，民免而无耻；道之以德，齐之以礼，有耻且格。"（《论语·为政》）孟子继承并发扬光大了孔子的"德主刑辅"思想，突出强调了实施"德政"的重要性，同时认为只有实行"德治"，重视"礼义教化，方能一统天下"。（《孟子·公孙丑上》）而既"隆礼又重法"的荀子，主张先礼后法，先教后刑。（《荀子·富国》）新儒学大师董仲舒用阴阳学说阐释"德主刑辅"思想，提出"天道之大者在阴阳。阳为德，阴为刑；刑主杀而德主生。"（《汉书·董仲舒传》）因此，要着力于"大德而小刑"。（《春秋繁露·阳尊阴卑》）至此，"德主刑辅"占据传统社会一元化正统指导思想。此后，汉宣帝刘询的"汉家自有制度，本以霸王道杂之"，王充的"文武张设"；李世民的"明刑弼教"；韩愈的"德礼为先而辅以政刑"；丘睿的"礼教刑辟交相为用"；康熙的"以德化民，以刑弼教"；冯桂芬的"以中国之伦常名教为原本，辅以诸国富强之术"为代表的一些著名思想家、政治家的社会整合思想主张，都在一定程度上反映了儒家和法家"德主刑辅"的社会整合思维模式，表征我国传统社会"德王道主、刑霸道辅"的社会整合思想已内化为统治者的国家治理方略。同时，历代王朝更迭历史经验教训一再警醒我

---

① 陈晓龙、崔迎军：《董仲舒天论的政治意蕴》，《福建论坛》（人文社科版）2013 年第 10 期。

们,凡是偏重于"德治"或"法治"的王朝,都无一例外地走向了衰落、灭亡。战国时期的鲁国和齐国单纯用"德治",很快被吞并;秦国"专任刑罚",致使秦二世而亡。总起来看,我国传统社会整合思想研究具有代表性的成果有:学者刘丰在其《先秦礼学思想与社会的整合》[1] 中,从哲学伦理学和文化人类学的视角将先秦礼学思想放在我国传统社会结构中来考察礼制的社会整合功能,从而发现在我国传统社会中,礼学维系了社会结构稳定,促进了社会团结。20世纪中叶的前中国转型时期,为了熨平国家所面临的"救亡与复兴"两大社会难题,学者马寅初提出的系统的"国富民强"[2] 社会整合思想也极具代表性。

综上所述,长期以来以先秦思想家"义利观"[3] 孕育生成的儒家"礼制"为代表的"道之以德,齐之以礼"的社会整合思想注重道义原则、群体发展和社会运行理性规范,道家的"道法自然,清静无为"的社会运行理路,法家的"严刑峻法,因情而施"的社会运行强制规范,以及墨家的"天道兼爱,尚同节用"的社会一体化论,等等,这些传统社会的共同价值观就是数千年演变形成并与我国社会等级结构相适应的儒家礼制观念,契合了"适乎世界之潮流,合乎人群之需要"的观念形态,并符合我国传统时代社会正义标准的规则秩序。因此,礼治作为社会整合的价值载体,对于促进我国传统社会整合发挥了极其重要的规范约制作用,对于转型期我国价值重建有着重要启发意义。

第三节 转型期国内外社会整合理论的当代价值与有益启示

社会学对社会整合研究历久弥新。从整合主体审视社会整合目标,以重建社会秩序为旨趣,反对社会溃败和社会断裂,实现整合主体的社会内聚与社会团结,以顺利协调个体互动行为,其中"共享的意义和

---

[1] 刘丰:《先秦礼学思想与社会的整合》,中国人民大学出版社2003年版。
[2] 吴小刚:《马寅初社会整合思想研究》,重庆师范大学硕士学位论文,2010年。
[3] 陈晓龙:《论先秦儒家的"义利观"及其现代意义》,《西北师大学报》(社会科学版)2001年第6期。

价值体系、社会规范、权力和权威、社会组织和社会互动网络"① 这五个要素影响社会秩序构成,并自然成为社会整合关注热点和研究焦点。西方"公民社会"建构于契约论基础上的"真理性文明"与我国传统"私民社会"基于宗法生存伦理的"道理性文化"张力,在转型期借助于社会实践和威慑强制权力可以促进社会服从,减少社会分歧,降低社会成本,增进社会共识,调整自我社会期待,增强和形成分工互动性依赖,② 着力通过作为原子化的个体合作而彼此连接起来,以促进社会团结和内聚。

一 西方社会整合理论的选择性借鉴与当代启示

西方社会整合理论是工业化先行国家在迈向现代化进程中,面对社会秩序紊乱、市场和资本侵蚀、阶级矛盾尖锐化、国家与市民社会冲突、共同体与个人诉求紧张以及价值观和信仰危机所引发的各式各样社会问题,期盼通过合理配置社会资源、促进社会公正、调整利益格局、缓解社会矛盾、动员社会力量、改善国民生活的综合性和应用性的社会整合理论,是对西方社会转型过程中经历的困窘、矛盾和应对措施的历史映射和时代表征。法国著名历史学家丰丹(Laurence Fontaine)教授在其代表作《市场:社会征服的历史和习俗》中提出,对任何概念的解读"不能脱离概念形成之时的历史背景"的观点。因此,在应对西方社会整合学术话语霸权方面,科学地对待西方社会整合理论与实践应该在剔除其历史局限性的基础上,通过发掘和梳理我国悠久的传统历史与文化,选择性地批判吸收其对发展有中国特色社会整合话语体系,构建和谐社会的积极借鉴意义和有益启示,打造我国社会整合理论主导学术话语体系以有效应对西方学术话语霸权。所谓社会整合西方话语霸权,就是在社会整合的学术研究、思想观念,以及价值定位上受到西方社会学理论言说范式主导,自觉不自觉地按照其展示的微观研究与问题剖析法、人文关怀和学术意义规定的逻辑进路探寻社会秩序。借用埃及

---

① 张静:《社会建设:传统经验面临挑战》,《江苏行政学院学报》2012 年第 4 期。

② Edited by Michael Hechter & Christine Home. Theories of Social Order: A Reader [M]. Stanford University Press, 2003.

著名汉学家阿齐兹（Abdullah bin Abdul–Aziz）博士的观点，在全球化的过程中，"一些西方国家强迫别人跟着走它们的路，强迫全世界服从它们的价值观"。这就是西方霸权主义在思想、学术领域的表现，其实质旨在服务于西方经济政治领导权。而现代社会整合面临的基本问题就是"怎样使社会保持竞争的活力，但又不至于让分裂和冲突"①毁掉我们的生活，这是市场经济场域下人类必须探求的伴生共处之道。转型期我国社会整合取决于我国现实国情和中心任务。因此，转型期我国社会整合从一开始就注定与西方社会整合有着明显迥异之处：

第一，社会整合场景不同。转型期我国社会整合有着特殊的社会历史背景和基本"国情"。我国现在处于并将长期处于社会主义初级阶段，这个过程可能延续上百年时间。转型期我国社会整合是在改革开放后推进市场经济，发挥市场机制在资源配置中的决定性作用和实现现代化进程中涌现的社会矛盾和社会问题凸显的转型大背景下，孕育的一套宏大的社会整合治理共识与策略。

第二，社会整合主体不同。转型期我国社会整合是由执政的中国共产党为主体，包括政府、市场和社会组织等在内多元主体引领和推进的社会整合，因此我国的社会整合具有鲜明的中国特色，是执政党为主体在国家意识形态层面上推进的国家治理和社会治理策略的统一体。

第三，社会整合侧重点不同。转型期我国社会整合秉持"民生优先、群众第一、基层重要"的理念，重点是着力于为推进和改善民生，旨在"两个一百年"奋斗目标。由于中西方的社会整合差异性，决定了我国要积极扬弃西方社会整合理论弊端，坚持批判性借鉴的方法论，不可全盘复制或单纯地"移植与借用"其现成经验和成熟做法，最佳路径是与我国的独特历史使命、独特文化传统和独特中国国情相结合，实现社会整合理论中国化，用中国化的社会整合理论指导我国的社会整合实践，才是"人间正道"②。

第四，社会整合价值追求不同。社会整合的启蒙要义首在探明真

---

① 张静：《社会建设：传统经验面临挑战》，《江苏行政学院学报》2012年第4期。
② 胡鞍钢、王绍光、周建明、韩毓海：《人间正道》，中国人民大学出版社2011年版。

相，转型期社会整合旨在因应现代化衍生社会"断裂"问题。西方社会的文化价值观重在张扬个体，维护个性发展，而东方的我国重在集体主义。转型期构建有中国鲜明特色的社会整合应该是理论与实践的高度统一，历史与现实、总体性与具体化的统一，批判性与建构性的统一，科学性与价值性统一的内涵结构，具体目标指向着力保障和改善民生、推进社会体制改革、扩大公共服务、完善社会管理、促进社会公平正义，努力使全体人民"学有所教、劳有所得、病有所医、老有所养、住有所居"，推动和谐社会建设。

我国著名社会学家费孝通先生用"差序格局"概念描述传统中国总体性社会格局中的社会关系，其社会"共同体"和"社会群体"中存在基于血缘和分工、排斥性群体和包容性群体、特殊主义和普遍主义规则等内在根基的天然社会纽带。而在现代转型社会，个体的自主性、异质性、依赖性与流动性增强。因此，韦伯认为，传统群体不适合现代社会，因为依附于个人化的支配关系，将阻滞劳动力和资源的自由流动以及集约化生产的发生。① 西方国家社会整合理论与实践有其特殊的历史和社会制度成因。可见，转型期我国社会整合要在批判基础上进行选择性借鉴西方社会整合的经验和做法，切忌不顾国情照搬照抄，亦步亦趋，随意拿西方概念来"裁剪中国社会现实，而不善于用正确的立场、观点和方法分析快速转型中的中国社会"②，应该用中国经验、中国文化、中国传统、中国精神、中国元素、中国特色加以注解，以求为我所用，实现西方社会整合理论中国化，打造西方社会整合理论的中国版本。当然西方现代法治理念基础上的社会整合法律体系作为人类共有普遍的智慧结晶和文明成果，其中的社团与非政府组织整合法，作为共同价值观和共同经验值得我们在依法践行社会整合过程中进行立法借鉴和参考。另外，涂尔干视角下的社会整合思想中使用法律蕴含的契约团结在社会整合的中流砥柱作用也值得关切和借鉴。同时，西方社会整合崇尚"个人中心论"，维护个体尊严品质与我国和谐社会秉持"以人为

---

① [德]马克斯·韦伯：《民族国家与经济政策》，甘阳、李强等译，生活·读书·新知三联书店1997年版。

② 毛莉：《学者问诊学术"洋八股"以思想涵养民族智慧、靠创新提升学术尊严》，《中国社会科学报》2014年1月13日A1版。

本"理念相契合。

所以,要重视道德、价值观的积极能动的社会整合作用。以马克思主义为精髓和灵魂的社会主义核心价值观是社会主义核心价值体系的凝炼表达,涵摄凝魂聚气、强基固本的战略任务,是提升国家文化软实力的根本举措。党的十八大从"国家、社会和公民"三个向度层面在全社会培育、倡导和践行"富强民主、文明和谐,自由平等、公正法治,爱国敬业、诚信友善"目标、取向和准则的主流价值观,重在知觉认同、做到知行统一,外化于行、内化于心,着力增强人们的价值判断力和道德责任感,以我国优秀传统文化为根基,着力弘扬共同理想、凝聚精神力量、建设道德风尚,推动形成"以文化人、以文育人,人人参与、人人实践,奋发向上、崇德向善"的浓厚氛围和强大力量,切实将核心价值观精神融入和渗透到政策制定与实施全过程,以构筑起中华民族共有精神家园。我国传统社会恪守"法令由一统,民以吏为师"惯例,作为社会精英分子的官员理应成为社会的守法与道德榜样。转型期要引导党员干部率先践行社会主义核心价值观,坚定理想信念、保持良好道德情操,做时代先锋、社会楷模。因为,党员干部作出"表率就是最有说服力的教育"①。重德是历代统治者选人用人的重要原则,要把践行核心价值观作为考核评价与选拔任用干部的重要依据,形成以德为先的用人导向和浓厚氛围。不断增强马克思主义主流意识形态的话语权和生命力,拓展民众的利益表达和政治参与渠道,挖掘党的外围组织,②同时着力开发统一战线作为极具中国特色社会整合载体的独特作用,立足于大社会整合,着力拓展社会整合多元渠道,构建有中国特色新型社会整合生态。

二 我国传统社会整合理论的选择性借鉴与当代启示

我国传统社会场域,基于"血缘同亲、邻里地缘和种族"为基础的社会整合内聚效果较强。但是进入现代化社会以后,这种整合范式的

---

① 刘云山:《推动形成奋发向上崇德向善的强大力量》,(http://www.chinanews.com/gn/2014/01-04/5697610.shtml.2004-01-04)。

② 樊青青:《国外社会整合的实现路径及其启示》,《求索》2011年第9期。

"行为原则、边界责任和信用体系的特殊主义",无法克服"局部性、纵向分离性和横向隔绝性"的特点,①因而难以在结成更大的社会连接方面发挥纽带作用。其以"士绅权威"为核心的整合逻辑范式彰显以绅士长老为权威形式,以宗族、家族或地域关系网络为基本结构,显示出强大关系、文化认同、族长权威和高密度来往等特点。

中国传统社会整合借助于事实上存在的"官治领域"和"士绅权威"②两个独立秩序中心,政治上层建筑以国家为权威中心,其对基层的整合意义多是文化象征性的,而更具有实质性的则是士绅行使着实际的结构管辖权力。这两种秩序在各自的领域中形成权威中心,并不突破和跨越二者之间的隔层领地,自觉维护社会秩序。总体看,我国传统社会是一个儒家思想为主导与核心的礼制社会,优秀传统文化一直是中国人的精神支撑和心灵慰藉。中国"特色"社会整合需建立在传统文化根基上,再批判性吸纳人类一切优秀文明成果。为此,习近平同志指出,对我国优秀传统历史文化精华,特别是先人传承下来的道德规范,要坚持"古为今用、推陈出新,有鉴别地加以对待,有扬弃地予以继承。"③

改革开放前,在我国刚性总体性社会背景下,由威权政治和经济建设搭建的自上而下的社会再组织化结构中④,国家、社会和单位的"高度一体化"整合方式的特点是基于"集体意识"基础上的认同一致性较强,从而形成上下隶属的纵向一体化依赖关系格局,压迫社会停止了自然组织化,其内聚的社会纽带是集体化的生产和资源较均等的再分配。党的十八大报告确立市场在资源配置中起决定性作用,打破了传统社会整合发挥正能量的前提和基础,使社会成员的共同责任意识和自组织能力,在"被动依赖的结构中停滞生长,结果使社会分散加剧"⑤。

---

① 张静:《公共性与家庭主义:社会建设原则辨析》,《北京工业大学人文社会研究院会议文稿》2011年3月。
② 彭玉生:《中国转型经济中的宗族网络和私营企业》,《香港中文大学中国研究中心讲演稿》2005年11月29日。
③ 罗国杰、夏伟东:《古为今用 推陈出新——论继承和弘扬中华传统美德》,《红旗文稿》2014年第7期。
④ Vivvienne Shue, The Reach of the State, Stanford University Press, 1988.
⑤ 张静:《社会建设:传统经验面临挑战》,《江苏行政学院学报》2012年第4期。

因此，提高我国的文化软实力可以从国际和国内两个层面着手，① 从国际向度看，中华文化、中华美德可以增进世界对中国的认知和了解，重塑"和谐的文明大国形象、美丽的东方大国形象、负责任的地区与世界大国形象、亲和而有活力的开放大国形象"，不断提高我国国际话语权，有助于构建多元繁荣的世界文明；从国内向度看，通过深化文化体制改革、探索中国特色社会主义文化发展道路、弘扬民族精神与时代精神来推动中国文化的全面繁荣和快速发展，从而提升全民道德水准，让"人民体面而有尊严地活着"这是国家最给力的国际政治宣言，也是文化软实力的关键所在，以此充分发挥中国传统文化与社会主义核心价值体系强强联手的道德整合功能。

总体来看，西方文化注重个人主义，倾向于分析性思考；而东方文化更强调集体主义，个体依赖性更强。我国传统社会是个"熟人社会"，秉持伦理本位理念，以儒学与皇权为中心，辅之以法律、道德等规范约制，共同治理天下，具有灵活变通和"潜规则"盛行的双轨制特点。如《论语》所言，"为政以德，譬如北辰，居其所而众星共之"。而西方社会是个"规则社会"，崇尚科学，而科学的本质逻辑是满足人性的求知欲望，优化意识形态、恪守对于生命价值的尊严和关怀。现代社会整合是工业社会的产物，经过170多年的发展，现代社会整合形成了关于工业社会发展变迁研究的丰富成果。东西方社会整合差异体现为理念、话语系统和社会运行方式与规则等若干因素。选择性批判与合理借鉴西方社会整合理论的实践智慧本性及普遍哲学思想方法论价值阐释，就是要在"中西文化的碰撞"后，将"西方的自由民主"与儒家的"传统"道义互补生成寻求东西方社会整合共同价值目标和社会共识的"最大公约数和最大同心圆"，实现社会整合学术话语平等交流，以新的全球身份与战略思维转型，提升社会良性互动与制度回应性，突破国人内心深处潜藏的根深蒂固的"西方中心论"社会整合观，构建以人为中心、包容可持续的、自由独立与责任担当的中国鲜明特色社会整合话语权体系。这个社会整合靶向目标指向各阶层、群体的不同需

---

① 韩方明：《文化软实力将是2014年中国的新关键词》，(http://www.zaobao.com/forum/expert/han-fang ming/story20140102-295025. 2014-01-02)。

求，客观规定了建立良性利益表达与博弈机制的必要性。要标定社会整合价值坐标和尺度，反照延伸和叠加主流价值旨在占领社会整合制高点，在多元多样多变的社会思潮中把握和引领社会整合方向，着力于从理论与实践、历史与现实、国内与国际等多维向度研析社会整合的起源结构与含义入手，解读它蕴含的深厚内涵和力量。坚持发展和效益并重，权利和义务并重，自主和协作并重，治标和治本并重，秉持古为今用，不断创新社会整合载体和内容、完善体系、更新理念、注重互动性与生活化，坚持人民性、适应性、包容性、开放性与改革性，实行大一统精细化管理的社会整合，实现东西方社会整合思想的文明交融、休戚与共、文明共鉴、互鉴多彩、平等包容的多轨道并行且更加科学合理的社会整合发展路径。当然，社会整合科学化水平彰显党的执政社会基础拓展的能力要素。改革作为转型期我国至为重要的社会整合，是一项前无古人的壮观事业，必须在不断实践创新与理论探索中深化前进，要注重宏观思考和顶层设计，更加重视社会整合的系统性、整体性、协同性建设，同时也要继续鼓励大胆试验、大胆突破、"大胆假设、小心求证"的整合思路，不断把社会整合持续引向深入。转型期我国社会整合研究的知识图谱及趋势探讨，以概念及范畴界定为导向的基本内涵研究，功能导向的理论追索以及问题导向的改革研究，构设文化引领与示范导向的有中国特色社会整合。同时，着力克服社会整合研究的碎片化和原子化倾向，不断提升社会整合从自在到自觉、从"独白"走向"对话"的社会整合话语模式转向，构成社会政治角度现代性的基本特征是保持开放的问题意识，而不是对于给定的问题有具体解决之道，以实际行动践行我国社会整合本土化研究历程中的实用主义理论品质、人文品质与反思品质，助推我国社会整合科学化。

第二章　马克思主义社会整合理论及其发展

"转型社会"是一个富于变化而又多元的现代化过程。转型期我国社会发展迈入了崭新阶段，面对难得机遇，也遭遇前所未有的风险和挑战。同时，在经济周期规律内在作用下，世界经济增长趋势、国际产业分工格局、地缘政治境遇等都在发生持续而深刻的变化。利益结构是社会发展的内在源泉、驱动器和动力机制。转型期，社会利益结构已经由单一化向群体化和多元化转变，各种复杂的利益关系相互交织与相互碰撞是新时期利益格局的基本特征，随之价值取向功利化、价值观念复合化以及信仰体系危机。转型期我国社会整合选择是思想自信和实践自觉的有机统一体，表征中华传统文明的客观、历史、多维的眼光和自信自觉的深厚渊源，来源于对实现中国发展目标条件的认知和对世界发展大势的把握。社会整合是社会稳定发展的重要抓手。转型期我国社会整合是我国传统文化和现实境遇共同孕育发酵的结果。总体上来看，我国社会整合相继经历了从新中国成立前以传统型整合模式的消弭和变异，以制度初创为基础的"运动式革命型"整合模式，以及制度扭曲时期的"社会动员型"整合模式和以制度重建为基础的"政府加市场调控型"整合模式四个阶段。当前我国社会整合需要从综合整合、资源整合、系统整合、依法整合、源头整合、公共产品供给、基层民主发展和社会组织化等若干方面入手，有序推进政府治理和社会自我调节以及居民自治良性互动，着力实现社会一体化。在移动"互联网+"时代和经济新常态下，面对世界多极化与经济全球化的深入发展、科技进步日新月异、思想文化交流交锋与融合日益频繁的大背景下，全面审视和梳理马克思主义社会整合理论及其发展，同时充分利用有利的国内外形势，紧抓我国发展的重要战略机遇期，更加注重源头预防和末端治理紧密结合，积极落实重大事项社会稳定风险评估制度，不断完善社会矛盾排查预警和调处化解综合机制，有效预防和熨平社会矛盾，积极发挥社会整合正能量具有重要的理论价值和现实意义。

第一节 唯物史观是马克思主义社会整合的理论基础

马克思主义认为劳动是"人类产生社会关系之始"，凡劳动分工也是社会分工，并在分化与整合的逻辑运动中充任了中介和桥梁，体认社会分化与社会整合，呈现"你中有我，我中有你"状态，共同维系了社会系统的完整存在。实践观是马克思主义首要的和基本的观点，通过实践使人类社会的独特性由此凸显。马克思"实践整合"观就是在批判性地继承前人实践观基础上，借助于主客体相互影响，并能动而现实的双向对象化过程。[①] 而社会整合是对不同资源加以组合和协调以实现共同组织目标的一种协同活动。在计划再分配经济时代，社会整合主体单一化，由此生成这一阶段社会整合内驱动力来源体现为统治性、管理性、刚性命令、指挥强制性与监管性等特点的党委和政府。一直到20世纪80年代中期以后，伴随着我国改革开放持续深化和市场经济逐步发育，原先以"单位制"为基本载体，以行政力量为基本整合手段的社会组织结构开始瓦解并逐渐走向多元化。那时，个体对"单位"的依附程度有所下降，社会上逐渐涌现了一大批"无单位归属"的自由职业者和新社会阶层。与此同时，单一的行政力量在实施社会整合方面的主导作用也伴随"单位制"的解体而逐步削弱。由此可见，整合主体与整合载体选择的历史性彰显了社会实践发展与整合效果关系密切。虽然，在经典马克思主义创始人的著作中尚未发掘出关于"社会整合"的直接而明确的表达和论述，但是纵观马克思主义博大精深的理论学说，其中不乏隐含着马克思主义社会整合思想的萌芽和雏形，至少我们

[①] 王毅：《"社会——个体互构"的社会整合机制探析——从马克思到吉登斯》，《求索》2014年第8期。

可以从其学说中开引出有价值的思想资源来回应现实的社会整合问题。同时，经典马克思主义大师依据唯物主义历史观基本原理科学论证了社会整合的历史必然性和现实性。

一 人类社会是在实践发展中的矛盾有机体

"社会"一词源于日本学者翻译"society"而来，在我国古代汉语中该词是指祭祀土地神的集会，不同于今天指代社会关系或共同体。法国社会学大师涂尔干研究的"社会"①，既是社会有机体又是一种集体意识的存在，是基于人的自然权利和社会人性为依据，并以此来重新确立社会团结基础。结构功能主义认为，社会是一个有机整体，组成其各子系统分别承担不同的任务，发挥不同的功能，共同助推社会在"矛盾"②逻辑中运行发展，并保持动态平衡。转型期的我国社会矛盾，是当代我国经济社会发展水平和阶段性特征的集中展现，也体现为"转型社会、风险社会与网络社会"三大结构性变迁所致的结构性矛盾。从本质上展现为矛盾双方在社会结构中的地位差异与角色对立，其实主要体现为人民内部的利益差异和社会冲突。而马克思主义视域下的人类社会有机体是一种整体性存在，也是一种动态性存在，是结构和过程、静态和动态统一的矛盾有机体。转型期我国社会结构呈现为"金字塔"型，具体化为从较为普遍的"社会不满，集体性敌视，以及具体利益冲突到暴力群体性事件"③。当前经济新常态下，我国社会矛盾从内涵、结构和形式，都嵌入了我国社会的结构性变迁和制度模式，具有我国本土性特征。矛盾是永远会存在的，冲突也永远会在社会发展过程当中存在，只有把矛盾和冲突控制在一定范围或合理区间之内，社会才会处于和谐稳定的发展状态。

二 社会基本矛盾是推动社会实践发展的根本动力

马克思主义认为，随着生产力发展，分工出现，继而生成社会分

---

① 李英飞：《涂尔干早期社会理论中的"社会"概念》，《社会》2013年第6期。
② "矛盾"一词语出《韩非子》中"以子之矛，陷子之盾，何如？"的典故。在现代汉语中，矛盾是泛指事物间的对立与统一。从这个层面讲，社会矛盾就是指社会的对立和统一性。
③ 张海波等：《当前中国社会矛盾的内涵、结构与形式：一种跨学科的分析视野》，《中州学刊》2012年第5期。

化，以及世界交往的普遍扩大，在此过程中，物质生产活动是贯穿始终的红线，需求、生产、交换和分工之间的内在矛盾及其消解孕育了推动社会的根本力量。从而使历史本身的运动表现为社会存在决定社会意识，社会意识对社会存在具有能动的反作用，生产力决定生产关系，生产关系反作用于生产力，经济基础决定上层建筑，上层建筑反作用于经济基础，生产力与生产关系，经济基础与上层建筑之间的矛盾运动建构了"人类社会大厦三层楼"模型，这种辩证逻辑关系呈现了人类社会发展与成长进步的普遍模式。而恩格斯提出了一个真实性的经典哲学命题，我们不应该为了"观念的东西而忘掉现实主义的东西"。① 为此作了最好注解。人类社会基本矛盾是推动社会发展的根本动力，而阶级斗争是促进人类社会发展的直接动力。人类社会就是在社会基本矛盾的内在驱动与合力作用下，按照历史与逻辑相一致的法则实现社会有机体从原始社会、奴隶社会、封建社会、资本主义社会到社会主义和共产主义社会的依次更新升级，同时促进人向自身的回归与发展实现从必然王国到自由王国的实质性飞跃。

三　社会矛盾在实践发展中的永恒性

社会作为共同体实践活动的有机系统与价值联结生存单位，由具有主观能动性的个体因子建构，呈现为人们在从事社会联系和交往活动时生成的各种社会关系，涉及政党、民族、宗教、阶层及海内外同胞"五大"关系，涵盖经济、政治、文化、社会、生态及党的制度建设这"一体六翼"网格化社会建设总体共同架构，包括互助合作抑或矛盾冲突。作为一个复杂的有机动力系统，社会的基本功能展现为凝聚力量、交流整合、导向继承与制约均衡等诸多作用。人类社会基本矛盾是推动社会发展的根本动力，其作用机理体现为生产力决定生产关系，经济基础决定上层建筑，包含科学技术在内的生产力是社会发展的基本动力，阶级斗争是社会发展的直接动力。社会发展是永恒主题和常态存在，矛盾存在于社会发展始终，也唯有矛盾双方在对立统一中的相互交融、彼此适应、互动博弈和相辅相成助推社会形态在动态均衡基础的螺旋式上

---

① 《马克思恩格斯选集》（第4卷），人民出版社1995年版，第559页。

升和波浪式前进，由此内在规定矛盾双方在"质态上的彼此适应、量态上的比例合理、功能上的相互协调"①，由此达成社会和谐状态，这也从另一层面表达了社会矛盾在实践发展中具有永恒性。

四 马克思主义价值追求指向消灭社会对立，构设"自由人联合体"

正义是共同体成员基于社会交换上之利益与义务分配的稳定性与均衡性的契约，集中体现主流意识形态的潜在认同与理性关切。② 正义也是社会主义制度的"首要价值"③与合法性基础，映射人类共同幸福和社会生活欣欣向荣的必要条件。"公平正义与公序良俗"蕴含"求真"的思想前提、"求善"的道德维度和"趋美"的终极归宿，旨在指向"真善美"的有机统一于"自由人联合体"。人类从无阶级社会进入阶级社会后，基于所有制与分配方式的组合"异化"导致个体间的极大不平等，因此，千百年来对"公平正义、公序良俗"体面生存的向往始终是人类社会孜孜以求的永恒主题和崇高理想，不论是我国古代典籍《礼记》中的"天下大同"社会构想，还是西方政治学元祖古希腊哲学家柏拉图描绘的《理想国》美好图景，意大利人康帕内拉（Tommas Campanella）向往的《太阳城》社会，英国人托马斯·莫尔（Sir Thomas More）的名著《乌托邦》（1516）④中对完美优越"理想社会"的不懈追求，抑或作为空想社会主义者"三位大师"的圣西门（Claude-Henri de Rouvroy）、欧文（Robert Owen）和傅立叶（Jean Baptiste Joseph Fourier）勾勒的"未来社会"理想蓝图，以及马克思恩格斯描绘的未来"自由人联合体"愿景，都指向"公平正义、公序良俗"的人

---

① 靳江好、王郅强主编：《和谐社会与社会矛盾调节机制》，人民出版社2008年版，第17页。

② 于阳：《中国政治时钟：三千年来国家治理的周期运动》，当代中国出版社2016年版。

③ 殷冬水：《民主：社会正义的生命——关于社会正义政治条件的规范研究》，吉林大学博士学位论文，2013年。

④ 有学者认为，《乌托邦》名著是用拉丁文写成并出版于比利时卢文城，16世纪50年代后相继被译为英文、法文、德文等多种文字得以广泛传播。1898年我国近代启蒙思想家严复翻译出版《天演论》时，书中提到《乌托邦》，由此传入我国并为学界广为采用。《乌托邦》全书中译本于1935年由商务印书馆出版了刘麟生的译本。"乌托邦"一词是严复精心构思的新名词，意指根本不存在或虚无缥缈的地方称之为"乌托邦"。高放：《世界社会主义五百年纵横谈——从〈正道沧桑〉电视政论片引出的话题》，《社会科学研究》2013年第6期。

类社会,其中"发展"是公平正义的前提,"制度"是其保证,而"法律"是其最后屏障。同时,作为共同价值观的"公平正义"理念也是熨平社会危机与化解社会矛盾的内在要求,体现人民群众的内心期待,更是彰显我国社会主义核心价值与实现中华民族伟大复兴"中国梦"的必然诉求。"公平正义"是社会主义社会的基本价值选择,让公平正义"直达"百姓,是现时代衡量社会进步与否的根本标准,这也是规定马克思主义存在合理性的历史表达。理念映射基本价值选择,推进社会治理需从变革理念开始。治理表征在党和政府的主导下,通过政府、市场与社会和其他组织的共同协作,以参与性、公开性、透明性、回应性、法制性与责任性的治理路径用强力恢复社会公序良俗状态,以增进人民福祉与公共利益,凝聚社会共识、化解社会问题、激发社会活力、防范社会风险、提升治理效能与推动社会发展,实现社会公正与和谐的动态均衡过程。管理目标在于"稳定",而治理目的在于"和谐"。社会治理彰显科学性和人文性有机结合的生动体现。

(一) 社会对立根源于分工的历史局限性

分工是社会生产力发展的必然结果,最早的分工是基于男女两性基础上的性别分工和劳动分工,主要表现为部门和行业之间的分工。而部门间的分工必然落实到具体空间,从而构成区域分工。区域分工是各区域为了获取资源配置的高效益,在充分利用区域内优势资源的基础上所进行的区域性和专业化生产。马克思主义认为,由自然形成的工具向由文明创造工具的过渡,导致一系列的社会分工。分化呈现为社会异质性、多样性,在价值观层面映射为价值分化和多元。从"分化—冲突—分离—对抗—整合"的动态平衡涵摄多元规定性统一与多重视域融合,展现社会发展的合乎逻辑辩证法,彰显转型社会运动轨迹与生动写照。分化是诠释社会发展内在动力模型与社会繁荣进步的显著标志,呈现为现在时,蕴含现代社会的历史境遇;而整合是维护社会秩序的转换机制,呈现为将来时,表征现代社会的价值指向与建构有效整合的必要性。分化与整合的动态平衡建构了现代化进程的双重逻辑。[①] 分工源于人类持续

---

① 吴晓林:《现代化进程中的社会分化与整合》,《河南大学学报》(社会科学版) 2012年第3期。

追求幸福的自然冲动和本能愿望。分工旨在促进个体间相互配合，确保社会系统良序运行。功能主义社会分化学派奠基人涂尔干在其《社会分工论》中在功能论基础上，以实证主义方法论，开启了推演现代分工变化的直接原因是社会容量和社会密度，而社会分工旨在社会团结。集体意识、共同体生存环境范围扩大、社会流动以及城市化都是社会分工生成发展的原因。涂尔干认为，分工在个体之间构建了一个能够长久地把"人们联系起来的权利和责任体系"①。有机团结基于社会分工之上，机械团结基于"集体意识"之上，二者协同建构了涂尔干视野下的社会整合。分工起初只是人类两性的自然分工，后来由于天赋、需要、偶然性等因素才自发形成"更加细微化与精致化的专业性分工。"② 分工只是从物质劳动与精神劳动相互分离的时候才真正称其为分工。可见，分工是映射生产力发展的重要标志。马克思在社会冲突论基础上，借助于社会批判方法论，推导认为社会分工的发生学起源于从性别分工到社会分工，并衍生出了私有制、阶级和国家，乃至社会与人的异化问题。从而使分化的逻辑与现实获得了历史与辩证的有机统一。

（二）社会主义制度的价值理性在于指向消灭"私有制和社会对立"

人类经过长期的进化和演变，逐渐从蒙昧与野蛮，走向开化与文明的时代。而私有制恰恰就是这个时代的社会分工与分化的必然成果之一，同时，私有制也激发了社会发展的盲目性和破坏性。由此，开启了人类对美好生活和理想社会制度的满心向往与不懈探索的脚步，而"社会主义"③ 制度就是目前为止人类所寻求和设想的消灭"私有制和

---

① ［法］涂尔干：《社会分工论》，渠东译，生活·读书·新知三联书店2000年版，第92页。

② 《马克思恩格斯选集》（第1卷），人民出版社1995年第2版，第36页。

③ 有学者做过深入研究，社会主义思潮发展至今，大概包括空想社会主义、封建社会主义、基督教社会主义、工场社会主义、农民社会主义、无政府社会主义、真正的社会主义、科学社会主义、国家社会主义、讲坛社会主义、费边社会主义、议会社会主义、工团社会主义、伦理社会主义、行会社会主义、整体社会主义、总体性社会主义、托派社会主义、民主社会主义、自治社会主义、职能社会主义、基金社会主义、欧洲共产主义、生态社会主义、以及市场社会主义等在内的25种社会主义思潮。徐觉哉：《社会主义流派史》（修订本），上海人民出版社2007年版。

第二章　马克思主义社会整合理论及其发展

社会对立"的一种最可行的现实理路和实践路径选择。

1. 空想社会主义大师对未来新社会的愿景勾勒

从16世纪资本原始积累和家庭手工业时期的第一代乌托邦社会主义者"开山鼻祖"英国著名政治思想家莫尔的《关于最完美的国家制度和乌托邦新岛的既有益又有趣的金书》（简称为《乌托邦》）以及意大利思想家康帕内拉的《太阳城》、德国闵采尔（Thomas Münzer）的《布拉格的呼吁书》等著作所阐发的"千年太平王国"社会革命理想。被恩格斯称为"直接共产主义"的17、18世纪资本主义手工工场时期第二代空想社会主义者代表英国掘地派运动领袖和著名思想家温斯坦莱（Gerrard Winstanley）的《新正义的法律》，法国唯物论者梅叶（Jean Meslier）的《遗书》，法国思想家摩莱里（Morelly）的《巴齐里阿达》和《自然法典》，法国政治理论家马布利的《论公民的权利和义务》、《向哲学家经济学家提出的对政治社会天然固有的秩序的疑问》和《论法律或法制的原则》，以及法国革命家巴贝夫的《永久地籍》等著作所阐发的"普遍幸福与人人平等的"社会理想。被恩格斯称之为19世纪产业革命时期"三大空想家"的第三代"社会主义创始人"[①] 法国圣西门[②]的《论实业制度》和《一个日内瓦居民给当代人的信》中描绘的"新实业制度"，法国傅里叶的《关于四种运动和普遍命运的理论》以及《新世界》阐述的"法郎吉协作制度"，以及英国实业家欧文[③]的《社会主义或理性社会制度》中构设的"共产主义新和谐公社"展望等。这些对未来社会"乌托邦"式的愿景勾勒反映了人类社会早期空想社会主义大师基于对现实问题作出的关切和回应。

2. 经典科学社会主义理论与实践的应运而生

18世纪工业革命以来，资本主义生产关系较之封建主义制度的历

---

① 《马克思恩格斯文集》（第3卷），人民出版社2009年版，第528页。
② 恩格斯曾经高度评价圣西门的历史功绩，他说"在圣西门那里发现了天才的远大眼光，由于他有这种眼光，后来的社会主义者的几乎所有并非严格意义上的经济学思想都以萌芽状态包含在他的思想中"。《马克思恩格斯全集》（第9卷），人民出版社2009年版，第275页。
③ 马克思恩格斯曾经极力褒奖欧文是"英国共产主义的代表"和"社会主义运动的创始人"。

史先进性极大地激发了社会活力，释放了社会生产力，使资本主义在不到百年的发展进程中创造出的巨大生产力和财富数量远远超过了过去一切时代的总和，促使资本主义制度以其历史性的无比优越性迅速向全世界蔓延。然而，好景不长，资本主义私有制不可调和的内在基本矛盾逐渐暴露且愈演愈烈，经济危机周期性频发、生产力遭遇到巨大破坏、社会关系对立、人性的"异化"等，以"人民生活危机、社会秩序危机和国家全面危机"为表征的资本主义的总体性危机，马克思、恩格斯为代表的"普罗米修斯为人间取火"，成为工人运动旗手和人类解放先驱。唯物史观和剩余价值论的发现，揭示了资本主义必然被社会主义取代的科学真理。与此同时，1871年的"巴黎公社"是社会主义作为人类历史上的一种崭新制度的第一次尝试，其优越性是在与资本主义之间的社会制度比较中显示出来的。可见，社会主义是对资本主义的补充和完善。为此马克思指出，手推磨产生的是封建制生产关系，蒸汽磨产生的是资本主义生产关系，它们一经产生就极大地促进和释放了生产力的发展，正如马克思和恩格斯所言，资产阶级社会的生产关系和交换关系，资产阶级的所有制关系，这个"曾经仿佛用法术创造了如此庞大的生产资料和交换手段的现代资产阶级社会，现在就像一个魔法师一样不能再支配自己用法术呼唤出来的魔鬼了。"① 资产阶级在它不到一百年的阶级统治期间所创造的生产力比过去所有时代创造的生产力还要多，还要大，足见，资本主义生产关系较之以前各种生产关系的历史先进性，所以，社会主义制度就顺理成章地成为消灭"私有制和社会对立"的一种实践路径选择。

3. 科学社会主义运动从一国到多国的胜利实践，以及从地区到全球的扩展

1871年的"巴黎公社"遭遇挫折后，马克思和恩格斯继续为实现社会主义而夜以继日地努力求索和理论研究。伴随马克思主义迅速传播，列宁领导的俄国"十月革命"，宣告马克思主义旗帜上社会主义从科学到实践真正走向胜利，尤其是第二次世界大战期间，苏联社会主义的优越性让全世界感受到了人类社会的明天和希望。与此同时，以中国

---

① 《马克思恩格斯选集》（第1卷），人民出版社1995年版，第277—288页。

为代表的一批社会主义国家相继诞生，使得科学社会主义运动从一国到多国、从地区到全球的逐渐扩展和胜利实践，标志社会主义在人类历史上的影响日益扩大而重要。

（三）从"物质和精神两个层面"关注人的双重解放

马克思在其《关于费尔巴哈的提纲》（1845）中指出人的本质"不是单个人所固有的抽象物，在其现实性上，它是一切社会关系的总和"①。同时，每个人自由发展是"一切人的自由发展的条件"②共同建构了马克思自由平等观的逻辑起点和历史源泉。不久，马克思在其《1857—1858年经济学手稿》中描述人的生存状态经历了人的依赖关系最初形式——人对人依赖，到以人对物的依赖为基础的第二个状态，以及基于人的自由全面发展之上的自由个性等"三种"状态。作为社会主体的人是一种"文化性存在"，同时又被文化所创造。而文化认同是蕴含文化理念、思维模式和行为规范在内的三维要素，其体认指标是主体的社会属性、文化属性，以及利益取向性。作为社会主体的人具有"生物性、社会性和精神性"等三维特性，分别对应于生存空间的"自然空间、社会空间和历史空间"等三重性，由此决定了人的文化本质，并在文化创造中实现和提升自我价值。文化认同的实质与核心就是共同体共享的信仰意义或价值体系。其中的信仰是对"超自然、超世俗之存在坚定不移的相信"。可见，社会主义人性化价值取向旨在从物质和精神层面对人的双重解放。因为个体感性存在、觉醒扩张与透析解放的享受，有赖于更健全的理性追求、精神搏击、诱发激活与增势赋值。因此，从物质和精神"两个层面"对人的双重解放，才有助于实现个体的自由全面发展和"自由人联合体"的构建。

综上所述，一部社会发展史，就是人类不断寻觅和孜孜探求"自由平等、公平正义、共同富裕及和谐幸福"共同价值观的过程，是不断开辟社会主义理想境界道路的历史。回顾和审视社会主义从空想到科学、从理论到实践、从一国到多国、从地区到全球的发展高潮与低潮、成功与挫折的跌宕起伏与波澜壮阔的500多年以来的演进和命运轨迹，

---

① 《马克思恩格斯选集》（第1卷），人民出版社1995年版，第56页。
② 同上书，第294页。

正如习近平同志在参观《复兴之路》（2012）后指出："道路决定命运，找到一条正确的道路是多么的不容易，我们必须坚定不移地走下去"，充分展现社会主义的优越性是历史的选择，也是现实的选择，更是人民的选择。

第二节　经典马克思主义社会整合理论的主要内容

人类在社会生活中基于对社会关系的协调和控制的现实需要促成了社会整合的生成和出场，自此社会整合与人类社会相伴而生。基于维护社会稳定与和谐的需要，历朝历代都十分关注和重视社会整合。而社会整合是社会各要素间的有机联系、交融结合与相互接纳。有效提升社会整合机制体系的科学化水平是任何一个社会求得生存稳定与有效发展所必需的必要条件和基本保障，其整合程度的高低和整合绩效优劣则更是一个社会拥有生存与发展机会多少的重要标志。所以，社会整合的根本原则是公平正义，其本质属性是社会系统和谐。马克思主义作为人类解放和社会发展的学说，是科学的世界观和方法论，当然社会整合研究也理所当然地成为马克思主义社会发展理论的重要问题域。马克思、恩格斯在其理论视野下虽然没有把"社会整合"作为单独命题作以研究，也没有撰写过该理论专题。马克思主义经典著作中没有对于"社会整合"的明确表述根源于马克思的社会历史理论已经包含社会整合功能的一般模式，[①]但这丝毫不会影响到马克思主义博大理论系统中蕴含丰富的社会整合思想并建构了"人类社会大厦三层楼"，即同人们在社会生产中发生一定的、必然的、不以他们的意志为转移的，同其物质生产力的一定发展阶段相契合的生产关系的总和构成社会的经济结构，同时有法律的和政治的上层建筑树立其上并以一定的社会意识形式与之相适应的现实基础。物质生活的生产方式"制约着整个社会生活、政治生活和精神生活的过程。不是人们的意识决定人们的存在，相反，是人们的社会存在决定人们的意识。社会的物质生产力发展到一定的阶段，便同他们一直在其中运动的现存生产关系或财产关系发生矛盾。于是这些

---

① 闻晓祥：《论社会整合》，南开大学博士学位论文，2007年。

关系便由生产力的发展形式变成生产力的桎梏。那时社会革命的时代就到来了。"① 伴随经济基础变更，全部庞大的上层建筑也或慢或快地发生变革与轮回，从而科学阐述了唯物史观基本原理结构要素中生产力、生产关系与经济基础以及上层建筑的辩证统一关系。马克思指出，社会是由本体自身内在要素构成的相互作用有机系统，它有既相区别又相从属与制约的生产力决定生产关系，经济基础决定上层建筑，社会物质生活的生产方式决定整个社会生活、政治生活和精神生活过程的三个层次的要素与关系，以及各自要素的反作用。虽然，生产力、生产关系、上层建筑或一切社会活动、社会关系、社会生活的主体都是现实的人，但人在这里是被决定的；人们不能随心所欲地任意选择某种生产方式和社会制度。人们只有在这样或那样地适应了正确认识自己生活的社会和社会物质生活条件基础上，才能历史地发挥其改造社会的能动作用。马克思强调社会经济形态的发展是一个自然历史过程的基本原因正在于此。

一　唯物史观中蕴含的社会整合思想

马克思、恩格斯作为马克思主义创始人，在倾其毕生的理论研究和社会实践中，深入探析唯物史观在积极应对现实社会变迁历史过程中的社会整合价值。尽管在马克思主义经典著作中并没有关于社会整合的明确文字论述，源于马克思、恩格斯等马克思主义创始人没有机会全面治理和整合一个社会主义国家的革命实践，他们对于未来新社会的美好蓝图都是建立于逻辑推论和预设模型基础上的展望。不过理论界大多认为，即使这样也不能掩盖马克思主义创始人著作中蕴含有比较丰富的社会整合思想，并镶嵌、嫁接与渗透进马克思主义社会历史理论及其阶级冲突理论的每个细胞中。马克思主义内在的经济生活、政治生活、文化生活与社会生活等"四种生活"之间具有辩证统一关系，其中经济生活是基础，文化生活是核心，经济基础决定上层建筑，上层建筑对经济基础具有能动反作用，文化生活与政治生活是相适应的，这就是历史唯物主义蕴含社会整合机制变革的阶级分析动力学原理，至今一切社会的

---

① 《马克思恩格斯选集》（第 2 卷），人民出版社 1995 年版，第 31—35 页。

历史都是"阶级斗争的历史。"① 其中原生态马克思主义的社会整合思想集中体现在《路德维希·费尔巴哈和德国古典哲学的终结》、《德意志意识形态》、《反杜林论》、《政治经济学批判序言》等著作中,特别是在马克思主义唯物史观理论的"人类社会大厦三层楼原理"中得到了淋漓尽致的展现。

工业革命后,资本主义取得迅速发展,使得生产力似被魔法呼唤出来一样,原先由生产决定的消费,转瞬间消费者摇身化为上帝的尊贵身份,由此消费者的地位才得以最终确立,"不是生产决定消费,而是消费主导生产",一个前所未见的崭新时代降临了。当然,任何事物的发展就像是一个硬币的"两面",市场繁荣的背后,周期性的经济危机也时刻动摇着社会发展,马克思主义在对资本主义的反思与扬弃中出场了,理想的社会主义模型便成为资本主义的社会整合器,虽然马克思主义创始人那个时代还没有"社会整合"概念,但从马克思主义哲学及其思想理论宝库中我们仍然可以清晰地感受到马克思主义社会整合观的无往而不在。唯物主义历史观是马克思的第一个伟大发现,恩格斯在《路德维希·费尔巴哈和德国古典哲学的终结》(1886)中直接把唯物史观称为关于"现实的人及其历史发展的科学",从此唯物史观以科学理论揭示了人类社会发展规律,诠释了社会整合的客观存在属性。唯物史观认为,人民群众是历史的创造者,社会的物质生产是历史活动的前提和基础,阶级斗争是推动阶级社会发展的直接动力,生产力决定生产关系、经济基础决定上层建筑、社会存在决定社会意识的社会基本矛盾是推动人类社会向前发展的原动力,这些经典理论中都蕴含着社会整合基因和元素。

马克思在其《关于费尔巴哈的提纲》中指出,哲学家们"只是用不同的方式解释世界,问题在于改变世界",以及全部社会生活在本质上都是"实践的,凡是把理论引向神秘主义的神秘东西,都能在人的实践中以及对这个实践的理解中得到合理的解决"。② 后来在《德意志意识形态》中写道,批判的武器"当然不能代替武器的批判,物质的

---

① 《马克思恩格斯选集》(第1卷),人民出版社1995年版,第272页。
② 同上书,第57页。

力量只能用物质力量来摧毁；但是理论一经掌握群众，也会变成物质力量。理论只要说服人，就能掌握群众；而理论只要彻底就能说服人。所谓彻底，就是抓住事物的根本。但是，人的根本就是人本身。"① 以及"至今一切社会的历史都是阶级斗争的历史。……一句话，压迫者和被压迫者，始终处于相互对立的地位，进行不断的、有时隐蔽有时公开的斗争，而每一次斗争的结果都是整合社会受到革命改造或者斗争的各阶级同归于尽"，这是其历史唯物主义理论中蕴含阶级斗争原理的社会整合动力机制。从某种程度上讲，马克思、恩格斯的社会整合思想表征社会实践的客观反映和历史发展的必然产物，其要点展示为，一是生产力的巨大发展是社会整合的基本前提和社会发展的根本动力；二是生产力和生产关系、经济基础和上层建筑的社会基本矛盾辩证运动是社会整合的初始动力，而社会分工和世界交往的普遍扩大是社会整合的路径选择；三是实现人的自由全面发展和构建"自由人的联合体"是给予人的终极关怀，也是社会整合的聚焦点、着力点、落脚点和价值归宿。俄国化马克思主义创始人列宁关于建设群众日常生活中的社会主义"新经济政策"思想，坚持社会和谐发展统一的思想，以及斯大林关于"国民经济按比例协调发展"和高度集权的社会整合思想，在苏联社会主义建设时期发挥了积极社会整合功能。

（一）历史不是无序的，而是有规律可循的

"历史"词语探源在我国古汉语中最早以"史"字表征。我国最早记载文字的甲骨文中"史"与"事"相似，指代事件。汉代许慎在其《说文解字》中指出："史，记事者也；从又持中，中，正也"。由此引申为所有被文字记录的过去事情。"历史"一词出现较晚，西晋史学家陈寿所著的《三国志》中表述为"博览书传历史，藉采奇异"，历史的含义渐次生成。近代日本学者将"历史"译为英文"history"，使其成为对应表达方式。学者大多认为，历史是对人类社会发展演变进程的总结记载和解释活动，表征现时代的映射。马克思在其《政治经济学批判序言》中概括的社会发展形态是，亚细亚的、古代的、封建的和现代资产阶级的社会形态。大致来看，人类社会的发展历史相继经历了从

---

① 《马克思恩格斯选集》（第1卷），人民出版社1995年版，第56页。

原始社会、奴隶社会、封建社会、资本主义社会、社会主义和共产主义社会等五种历史形态，其中的共产主义新社会里，基于实践基础上，物质财富与自由时间剧增，私人所有制被社会所有制所取代，"旧式分工"升级为"自觉分工"，从"必然王国"不断扩张为"自由王国"，世界历史与全面社会关系日趋形成，这个"自由人联合体"是社会最全面发展且人的发展与社会发展有机统一的最佳社会形态，真正实现了人的发展是社会发展的目的与最高价值取向。

（二）人类社会结构是一个具有层次性的有机整体系统

社会结构是主体认识客体的抽象特征之间的稳定布局态势。经典马克思主义社会结构分析旨在产权剥削，古典社会学"阶级结构分析"重在产权、权威和技能论的有机统一，而当代社会学的"阶级结构分析"则重在"先赋与自致"，强调和而不同的集体本位、差序格局的关系本位和团体格局的个人主义利益本位的有机统一。当然，大转型时代的我国社会结构中利益群体"阶层结构"更为紧要。学者康晓光（2014）的"大转轨理论"[①]认为，全球化时代的我国社会转型轨迹与路径是市场经济体制、文化领导权、儒家社会主义体制等三者指向和谐社会，旨在重建世界领导权，实现中华民族伟大复兴"中国梦"。

（三）资本主义经济关系是一个内在统一的有机体系

资本主义生产关系萌芽于封建社会内部，封建主义经济结构解体使资本主义生产要素得以孕育和生成。早在14、15世纪的欧洲地中海沿岸城市就已稀疏出现资本主义生产关系雏形，直到16、17世纪的资产阶级革命胜利正式宣告资本主义新时代的降临。资本主义是"以资为本"的社会，映射为在"资本"面前人人平等，从而打破了封建主义的"以特权为本"。学者们对资本主义的认识也是在不断与时俱进，《世纪辞典》（1909）认为，资本主义是占有资本财产的国家。《牛津英语辞典》（1987）认为，资本主义是资本家身份、拥有资本财产状况以及拥护资本家存在的制度。而经典马克思主义关于资本主义的定义是，经济上以市场在资源配置中起独立性作用的资本家占有生产资料的私营

[①] 康晓光:《大转轨——全球化时代的国家转轨理论及中华民族复兴战略》（http://www.aisixiang.com/data/74358-2.html.2014-04-29）。

经济为主，政治上实行资本主义的政治民主化，以雇用劳动力的方式组织生产，其最终目的是攫取剩余价值的社会制度。生产社会化同生产资料的资本主义私人占有制之间的矛盾构成资本主义社会的基本矛盾，并贯穿于资本主义社会发展过程始终。不管如何定义资本主义概念，终究标志着人的发展在从人对人的依附性走向人对物的依赖与崇拜，显示出了资本主义的历史必然性、正当性以及制度发展的弹性和生命力。资本主义是由经济和社会关系构成的具有私有产权与自由市场经济的内在统一体系。

（四）社会生产关系及其矛盾运动体现了社会关系各环节的有机统一

历史唯物主义认为生产关系变革是社会发展的直接动力，生产关系由诸多要素组合生成，生产关系总合起来就构成为所谓的社会关系，并且是构成为"一个处于一定历史发展阶段上的社会，具有独特的特征的社会"[①]。其中生产、分配、交换和消费等生产关系的内在矛盾运动体现了社会作为一个系统的有机统一。

1. 社会生产关系的内在规定性

马克思主义认为，生产关系是人们在生产或再生产过程中结成的不以人的意志为转移的生产、分配、交换和消费等诸多关系在内的各种社会关系，表征生产方式的社会形态，也称为社会生产关系、社会经济关系等。生产关系是社会存在和发展的基础。社会生产关系是马克思、恩格斯在《德意志意识形态》中提出的标志历史唯物主义的基本概念。生产关系的主要内容包括，生产资料所有制形式、主体在生产中的地位及其相互关系以及产品分配方式等。

2. 分工促进了社会生产关系的生成

生产方式的实质集中展现为生产资料与劳动者结合的具体路径，分工作为生产方式最重要的存在和表现形式，是生产力和生产关系之间的中间环节[②]。以斯密（Adam Smith）为代表的英国古典政治经济

---

① 《马克思恩格斯全集》（第6卷），人民出版社1961年版，第487页。
② 钱书法等：《分工演进、组织创新与经济进步——马克思社会分工制度理论研究》，经济科学出版社2013年版。

学分工概念是马克思社会分工思想的逻辑起点和理论源泉,其中《德意志意识形态》是其形成标志,而在《哲学的贫困》、《1857—1858年经济学手稿》、《1861—1863年经济学手稿》以及《资本论》中,马克思进一步发展了其社会分工理论。社会劳动是一个有机的整体,分工表征社会劳动的划分与存在方式,生产力跃升引发分工的孕育生成,反过来分工的深化又助推生产力的跨越进步,并分化派生出社会生产关系。可见,分工是生产力和生产关系的辩证法及其矛盾运动的桥梁与中介。

3. 社会生产关系四个环节的矛盾运动彰显了社会关系的有机统一

在社会生产总过程中,"生产、分配、交换与消费"等四个环节之间的矛盾运动突出体现了社会关系各环节分工的辩证有机统一。其中,生产是社会总生产过程的决定性因素,消费是最终价值归宿,生产是起点,消费是终点,交换和分配是必经中间环节,生产决定交换、分配与消费,同时分配、交换与消费也在一定程度上反作用于生产,从而影响和制约着生产的可持续性发展变化。可见,社会生产关系及其矛盾运动体现了社会关系各环节的有机统一。

二 经典马克思主义基本原理的社会整合观表达

马克思主义作为实践的唯物主义,实践观是马克思主义的理论根基。实践主客体的二元对立是马克思主义社会整合的生动体现。在马克思主义经典性文献中尚未发掘出关于"社会整合"的概念表达和系统论述,这并不妨碍在《共产党宣言》、《德意志意识形态》、《哥达纲领批判》以及《社会主义从空想到科学的发展》等经典文献中蕴含着丰富的马克思主义社会整合观萌芽及其相关思想。

(一) 关于无产阶级要把自己培育成一个阶级的观点

1848年《共产党宣言》的问世,标志着科学社会主义的诞生和历史唯物主义"社会整合"逻辑的发展成熟,是宣布马克思主义唯物辩证法现实化的纲领性文件。《共产党宣言》第1章以"天才的透彻而鲜明的语言"深刻地剖析出"资产阶级不仅锻造了置自身于死地的武器;它还产生了将要运用这种武器的人——现代的工人,即无产者。"由此规定了,无产阶级的历史使命就是通过无产阶级政党领导的暴力革命和无产阶级专政推翻资本主义、消灭私有制和社会对立,实现生产资料公有制、社会成员共享劳动成果、取消商品货币关系的社会主义与共产主义,旨在"代替那存在着阶级和阶级对立的资产阶级旧社会的,将是这样一个自由人的联合体,在那里,每个人的自由发展是一切人的自由发展的条件"的社会。

(二)关于社会"交往"普遍扩大是人类解放必要条件的观点

交往也称为沟通,是人类特有的生存与活动方式。"交往"是个多学科视角概念,心理学面向的"交往"是指个体间心理接触与信息沟通,旨在达到彼此一定程度的认知。社会学面向的"交往"是指具有明确目的性的行为,表征特定社会联系。语言学面向上的"交往"主要用以表达信息与交流。哲学面向上的"交往"是指个体特有的相互往来关系与存在方式。在《德意志意识形态》中对"交往"有较全面的概括是基于特定条件下,历史向世界历史转变引发普遍交往的扩大,表现为社会主体间的相互沟通作用与社会性互动。交往是一个历史范畴,不同的社会历史条件决定了社会交往具有不同的特点和水平,交往映射个体本质体现,是浸润于马克思主义孕育生成与发展脉络历史进程的重要范畴。全球化视角下社会交往扩大是实现人类解放与建立自由人共同体的必要条件。马克思在其《1844年经济学—哲学手稿》中反复提到社会交往是个体存在的基本条件与方式。接着,在《德意志意识形态》(1845)中对交往形式与交往内容、普遍交往与世界交往等概念做出了科学界定。基于交往的存在方式和人的自由全面发展的理论视角出发,马克思在《1857—1858年经济学手稿》中首次明确提出了关于人类交往经历了从对人的依赖关系、对物的依赖关系以及"世界历史性个人"的真正自由自觉普遍的人类交往理想模型等"三种形态"。其中生产以个体间交往为前提,同时交往形式又是由生产决定。交往的方式和水平体现了人的发展程度。18世纪随着大工业的兴起,人的自由全面发展成为马克思主义追求的根本目标和存在价值。交往与人的全面发展密不可分,二者相互作用、互动博弈。交往的发展与人的发展的一般历史过程的一致性表明,交往普遍扩大是推动人的自由全面发展的必要条件。转型期,作为马克思主义中国化最新成果的"创新、协调、绿色、开放与共享"为核心的"五大发展"新理念是交往与人的自由全面发展的实践回归和重要保障。

（三）关于未来"自由人联合体"的社会建设观点

"自由人的联合体"并不是马克思、恩格斯一时兴起的思想。在《共产党宣言》、《资本论》以及《反杜林论》和其他经典文献著作中均有对这一思想的进一步阐述和发展。马克思在其代表作《资本论》中强调未来新社会要达到的理想愿景就是"人的自由全面发展"。马克思、恩格斯在其合著的《德意志意识形态》中把社会主义和共产主义社会喻称为"每个人的自由发展是一切人的自由发展的条件"的联合体，简称为"自由人联合体"①，是比资本主义社会"更高级的、以每个人的全面而自由的发展为基本原则的社会形式。"在未来的共产主义新社会，生产力得到充分而高度发展，私有制已被消灭，社会所有制成为其生产关系的基础，公权失去政治属性，每个人的自由发展是一切人自由发展的条件。"自由人的联合体"思想置于唯物史观的基础上，使社会主义思想从应然成为必然、从空想变为科学。

（四）关于人类有计划控制社会生产活动观点

恩格斯的《社会主义从空想到科学的发展》是从其1880年所著《反杜林论》中部分章节改编而成的一部"科学社会主义入门"普及性读物，其中恩格斯重新诠释了马克思在《哥达纲领批判》中曾经提出的"各尽所能，按需分配"的共产主义思想。恩格斯认为一旦"社会占有了生产资料，商品生产就被消除，而产品对生产者的统治也随之消除。"未来的新社会将是一个产品极大丰富、人民极为富足的社会，劳动已经不仅仅是一种谋生手段，而是成为一种生活习惯和生存意义的第一需要。所以将实行根据社会总体和每个成员的需要对生产进行有计划的调节与控制的"按需分配"原则。

---

① 有学者认为，"人的自由而全面发展的自由人联合体"思想并不是马克思、恩格斯首次提出的，其直接来源于德国古典哲学，尤其是青年黑格尔派重要人物之一赫斯（M. Heβ）的"自由共同体"思想对马克思、恩格斯有着直接而重大的影响。许全兴：《怎样理解马恩"自由人的联合体"思想》（http：//theory.people.com.cn/GB/49157/49164/5581105.html. 2013-04-09）。

第三节 马克思主义社会整合理论在当代中国的发展

我国传统社会的政治思想家历来十分重视"为政重德",并把修身正己作为齐家、治国与平天下的前提条件,强调"其身正,不令而行;其身不正,虽令不从",这也映射我国传统社会文明精髓所在。历代王朝兴盛更迭的历史经验一再警示后人,道德建设始终与国家兴衰、政权安危紧密相连,所谓"官德兴则政权安,官德衰则政权乱"。因此,我们党历来高度重视思想道德建设。毛泽东同志指出,治国就是治吏,礼义廉耻、国之四维,四维不张、则国将不国。邓小平同志要求全体党员干部要身体力行、躬身实践共产主义思想道德。江泽民同志提出"以德治国"思想。胡锦涛同志反复强调,全党同志要进一步加强道德修养,要把"干部的德性修养放在首要位置",因为党员、干部的道德修养,不仅关系他们的个人品行,而且也关系党的整体形象,要教育引导党员、干部特别是领导干部自觉加强道德修养,"常修为政之德、常思贪欲之害、常怀律己之心",始终秉持"权为民所用、利为民所谋、情为民所系"的为人民服务情结,打造"干部清正、政府清廉、政治清明"的良好社会氛围。习近平同志多次指出要加强社会主义核心价值体系建设,培育和践行社会主义核心价值观,使之内化为共同价值观,外化为坚定的共产主义理想信念,努力以"道德的力量去赢得人心、赢得事业成就。"他强调指出"理想信念是共产党人精神上的'钙',没有理想信念,或者理想信念不坚定,精神上就会缺'钙',就会得软骨病",所以务必要站稳立场,保持清醒头脑以抵御各种诱惑,时常"照镜子、正衣冠、洗洗澡、治治病",达到"自我净化、自我完善、自我革新、自我提高"的目的,切实做到"为民、务实、清廉"。可见,加强道德建设以凝聚人心,实现社会整合目标,这些都是马克思主义社会整合思想在新时代的生动体现和真切映照。

一 社会主义建设艰难探索时期的中国化马克思主义社会整合理论

毛泽东同志作为党的第一代领导集体的核心,他关于正确处理

"人民内部矛盾和社会各种关系"的社会整合观继承和发展了我国传统社会整合优良传统和治国智慧。毛泽东同志的社会整合思想集中体现在《毛泽东选集》、《毛泽东文集》及党的文献中。作为伟大的马克思主义者，毛泽东同志一生笔耕不辍、著述丰富，在其浩瀚的著作中，虽然没有明确提及"社会整合"概念，但是毛泽东思想中蕴含着极为丰富的关于社会整合思想的论述是得到学界公认的，其中比较有代表性的集中体现在，毛泽东同志在其《论十大关系》（1956）和《关于正确处理人民内部矛盾的问题》（1957）等为代表的一系列经典文献中提出，正确处理包括人民内部矛盾在内的各种社会关系是我国社会生活的主题，展现了对马克思主义社会整合理论在我国社会主义建设的具体实践和历史条件下的创新和发展，体现了马克思主义社会整合思想与时俱进的珍贵理论品格。

毛泽东社会整合思想核心主旨在实现"国家统一、人民团结以及国内各民族共同发展与繁荣"，具体化为在政治上要处理好各种社会关系，扩大党的群众基础，夯实党的阶级基础，并运用"团结—批评—团结"的公式和"惩前毖后、治病救人"的原则正确处理人民内部矛盾；在经济问题上要着力发展生产力，统筹兼顾各方利益；在科学文化上要坚持"百花齐放、百家争鸣"方针，着力繁荣社会主义科学文化；在民族关系上要坚持"各民族共同发展、共同繁荣"的民族团结原则；在统一战线上要正确处理党派关系、海内外同胞关系，始终坚持党领导的多党合作和政治协商制度，坚持"长期共存、互相监督、肝胆相照、荣辱与共"的指导方针。不断扩大社会主义民主，营造团结和谐与生动活泼的政治氛围，以实现国家富强、民族振兴与人民安居乐业。同时，毛泽东个人也有着深厚的中国传统文化修养，他提出全心全意为人民服务、艰苦奋斗，加强道德建设等丰富内容的社会整合思想，对于新中国的经济、政治、思想、文化和社会主义建设产生了积极的指导和引领作用，同时也是其社会整合思想理论宝库中的重要组成部分。

另外，作为党的第一代领导集体成员的陈云同志关于"统筹兼顾、按比例综合平衡"的整合思想，对于恢复我国国民经济也发挥了积极的社会整合作用。

二 有中国特色社会主义建设时期的中国化马克思主义社会整合理论

改革开放以来,现代性的快速蔓延与治理不足以及市场经济内在的两重性所衍生的一系列社会问题,启迪转型期的我国社会整合亟须构建自身特有生态机制以保持人类社会大厦健康运行。可见,社会整合作为达成目的的工具与载体,衍生预设目的状态与结果,是不断创新和实践的过程。当前,具有强大社会激励保障和功能调控正能量的我国改革开放是一种最现实"有效的社会整合机制"①。社会整合是一项与时俱进的事业,改革是对过往政策的再完善和再调整,也是对现存利益格局的再分配和再规整,是转型期最鲜明的时代符号,也是最宏大壮观的社会整合。转型期社会整合只有进行时,没有完成时。为此,党的历届领导集体对社会整合思想均给予了高度重视、继承发展、不断突破与开拓创新。

(一) 党的第二代领导集体对社会整合思想的全面发展与突破性贡献

邓小平同志作为改革开放的总设计师、中国特色社会主义道路开创者和邓小平理论主要创立者,他提出"多元综合性"突破习惯的社会整合观和经济"上台阶理论"都是其社会整合思想的精髓和集中反映。邓小平同志作为党的第二代领导集体核心,在引领和布局我国改革开放和社会主义现代化建设的过程中,他提出了生产力整合、利益整合、政治整合、意识形态整合、规范整合和组织整合的基本思想,集中体现在《邓小平文选》、《邓小平年谱》及党的文献中,对构建有中国特色社会主义和谐社会具有重要启示。为了尽快改善人民生活,彰显社会主义制度优越性,他提出了"三步走战略"旨在有计划、有步骤地实现小康社会。他认为构建和谐社会要以"发展生产力和解放生产力为前提与基础"的社会主义基本原则,以坚持人民利益至上和公平公正为主要方向,以实现共同富裕为价值旨趣和核心目标,以利益关系协调为主要

---

① 黄勇:《邓小平社会运行理论的基本点:激励与整合发展》,《人大复印报刊资料(邓小平理论)》2003年第5期。

方式和基本方法。另外，针对我国社会主义初级阶段基本国情和经济发展实际，他提出了争取每过几年就能够让经济再"上一个台阶"的社会整合思想，对于引领我国改革开放和经济持续发展具有重要意义。

（二）党的第三代领导集体对社会整合思想的开拓性认识和快速发展

江泽民同志作为党的第三代领导集体的核心和旗手，他提出"德法同构、德法并重"思想是对社会整合的深化认识，集中体现在《江泽民文选》及党的文献中。意大利著名历史学家克罗齐说，一切历史都是当代史。综观中国社会思想史发展脉络，我国五千年的文明史实际上也是五千年的社会整合史，不难发现，法治与德治从来都是相互蕴涵包容的统一整体，二者在调整方向上有很多重叠吻合之处。只有德法结合双管齐下，法律与道德才能既保持外在张力，又相互契合；既保持各自独立，又相互关联。一方面，法律生成以道德为基础，法律是道德的底线，也始终以"正义和善与公序良俗"为价值依托和最终归宿。另一方面，德治同样需要法律的支撑和保障。随着我国社会主义市场经济改革取向的逐步深入推进，社会经济成分、组织形式、物质利益、就业方式等日益多样化，人们的价值观取向多元化，人们思想活动的独立性、选择性、多变性与差异性明显增强，与此同时，市场经济存在的先天不足和缺陷及其带来的消极影响，折射到人们的思想意识和人际关系上，表征为道德滑坡和社会诚信缺失等一系列的新情况、新问题，促使整个社会呼唤着加强道德建设。

正是在这种大的社会时代背景下，江泽民同志在党的十五大报告中提出"依法治国"社会整合思想，这是建设社会主义法治国家的治国理政新方略和新指南。2000年6月，江泽民同志在《在中央思想政治工作会议上的讲话》中指出，法律与道德作为上层建筑的重要组成部分，都是"维护社会秩序、规范人们思想和行为的重要手段，它们互相联系、互相补充。法治以其权威性和强制手段规范社会成员的行为。德治借助于说服力和劝导力提升社会成员的思想认识和道德境界。"道德示范和法律规范应该互相结合与交互渗透，统一发挥合力作用。并且对"依法治国"做了科学诠释和权威界定，那就是广大人民群众在党的领导下，依照宪法和法律规定，通过各种途径和形式管理国家与社会事务、管理经济与文化事务等，旨在保证国家各项工作都依法有序进行，以逐步实现社会主义民主的制度化、法律化和规范化，并使这种制度和法律不因领导人的改变而改变，不因领导人的看法和注意力的改变而改变。在2001年的全国宣传部长会议上，江泽民同志明确提出了要把"依法治国与以德治国紧密结合起来"的社会整合治国新方略。同时对"以德治国"科学内涵的基本规定性是，坚持以"马列主义、毛泽东思想、邓小平理论"为其指导思想，以"为人民服务和集体主义原则"为核心，以"爱祖国、爱人民、爱劳动、爱科学、爱社会主义"为其基本要求，以"职业道德、社会道德和家庭美德"建设为其落脚点，积极建立适应市场经济发展的社会主义思想道德体系，并使之成为全体人民普遍认同和自觉遵守的道德行为规范和共同价值观。江泽民同志提出的"以德治国"思想是执政的中国共产党人选择性借鉴历代治国之道，并汲取西方社会整合经验教训，在新的历史条件下，总结提炼形成的有中国特色社会整合治国理政新范式。2001年，江泽民同志在庆祝建党八十周年大会讲话中就"依法治国和以德治国"辩证关系做了进一步阐述，加强社会主义思想道德建设是"发展先进文化的重要内容和中心环节"，要着力把"依法治国同以德治国结合起来"，为保持社会稳定与秩序和谐营造良好的思想道德基础。人类社会生活及其良性秩序的构建必须借助于一定的行为准则，而法律和道德是两个最基本、最重要的社会规范。江泽民同志指出，对于一个国家的统治和管理来说，法治和德治从来都是相辅相成与互助促进的。两者缺一不可，也不可偏废。它们都是治理国家的重要手段和基本架构，也是国家安定和社会发展的根本着力点。另外，他还就我国经济生活整合提出适合我国国情的"宏观经济调控模式"理论。从中展现了以江泽民同志为核心的党的第三代领导集体对马克思主义社会整合理论的完善和创新，对推进和谐社会建设和实现中华民族的伟大复兴具有重要社会整合指导意义。

（三）新时期，党的新一届领导集体对社会整合的继承发展和深入推进

1. 胡锦涛同志对社会整合的创新认识

新世纪新阶段，以胡锦涛同志为代表的新一代领导人针对我国社会发展中出现的新问题、新情况，并结合我国传统文化和合理借鉴国外发展的经验教训,提出了坚持"科学发展观"以构建社会主义和谐社会这一治国理政的新思想,坚持以人为本,树立全面、协调、可持续的发展观,促进经济社会和人的全面发展,按照统筹城乡发展、统筹区域发展、统筹经济社会发展、统筹人与自然和谐发展、统筹国内发展和对外开放的系统化要求整合社会各项事业改革和发展的重大战略思想,折射新世纪新阶段我国社会整合的客观实际和现实要求,进一步明确了科学发展观是指导我国经济社会绿色发展的根本指导思想,是继承和发展马克思主义社会整合理论基础上的创新成果,不仅对转型期反思、发展和深化马克思主义社会整合理论具有重要指导意义,也使马克思主义社会整合理论成为剖析转型时期我国社会关系协调和矛盾化解的有力思想武器,标志着我们党对于人类社会发展规律、社会主义建设规律和共产党执政规律的认识达到了新的高度和境界,体现了马克思主义与时俱进的理论品格,标志着马克思主义中国化以及马克思主义和中国世情、国情、党情的结合达到了新的高度。

2. 习近平同志对社会整合的科学发展

改革是转型期我国最重要和最现实的社会整合,以我国新一轮深化改革"顶层设计师"① 习近平同志为核心的新一届领导集体直面世情、国情与党情继续发生深刻变化,直面发展机遇和风险挑战前所未有的现实,直面我国改革进入深水区、攻坚期和关键期,旨在促进"社会公平正义"作为核心价值追求,把保障人民安居乐业作为根本目标,为此着力坚持以"创新、协调、绿色、开放和共享"为核心的"五大发展新理念",引领和推进经济体制、政治体制、文化体制、社会体制、生态文明体制和党的建设制度科学化"一体六翼"格局。面对新形势、新任务,勇于突破陈旧思想观念束缚,突破利益固化藩篱,不断扩大和深化全面改革开放,不断增强中国特色社会主义道路自信、理论自信和制度自信,坚持社会主义市场经济改革方向,不断解放和发展社会生产力、解放和增强社会活力,坚决破除阻碍生产力发展的体制机制弊端,更加注重改革的系统性、整体性和协同性,加快发展社会主义市场经

---

① 北京观察:《习近平深化改革"顶层设计师"身份渐显》,(http://news.takungpao.com/mainland/focus/2014-06/2548994.html.2014-06-19)。

济、民主政治、先进文化、和谐社会和生态文明，让一切劳动知识、技术管理和资本的活力竞相迸发，让一切创造财富的源泉充分涌流，让发展成果更多惠及全体人民，着力推动科学发展、促进社会和谐，继续改善人民生活、促进社会公平正义、增进人民福祉为出发点和落脚点。

第一，着力坚持和完善基本经济制度。积极发展混合所有制经济[①]，推动国有和集体企业的现代企业制度转型，着力支持非公经济发展，确立市场机制在资源配置中的主导性和决定性地位。新时期，我国经济行至关键路口，只有加快转变发展方式，坚持以"创新、协调、绿色、开放与共享"为核心的"五大发展"新理念助推我国经济结构战略性调整，以"四个全面"战略布局和"六位一体"总体布局厚植发展优势，以推动社会公平分配为切入点持续培育新增长点，以促进产业结构转型升级为突破口构造经济增长新动力，以打破垄断为核心释放经济内生活力，以城市化循序渐进为依托培育经济增长持续支撑，以扩大和完善国内市场为保障，降低经济受外部干扰冲击，在供给侧结构性改革攻坚中确保经济运行在合理区间实现稳中有进，着力提高产业竞争力以整体拉升国民收入水平，握指成拳形成突围合力，着力推动我国经济社会持续发展全局性深刻转型与变革，胜利跨越"中等收入陷阱"考验，这也是党的十八届五中全会提出2020年决胜全面建成小康社会，向全国各族人民做出"第一个百年"庄严承诺，也吹响了无数仁人志士百年来旨在实现国家富强、民族振兴与人民福祉"中国梦"的集结号。

第二，着力加快转变政府职能。深化行政体制改革，增强政府执行力和公信力，着力于建设服务型政府，加强社会主义民主政治建设，推进法治中国建设，强化权力运行的制约和监督体系建设，让法治成为一种全民信仰，着力把"权力关进制度的笼子里"。同时，积极践行党的群众路线，对作风之弊、行为之垢来一次"大排查、大检修、大扫除"[②]。以此助推我国实现"干部清正、政府清廉与政治清明"的良好政治生态氛围。

---

① 有学者认为，发展混合所有制经济是不同所有制经济的扬长避短与战略合作，不会影响我国公有制经济在国民经济体系中的主体与主导地位。张卓元：《混合所有制经济是什么样的经济》，《求是》2014年第8期。

② 中宣部理论局编：《统一思想和推进工作的科学指南：学习习近平总书记一系列重要讲话文章选》，学习出版社2013年版，第49页。

第三，着力推进文化体制改革。积极培育和践行社会主义核心价值观作为国家先进文化基础建设，不断增强国家文化软实力，努力建设社会主义文化强国。另外，坚持古为今用、推陈出新，去粗取精、去伪存真，因势利导与深化研究的科学思路，正确对待我国传统文化，使其在新的时代条件下持续释放正能量。

第四，着力创新社会治理体制，不断提高社会治理水平。为此，党的十八届三中全会《决定》提出，全面推进"国家治理体系和治理能力现代化"，以助推社会各项事业改革创新，持续深化教育领域改革，不断健全就业创业体制机制，深入打造合理有序的收入分配格局，建立更加公平可持续的社会保障制度和基本公共服务体系，深化医疗卫生改革，提高教育质量、推动教育公平，实现精准扶贫、内源扶贫与科学扶贫，着力解决好人民群众最关心、最直接和最现实的利益问题，守住民生底线，创造美好生活，在前进道路上，着力从维护最广大人民群众根本利益高度，切实做到多谋民生之利、多解民生之忧，在学有所教、劳有所得、病有所医、老有所养、住有所居上持续取得新突破，努力为社会提供满足人民需求的多样化服务，让社会成员"共同享有人生出彩的机会，共同享有梦想成真的机会，共同享有同祖国和时代一起成长与进步的机会。"以凝聚人心，实现发展成果更多更公平地惠及全体人民。

第五，着力构建生态文明，加快建设美丽中国。[①] 牢固树立"保护

[①] 以可持续发展为核心的"生态文明"表征有中国特色概念范畴。事实上，工业化早发于西方发达国家，所以国外对此课题相关研究和实践也走在前列，却很少有国外学者使用"生态文明"这一表述。国内学者在追溯"生态文明"源起时，都会引用生物学家雷切尔·卡逊（Rachel Carson）的《寂静的春天》和罗马俱乐部的《增长的极限》，以及被称作美国新保护活动的"先知"与"美国新环境理论的创始者"的奥尔多·利奥波德的《沙乡年鉴》。目前可以检索到的最早阐释"生态文明"的文献是学者李绍东刊载于《西南民族学院学报》（哲社版）1990年第2期的《论生态意识和生态文明》一文。最早论述"生态文明"的专著是学者张海源撰写的《生产实践和生态文明——关于环境问题的哲学思考》（1992）。党的十七大报告提出了建设"生态文明"新理念，自此关于该命题的论文和著作逐渐增多，但是学者们的解读呈百花齐放状态。一般认为，"生态文明"是人类工业文明发展之后的文明形态新阶段，是人类遵循"人、自然、社会"和谐发展这一客观规律而取得的物质与精神成果的总和，是以人与自然、人与人、人与社会和谐共生、良性循环、全面发展、持续繁荣为基本宗旨的社会形态。党的十八大报告关于"生态文明"的科学界定指向，是人类为保护和建设美好生态环境而取得的物质成果、精神成果和制度成果的总和，是贯穿于经济建设、政治建设、文化建设、社会建设全过程和各方面的系统工程，反映了一个社会的文明进步状态。卢风等：《生态文明新论》，中国科学技术出版社2013年版。

第二章 马克思主义社会整合理论及其发展

生态环境就是保护生产力、改善生态环境就是发展生产力的理念"[①]，是永续发展必要条件和人民对美好生活追求的重要体现，也是科学把握世界生态文明发展趋势和建设规律的发展理念。毕竟，生态文明建设关乎国家和民族未来。为此，党的十八届五中全会提出，"十三五"期间要实现发展方式华丽转身和产业结构转型升级，要一体坚持、一体贯彻"创新、协调、绿色、开放和共享"为核心的"五大发展"新理念，牢固树立创新发展理念为动力，绿色发展理念为基点，共享发展理念为指标，以构筑起以人与自然和谐共生发展为新坐标，以绿色低碳循环发展为基本路径，着力加快补齐生态环境短板，着力按照"六位一体"总体布局大力推进生态文明制度化建设，着力推进绿色生产、绿色富国、绿色惠民，以孕育绿色价值取向、绿色思维方式与绿色生活方式，不断推进生态文明建设系统化的顶层设计与可操作性的具体部署，而且将其上升到党和国家发展战略高度，大力助推生产与生活的绿色融合，建设美丽中国与生态中国的有机融合，注重引导公民培育绿色生产方式、绿色消费方式，努力实现"绿色发展人人有责，生态文明人人共享"，坚持走生产发展、生活富裕与生态良好的绿色文明发展之路，全面节约和高效利用资源，加大环境治理力度，筑牢生态安全屏障，建设美丽中国，实现世代永续发展。

第六，加强和改善党的制度建设科学化水平。以建设"学习型、服务型、创新型"马克思主义执政党为载体，着力提高党的领导水平和执政能力，以"党的群众路线教育实践活动"为契机，围绕反对"形式主义、官僚主义、享乐主义和奢靡之风"，按照"照镜子、正衣冠、洗洗澡、治治病"总要求，聚焦作风建设，践行"三严三实"内化于心，秉持"敬民、为政、立德、修身、劝学和廉政"思想并外化于行，上下联动强势推进、综合施治沉疴，抓住重点纵深进击，崇严尚实成风气，重塑良好政治生态，着眼于"自我净化、自我完善、自我革新、自我提高"目标指向，旨在保持共产党员纯洁性和先进性，保持党同人民群众血肉联系，真正做到"为政务实清廉才能取信于民，

[①] 中宣部理论局编：《统一思想和推进工作的科学指南：学习习近平总书记一系列重要讲话文章选》，学习出版社2013年版，第37页。

秉公用权为民才能赢得人心,"革弊鼎新没有休止符,作风建设永远在路上。只有党始终保持坚强有力,保持党同人民血肉联系,国家就会繁荣稳定,人民就会幸福安康。①"两个一百年"奋斗目标和中华民族伟大复兴中国梦就会指日可待。

总之,实践发展永无止境,解放思想永无止境,社会整合永无止境。新常态下,推进有中国特色社会整合要勇于实践、勇于变革,勇于把握时代发展脉搏,顺应人民共同愿景,着力发扬民主、尊重包容差异,尽可能寻求社会整合最大公约数。着力于不懈探索人类社会发展规律、社会主义建设规律和共产党执政规律。转型期我国社会整合指向其经济价值在"公平效率与市场繁荣"、政治追求在"民主自由与依法治国"、文化内涵在"多样和谐与社会主义核心价值观为基础的国家先进性文化"、社会目标在"团结与稳定"、生态文明在"魅力幸福中国"以及党的制度建设科学化。道路决定命运,道路问题是"关系党的事业兴衰成败第一位的问题,道路就是生命"②,实现中国梦必须坚持走中国特色社会主义道路、坚持中国特色社会主义理论体系和中国特色社会主义制度。形式决定任务,行动决定成效。正如习近平同志反复强调指出的,人心向背和力量对比决定事业成败。为此,我们必须坚持"正确处理一致性和多样性关系的方针,就是着眼于形成最大公约数,画出最大的同心圆。"③集中全国各族人民智慧和力量旨在实现"国家好、民族好、大家好"的美好幸福中国梦而凝聚了近百年来几代中国人的夙愿和期盼,如今党正带领我们致力于实现"两个一百年"奋斗目标,使中华民族重回世界民族之林任重道远。

---

① 中宣部理论局编:《统一思想和推进工作的科学指南:学习习近平总书记一系列重要讲话文章选》,学习出版社2013年版,第13页。
② 同上书,第1页。
③ 习近平:《画出最大同心圆》(http://www.ccln.gov.cn/hotnews/172900.shtml. 2016-01-31)。

第三章 转型期我国社会整合面临的机遇和挑战

全球一体化凯歌行进，助推"激荡世界"[①]以前所未有的深度和广度持续转型演进。在此背景下，加之我国进入经济新常态和"互联网＋"时代，由此内在规定了我国社会的现代化发展进程也必然经历多重转型，面临更为难得而复杂的机遇风险与结构性挑战，集中展现为从传统农业社会向现代工业社会、从市场在资源配置中起基础性作用到市场在资源配置中起决定性作用的体制转变，共同演绎了转型期我国社会整合具有支配性的"时代性目标与背景问题"。国际风云变幻需要战略定力，市场竞争激烈重要的是激流勇进。迎接转型期机遇和挑战的根本策论是积极推进社会整合体制与机制创新。而创新是社会整合生命力的源泉，蕴含社会得以可持续发展的重要基础。当前经济全球化孕育发展不平衡性、受益非均衡性和影响不确定性，更显社会整合必要性。社会整合就是应对社会分化的孪生共同体，社会整合存在价值旨在应对社会分化。改革开放以降三十多年来，我国社会面貌发生了极为深刻的变迁与转型，社会流动活跃、各领域可持续科学发展，处处展现社会整合积极效应和能动作用，彰显有中国特色社会主义制度的巨大优势。正如分化与整合并存一样，国际国内形势依然错综复杂，机遇与挑战并存，主流文化影响力下降、社会结构失衡以及快速城市化、重度老龄化、环境脆弱化等结构性变迁引发个体价值观改变。尤其在社会转型期，易于导致社会失范

[①] 胡锡进：《胡锡进论激荡世界》，人民日报出版社2014年版。

和越轨行为，这正是新常态下"社会紧张和压力的活塞"①。同时，个体迷茫会诱发自身"内在选择机制"② 削弱，诱发个体"相对剥夺"感增强、道德价值观异化、社会阶层分化严峻等消极后果。正如胡锦涛同志强调指出，我们在推进改革开放和社会主义现代化建设中所肩负任务的艰巨性和繁重性世所罕见，同时我们在改革发展与稳定中所面对的矛盾和问题的规模和复杂性也世所罕见，我们在向中国特色社会主义现代化前进过程中所面对的困难和风险更为世所罕见。③ 中华民族是具有伟大创新精神的民族，也完全有能力应对转型期社会整合所遭遇风险与挑战精神的民族。有中国特色社会主义道路是一步一个脚印地走出来的，是一点一滴的辛勤劳动创造出来的。只要我们坚持一切从实际出发，善于凝聚和激励广大人民群众的智慧和力量，直面现代化进程中的风险和挑战，充分发掘我国社会整合正能量，努力把全面深化改革所描绘的全面建成小康社会和中华民族伟大复兴中国梦宏伟蓝图变为现实，让国家更加富强、社会更加公平正义、让最广大人民群众生活得更加幸福美好。

第一节 转型期我国社会整合的内在规定性

著名社会学家费孝通教授认为，传统中国社会是家国一体，所谓"国是放大的家，家是缩小的国"就是对这种状况的生动表述。其中占主导地位的社会结构是自然经济的"封建乡土体制"，奉行皇权至于县与政不下乡格局，由此生成了自然纯朴的刚性社会整合机制，净化了民风民俗和社会环境。在专制统治体制下，行政机构管理权限还"没有渗透到农村一级，而宗族特有的势力却维护着农村的安定和秩序。"④ 可见，乡土中国社会整合逻辑基于"血缘之上的以宗族、血缘亲情为

---

① Durkheim, E. The Division of Laborin Society, translatea by Hals, W. London: Macmillan. 1984.

② Cullen, F. Rethinking Crime and Deviance Theory: The Emergence of a Strueturing NJ: Rowman & Allanheld, 1984, p. 69.

③ 《胡锦涛在纪念改革开放30周年大会上的讲话》（http://news.qq.com/a/20081218/001853_5.htm.2008-12-18）。

④ ［美］W.J.古德：《家庭》，魏章玲译，社会科学文献出版社1987年版，第16页。

纽带，以儒家伦理为支撑，依据封建土地制度的宗族、绅权和国权"共同助推和协同维系着社会一体化。经济新常态下，我国全面深化改革步入深水区、关键期和攻坚期，众多社会矛盾和问题倒逼社会整合有效性，推动社会危机促进社会整合科学化。转型期，加剧的社会分化驱动我国社会矛盾日益凸显，而社会整合针对社会分化弥合消解的互动关系，生成良性社会秩序。可见，社会矛盾具有积极的社会整合功能，如果放任社会分化越过了限定边界和合理区间，抑或刻意强调差异，而不重视协调与合作，就会破坏社会秩序。正如斯宾塞说社会是个有机体，其"结构和功能处于不断的进化与分化的过程中。"① 所以要正确面对社会分化的矛盾和冲突现实，维持社会分化与社会整合之间的动态平衡。转型期我国社会矛盾和困境是一个进入丰裕阶段和总体小康社会之后面临的新课题，其根源于我国社会结构的重大变迁，以及经济、政治、文化、社会体制等诸多因素。作为多层次综合概念的社会整合，从广义维度审视社会整合就是社会综合治理，是大社会整合，其外延包括经济、政治、思想、文化和社会生活等子系统整合，包括物质层面、制度层面和精神层面等众多领域，既包括动态社会整合也包括静态社会整合，是一个动态的而不是孤立和静态的整合，是由简单到复杂、由低级到高级、由分散到集中与规范、由混乱到有序的、整体性的、全方位的整合过程。从狭义维度审视，社会整合是侧重于构成社会的经济、政治、思想、文化与社会生活的各子系统治理。社会整合是历史发展的必然，其目标是满足人类的多样化需求，旨在合作精神和现代公共规则的确立，是指向终极发展目标的社会整体和社会系统一体化的过程、状态和结果。而社会整合类似于美国社会学家刘易斯·科塞提出的"社会安全阀"的减压、预警与催化等功能，并具有历史性、相对性和阶段性的特点。一般认为社会整合具有利益分配与协调、利益诉求与表达、信息沟通与反馈等三大整合机制。② 新常态下，要充分发挥社会整合正能量，扬弃和促进社会分化积极功能，以实现社会一体化的团结与统一

---

① [英] 赫伯特·斯宾塞：《社会学原理》，转引自祝伟华、赵佳维《浙江传统型农村社会阶层的分化与整合：对嵊州长乐镇尤家村的调查与分析》，《学术探索》2005 年第 3 期。
② 宋宝安主编：《社会稳定与社会管理机制研究》，中国社会科学出版社 2011 年版，第 151—152 页。

规范的状态、过程。

一 社会整合的动力中心旨在调适以"利益"为核心的社会关系

利益是个体间交往联系的桥梁与纽带。西汉著名史学家司马迁说:"天下熙熙,皆为利来;天下攘攘,皆为利往"①,毕竟能够把个体与社会连接起来的唯一本能必然是"需要和私人利益"。② 因为人们的利益诉求只有在社会关系中才会得以实现。所以,社会整合是以"利益"为核心,以"社会关系"为中介,以"社会实践"为手段,旨在克服主体的匮乏与紧张状态,以满足其需要的状态与结果。③ 当然,社会整合以协调利益关系为基础的同时,也高度重视意识形态、价值观念、社会组织、社会规范等在社会整合中的重要约制与导引作用。1890 年 9 月 21 日,恩格斯在《致约·布洛赫》的信中总结出社会发展是由"无数互相交错的力量,有无数个力的平行四边形,由此就产生出一个总的合力"④ 的历史唯物主义观点表明,社会整合是历史合力作用的结果,又可以看作是作为整体的、不自觉的和不由自主的力量合成作用的产物,就是说社会整合体现为社会发展无数力量合力形式交错形成平行四边形"总合力"的结果。

二 社会整合实践表征绝对运动和相对静止的辩证统一

作为复合概念的现代性肇始自西欧文艺复兴、宗教改革、启蒙运动和工业革命以来"现代化"的社会情境和历史过程,及其无法拒绝的超然力量综合作用的结果,内含与工业化配套的多方面社会发展指标内容。现代性遵循经济上边际效应最优化,政治上科层制管理,道德上信奉功利主义,以及社会生产崇尚工具理性和科学主义,⑤ 而现代化是以工业文明为核心的特定时代化概念,表征目的、过程和结果,是社会转

---

① [汉]司马迁:《史记·货殖列传(第 129 章)》,《韩兆琦评注》,岳麓书社 2012 年版。
② 《马克思恩格斯全集》(第 1 卷),人民出版社 1995 年第 2 版,第 439 页。
③ 杨信礼、尤元文:《论社会整合》,《理论学习》2000 年第 12 期。
④ 《马克思恩格斯选集》(第 4 卷),人民出版社 1995 年第 2 版,第 697 页。
⑤ 吴宁:《日常生活批判——列文伏尔哲学思想研究》,人民出版社 2007 年版。

化与嬗变的一种表达式，映射历史发展趋势的必然性，以及社会精神与文化状态的现代化就是"现代性"。现代性表征主体、价值及理性，是普适性本土元素不同程度的组合。现代化进程必然伴随如沃勒斯坦世界体系论所阐述的中心地区繁荣与边缘地区相对衰退，总体上呈现"同心圆"形状。现代化的首要目标是实现由传统农业社会向现代工业社会转型过程中价值观念和行为"模式"①的演进与变迁，尤其是作为社会、个人和文化"三位一体"的现代化蓝图在传统社会中的渗透和过渡这样一个具有全球革命性和复杂性且对立统一的扬弃与升华。其中"物质"层面的现代化是现代性载体，在本质上是以发达生产力为根基，旨在实现社会全面协调和综合平衡的历史进步过程，其价值追求是具体多样化、动态地发展着的，体现为综合国力强盛和人民生活普遍提高。同时，现代化理论认为，转型期在从传统社会向现代社会的变迁中，社会整合要在绝对运动和相对静止的辩证逻辑中，着力打造稳定运行的现代化社会结构体系，②着力使主体通过社会整合以达到预期理想状态，其基本目标指向就是"和谐有序与稳定团结"。社会整合是熨平社会分化关系、缓和社会矛盾的重要抓手和有效机制。斯宾塞认为，作为客观实在的社会是人类进化决定因素和创建安排，也是人类拓展生活跨度和生活空间的特有方式，社会进化总有个无法逾越的合理区间或界限。③社会的客观实在性决定了社会永恒发展的每一个阶段，都会生成各种不同的社会关系与矛盾，并对社会整合提出不同需求，而迎接社会分化的挑战要不断优化社会整合机制方式、路径原则及整合效果反馈等。因此，社会整合总是随着社会发展而不断与时俱进，折射了民族文化与唯物辩证法相凝结的时代精神。从社会发展对社会整合有效需求的总体演进轨迹来看，社会整合的总体趋势呈现出由涂尔干预设的从机械

---

① 模式表征研究纲领，展现为知识形态上理论与实践间的桥梁和中介，是指对不同时空境域下社会从传统向现代的经验概括，也指现代性的各种因素在不同条件下的组合方式。李培林：《另一只看不见的手：社会结构转型》，社会科学文献出版社2005年版，第18页。
② 李路路、王奋宇：《当代中国现代化过程中的社会结构及其变革》，浙江人民出版社1992年版，第171—172页。
③ ［法］埃米尔·涂尔干：《社会分工论》，渠东译，生活·读书·新知三联书店2000年版，第301—303页。

整合到有机整合、从简单整合到复杂整合、从一元整合到多元整合的嬗变历史与发展过程。可见，社会整合功能是社会整合主体自身对社会所表现出来的能力与效用。

（一）社会整合状态呈现整体性、一体化内聚和团结协调性

转型期，社会整合为个体提供符合社会整体目标的价值观念与行为模式，同时协调利益、规范行为、消解冲突，以保证社会系统有序运行，使个体的思想和行为符合社会一体化规范为旨趣，已达成社会团结、社会治理、社会管理、社会稳定、社会规范、化解社会矛盾、保证社会整体系统的统一性与稳定性良性运行等正向功能，[1] 并且表征社会结构一体化与良序关系趋势，探讨个体互动与社会结构间内在关系。[2] 社会整合的一体化功能就是维持社会作为一个完整系统的整体性、统一性和协调性，以防止因社会不和谐导致社会分裂抑或社会解组。为此，法国社会学家涂尔干认为在"有机关联"且占支配地位的"所有现代社会里，都存在着出现解体和混乱的危险。"[3] 而社会整合的内在正能量促进社会各组成要素间的有机统一和协调性，使社会整合维持其作为一个系统的完整性，同时提升社会可持续发展能力。因此，社会整合的核心价值就是整体性和一体化。美国结构功能主义大师帕森斯认为，社会整合能有效协调社会系统内部各子系统和不同因素，避免任何社会张力对系统的瓦解，[4] 而社会整合中心任务是实现社会各阶层利益关系协调，其实践载体是借助于多元选择路径，寻求动态利益平衡机制，形成合理且能获得各方认同的社会利益结构，促进各方协调基础上的利益功效最大化。团结功能是个体与群体之间为既定社会目标而凝聚为整体。社会整合是基于利益关系协调为基础的各种社会关系融合。同时，社会整合有自己的整合目标与价值取向，其稳定功能彰显对社会秩序的控

---

[1] 贾绘泽：《社会整合：涵义述评分析及其相互概念辨析》，《高校社科动态》2010年第2期。
[2] 闻晓祥：《论社会整合》，南开大学博士学位论文，2007年。
[3] ［法］雷蒙·阿隆：《社会学主要思潮》，葛智强译，上海译文出版社2005年版，第304页。
[4] ［美］安东尼·奥勒姆：《政治社会学导论》，葛云虎译，浙江人民出版社1989年版，第114页。

制。在现代生活中，社会秩序彰显社会稳定与人民安居乐业。社会整合的共同价值与基本功能是通过社会缓冲化解和降低社会矛盾，实现社会稳定，维持社会秩序的井然有序化，并综合使用经济整合、政治整合和文化利益整合等多种手段破解社会问题。本书提出的大社会整合具有管理控制与约束规范功能，旨在使社会主体行为符合社会系统要求，尤其是符合利益主体间矛盾与张力法则。当然，现代社会结构复杂，成员间利益诉求多元化，注定意味着矛盾和冲突的必然存在，而社会整合就是要制约和规范个体的违规与失范行为，驱使其按照社会普遍接受的价值法则协调好各方合理的利益需求。

（二）社会整合的功能演绎

在转型期"双向度的去中心化的交流"[①] 时代场域，由于社会关系内涵与外延的复杂性，决定了社会整合的多元性，加之基于不同的学科背景，学术界对"社会整合"体认存在着千差万别结论，客观需要构建立足于广义视角的大社会整合生态。在这个层面的社会整合就包含社会团结、社会凝聚、社会控制、社会管理和社会治理等多维向度，它们只是从不同视角和层次对社会整合的同一表述，即展现为"同一概念的不同表述方式"而已。

1. 从社会心理学角度诠释社会整合，旨在达到社会一体化的结果与状态

第一，社会整合与社会团结从不同的视角表达了实现社会有序和谐的过程。社会团结旨在凝聚一切可以集中的力量实现共同理想或者完成共同任务而联结起来，而社会整合重在借助于一定介质将社会各部分编织成有序且相互依存的总体状态。可见，社会整合之于社会团结是较高层次的整合范畴。从指向范围来看，社会团结一般局限于个体与集体之间，也就是哈贝马斯所说的狭义"社会整合"层面，而广义的大社会整合是囊括社会系统和社会要素等全方位、深层次的整合。涂尔干在阐述社会整合时，并没有明确将"社会团结与社会整合"加以区分，而是重点指出，我们必须首先要确定社会团结"在何种程度上带来了社

---

① ［美］马克·波斯特：《第二媒介时代》，范静晔译，南京大学出版社2005年版，第7页。

会整合。只有这样,我们才会了解它究竟重要到什么程度,它是不是社会凝聚的主要因素"①。可见,涂尔干是把"社会整合和社会团结"置于了不同层次。他认为,社会整合是基于个体共同意识的一致性,这种意识"越是能够使行为感受到各种不同的关系,它就越是能够把个人紧密地系属到群体中去,继而社会凝聚力也会由此产生出来"②。而社会团结是基于劳动分工为主的多因素孕育生成,其中机械团结"最为强劲的反抗力是抵不上劳动分工所产生的凝聚力的,机械团结的运作范围也涵盖不了现代社会大多数的社会现象",社会团结的唯一趋向只能是"有机团结。劳动分工逐步替代了共同意识曾经扮演过的角色,高等社会的统一完全要靠分工来维持了。"③ 可见,社会团结蕴含从机械团结到有机团结的发展过程。

第二,社会整合与社会控制是有异同的概念,其共同之处是都是为了实现良好社会秩序作为其追求共同目标和价值取向。社会规范是整合手段,也是控制手段,在分化出来的社会模式可能并且常常事实上造成了社会冲突基础的地方,整合"使一个社会卷入寻求一种新的和更一般的统一性的基础。这些统一性的头绪自然是存在于系统和社会结构的最高控制论层序之中,尤其是存在于价值和规范之中。"④ 新常态下,惯于指向利益关系的社会整合重在强调社会系统的内在秩序,而社会控制的核心内涵是社会规范制约,强调强制性和约束性以及社会系统的外在秩序。当然,社会规范体系只是为个体规定了关系框架与行为模式,它还不能完全确证个体依既定社会关系格局和行为模式进行交往与从事活动。可见,社会整合是社会秩序的基础,并为社会秩序产生准备了现实、思想以及价值条件。社会整合从社会意识和个人思想深处为社会秩序准备了稳定基因。社会秩序重建的"关键还要把存在于社会规范内在的秩序,外化到一个整合了的社会中,这样的社会秩序才能够持久和

---

① [法]埃米尔·涂尔干:《社会分工论》,渠东译,生活·读书·新知三联书店2000年版,第27页。
② 同上书,第71页。
③ 同上。
④ [美]安东尼·奥勒姆:《政治社会学导论》,葛云虎译,浙江人民出版社1989年版,第135页。

稳定。"① 这就需要社会控制的出场来"维持社会秩序"。所以，要实现社会井然秩序，社会整合机制正能量至关重要，而这一切有赖于社会团结和社会控制的协调作用。

2. 从管理学视角理解社会整合等同于社会控制和社会管理

第一，社会控制是应对社会危机、社会矛盾、社会冲突和社会越轨行为的组织化反应，是用以规范社会违规行为、维护社会秩序两性运行的机制与状态。② 具象化就是旨在保证个体行为与价值观念达成某种程度一致性，以维持社会有序运行和协调发展。其中广义社会控制是指为了维护社会秩序的正常运行，由政府和公众运用社会规范及其相应方式与手段，对社会成员行为、价值观念与社会关系进行的指导、规范、调节和制约。而狭义的社会控制是社会依靠自整合力量对社会失范行为的规制措施及其过程。斯宾塞的社会有机体论认为，社会控制是社会复杂化产物，从这个层次上讲社会控制、社会管理与社会整合又貌似是同等程度的概念。"社会控制"概念最早是由美国社会学家罗斯③在其经典著作《社会控制》（1901）中首次提出，他认为人的自然天性中存在着原始同情互助与正义感组成的"自然秩序"，为了预防失范，客观上就需要一种社会控制新机制来维持社会秩序。④ 而社会控制恰恰就是社会组织实施的有意识、有目的的统治行为，是社会对人的生物本能的管制，旨在防止不利于社会行为发生。罗斯认为，为了维持社会秩序，可以运用包括法律、道德、政权、纪律、舆论、习俗、文化、宗教、信仰、教育、礼治和价值观以及伦理等多种社会控制手段或范式，以达到社会和谐稳定。因此，社会控制是针对社会失范与社会违规行为，而普遍存在于任何社会，是人类维持社会秩序不可缺少的一种运作机制。在不发达的古代传统的前工业社会机械团结时代，人们借助于"道德性

---

① 宫志刚：《社会转型与秩序重建》，中国人民公安大学出版社2004年版，第36页。
② [英]马丁·因尼斯：《解读社会控制：越轨行为、犯罪与社会秩序》，陈天本译，中国人民公安大学出版社2009年版，第4—7页。
③ 杨宏峰编著：《何谓社会学》，中央编译出版社2010年版，第181页。
④ 社会学教程编写组：《社会学教程》，北京大学出版社1987年版，第183页。转引自朱力等《社会学原理》，社会科学文献出版社2003年版，第276页。

的集体意识或共同意识"①的亲情、血缘、宗法关系和习俗道德等手段维系社会团结。而到了现代工业社会的有机团结时代，社会控制的手段多样化且趋向制度化与规范化。社会控制在社会稳定与发展中的作用很重要。正如罗素在其代表作《权威与个人》一书中指出，控制与创造力同样重要，加入失却控制社会就会出现无政府状态，也就会停滞不前。②由此可见，社会控制就是主体运用社会规范对社会成员行为给予符合社会价值规范要求的修正或约束，以维持社会良好秩序，其任务旨在达成"人的利己本能与社会之间维持均衡"③。社会控制目标是通过内在控制与外在控制方式实现社会的动态稳定、经济与社会的平稳快速发展。

第二，社会管理是侧重于从管理职能角度对社会整合的解读。社会管理是对社会运行中出现的各种矛盾、关系的疏导和协调，其核心和基础性工作主要包括思想道德建设、网络信息管理、非公经济组织和其他社会组织管理以及公共安全体系等涉及人民群众切身利益的管理和服务工作，目的是形成良好社会规范与和谐社会秩序，以促进社会良性发展和协调有序运行。社会管理蕴含对人们心理、生理方面的疏导、咨询与解惑，也包括对人际关系、新社会群体关系和新利益集团关系的协调，以及对社会的动态管理、社会发展的预测等。④在我国全面深化改革开放进入经济发展新常态阶段，面临产业结构失衡、收入分配不公、城乡地区及行业收入差距扩大、贫富差距呈加剧趋势，在这个时代背景下社会管理的必要性日益凸显。从历史上看，社会管理与人类社会同步生成，是政府和社会组织为促进社会系统最大限度地和谐运行与良性发展，最大限度地激发社会活力，最大限度地减少不和谐因素，而对社会生活、社会结构、社会制度、社会事业和社会观念等各环节的组织协

---

① [法]埃米尔·涂尔干：《社会分工论》，渠东译，生活·读书·新知三联书店2000年版。

② [英]勃兰特·罗素：《权威与个人》，储智勇译，中国社会科学出版社1990年版，第73页。

③ [美]罗斯科·庞德：《通过法律的社会控制》，徐显明（编者），沈宗灵译，商务印书馆1984年版，第89页。

④ 鲍宗豪：《全球化与当代社会》，生活·读书·新知三联书店2002年版，第341页。

调、服务监督与控制过程,以不断提高党的自身建设,着力巩固党的执政地位,切实维护和发展最广大人民群众的根本利益,最终构建社会主义和谐社会。在社会发展过程中,社会管理对整个社会的良性运行和正常运转起着重要作用,稳定和谐与发展的社会离不开科学高效社会管理。[①] 在国家层面较早关注社会管理是在党的十六大报告中第一次提出改进"社会管理",保持社会良好秩序和社会稳定。党的十六届六中全会作出《关于构建社会主义和谐社会若干重大问题的决定》提出,加强社会管理的总体思路是创新和加强社会管理机制,优化整合资源,提高社会管理水平,在长期探索和实践的基础上,健全和完善由"党委领导、政府负责、社会协同与公众参与"的中国特色多元组织与复合式网络社会管理工作机制新格局。2007年以来,在党的每一次重大会议和文件中都对社会管理作出具体部署和工作安排,并将其放在突出的重要位置。2011年2月20日,胡锦涛同志在省部级主要领导干部社会管理及其创新专题研讨班上的讲话给予"社会管理"以科学界定,是指以党委、政府和其他社会组织为主体,运用法律法规、政策道德和价值等社会规范体系,直接或间接地对社会不同领域和环节进行服务协调、组织监控的过程与活动。社会管理与中国特色社会主义经济建设、政治建设、文化建设、社会建设、生态文明建设以及党的制度建设科学化"一体六翼"格局密切相关,以维护公众合法权益、社会良好秩序和促进社会和谐,指向协调社会关系、规范社会行为、解决社会问题、化解社会矛盾、促进社会公正、应对社会风险与保持社会稳定,其本质彰显对人的管理与服务,体现为社会对个体成员思想和行为的规范,涉及广大人民群众的切身利益。总之,在新常态下,一体坚持、一体贯彻"创新、协调、绿色、开放和共享"为核心的"五大发展新理念"助推我国社会管理工作科学化,加快推进以保障和改善民生为重点的社会建设,促进社会和谐,是坚持和发展中国特色社会主义道路、决胜2020年全面建成小康社会的重要保证。

综上所述,在一定意义上可以认为,社会整合、社会控制、社会调

[①] 于景辉:《全球化背景下的我国社会管理机制创新研究》,吉林大学博士学位论文,2011年。

控与社会管理是同一层级概念。在政治哲学视域内，社会整合是作为主体的政府为使社会成员在价值观和行为方式上符合主流意识形态的要求保持相对统一和有序，从而对社会实行调控、治理、控制和统治的实践活动，彰显推进"国家治理能力和治理体系现代化"的社会治理新范式。

第二节　转型期我国社会整合面临难得机遇

机遇就是契机、时机和机会，就是有利的条件与环境。在《现代汉语词典》中的机遇释义为，境遇和时机。我国著名国学大师季羡林在其《缘分与命运》一文中将机遇的哲学表达为"偶然性"。一般来说，机遇有一定时效期，所谓"机不可失，时不再来。"① 后危机时代，随着全球经济一体化快速推进，我国市场经济国家地位完全确立且经济保持稳定发展态势，呈现出新常态。而当前的地缘政治风险正成为左右全球经济复苏的核心变量，尽管国际经济纠纷与矛盾持续不断，垄断与反垄断、倾销与反倾销，真可谓"你方唱罢我登场"，但是世界经济体各要素之间的联系日益密切，各国都是世界经济一体化中不可或缺的环节，呈现"你中有我，我中有你"，互相离不开的局面。身处"千年未有之变局"的转型期，我国社会整合面临着国内层面的全面深化改革、双边与多边层面的升级以及国际层面的合作与竞争等一系列前所未有的难得历史机遇。

一　国际政治经济技术诸要素变化给我国社会整合带来新机遇

进入新世纪以来，国际上发生了一系列影响深远的重大事件，导引全球剧变进入后危机时代。2008年以降的全球金融风暴和欧洲债务危机阴云未散，发达国家经济增速徘徊不前，发展中国家经济持续低迷主旋律不变，经济全球化非均衡性发展，表征世界经济增长乏力、后劲不足。我国着力于构建社会主义市场经济体制深入推进20多年来，作为世贸组织成员的我国已经融入世界经济一体化进程，加之市场在资源配

---

① ［宋］薛居正等撰：《旧五代史·晋书·安重荣传》，中华书局1976年版。

置中决定性作用的出场和全方位对外开放格局，使我国发展面临的国际机遇大于挑战。目前，我国作为市场经济国家应该理性分析国际形势变化给我们带来难得机遇，努力追寻世界政治经济环境中的有利时机，积极坚持"四个全面"战略布局，紧扣"创新、协调、绿色、开放和共享"为核心的"五大新发展"理念，不断优化和推进社会整合创新，以提高经济发展质量和效益为中心，不断丰富经济业态形式，着力于推进产业结构在自主创新中现代化转型优化升级和发展方式转换跨越，加快国内各项事业科学发展，积极打造新常态下"中国制造2025"和我国经济"升级版"。

（一）周边国际政治环境方面

在全球经济一体化的当今世界，霸权主义和强权政治依然主导世界格局，但是国际上维护和平、反对强权的呼声在不断高涨，正如我国改革开放总设计师邓小平的科学判断，"和平与发展仍然是时代主题"。后危机时代，国际政治经济局势总体趋向稳定。进入新世纪以来，广大发展中国家整体实力和影响力不断上升，世界多极化趋势进一步发展，成为我国坚持走和平发展道路的重要战略依托。世界政治力量对比有利于我国能够争取较长时期良好的周边和平环境，以加快发展自己，这是有利于我国发展的国家政治环境。

（二）全球经济发展未来向好趋势方面

经济全球化的深入推进，客观上要求各经济体之间实现互利多赢，促进共同发展。加入世贸组织的我国与世界经济的互相联系、影响和渗透日益加深，助推我国利用好经济全球化带来的机遇，更好地利用外部资金技术、资源和全球市场。同时，我国经济实力位居世界第二位，外贸第一位，市场化改革和对外开放全面深化，世界经济稳定与发展对我国的倚重和需求也显著上升。根据最新统计数据显示，2015年我国国内生产总值（GDP）增长6.9%，并预计2016年的经济增长将呈前低后稳，这种状况与国际货币基金组织（IMF）发布的《世界经济展望》中对我国经济增长的预测相符合。这就意味着在新常态下，处于速度换挡、结构调整与动力切换过程中的我国经济，正在努力实现发展方式上从"追求数量"变为"注重质量"即从粗放式简单分工向集约式复杂分工的高级形态演进，正在着力实现发展目标上以"区间调控"取代

"速度情结"即从高速增长顺利转向中高速,这是"主动的、正确的选择"①,是稳中有进,才能行稳致远,而不是"被动地实现",旨在推动我国经济从过去的投资和出口驱动增长模式向新时期的拉动内需消费型经济发展方式转变。总体来看,中国仍然是全球经济增长的重要动力和经济最具活力地区。当然,世界政治经济格局的深刻变迁,也为我国提升国际话语权带来难得机遇。转型期,欧美一些发达国家经济接近触底,转机或复苏有待显露。各大国际机构预测世界经济增速可能略高于过去,这也有利于我国继续开拓国际市场,以"稳增长、转方式、调结构、扩内需与促平衡"总体思路,不断提升经济发展"含金量",着力构建面向未来、平等和谐、互利共赢、优势互补、资源共享、均等包容、多元平衡、包容互鉴与安全高效的对外经济开放新格局,着力培育竞争新优势,打造中国经济更新升级"现实版"。

(三) 全球科学技术升级换代方面

事物的发展类似"双刃剑",有利就有弊,辐射与虹吸,利弊共生,不可或缺,这就是万事万物发展演变的马克思主义辩证法,这就是一部永远不会终结的铁律。在经济周期性规律的作用下,2008年以来的经济危机在给世界经济带来消极影响甚至是破坏性打击的同时,信息革命助推科技革命,科技革命带动产业革命,产业革命驱动经济复苏与增长,同时往往孕育着新科技革命和新一轮的经济增长即将来临,这就是经济周期的现实轮回与内在逻辑。当前的国际金融危机造成的负效应正在转化为新一轮科技创新的正能量,传统技术和产业的升级换代将为新技术与新产业的持续发展提供广阔的时间和空间场域,这是优化我国社会整合科学化的重大机遇。与此同时,伴随"新五化"运动的快速推进和世界科技进步日新月异,以信息技术为基础,以新能源、新材料和生物技术等引领的新科技革命悄然而至,将推动新一轮战略性新兴产业和新业态的孕育成长。以此为契机,要充分发挥我国在科技革命和产业发展的后发优势,坚持"创新、协调、绿色、开放和共享"为核心的"五大发展"新型理念,以"四个全面"战略布局厚植发展优势,

---

① 《IMF首席经济学家:中国仍是全球经济增长的重要动力》(http://www.ce.cn/xwzx/gnsz/gdxw/201602/01/t20160201_ 8663711. shtml. 2016 – 02 – 01)。

着力解决好发展动力、协调好重大关系，科学处理好人与自然关系，通过构建创新型国家，切实将创新作为推动发展的第一动力，坚持走中国特色自主创新道路，争取在一些关键技术和领域率先取得技术性突破，大力提升国家科技创新能力，以便在激烈的国际竞争中依靠创新驱动、发挥先发优势赢得战略主动权，以此推动发展方式从要素驱动转向创新驱动、从依赖规模扩张转向提高质量效益，着力推动我国科技进步与技术创新，实现我国经济社会转型与跨越式发展，为决胜全面建成小康社会奠定坚实基础。

二　国内政治经济文化社会环境变化给我国社会整合带来新机遇

党的十八届三中全会《决定》提出转型期我国社会政治、经济、文化、社会、生态和党的建设制度科学化新视界，以及社会结构的新调整给我国社会整合带来的新机遇。"互联网＋"时代，我国社会整合面临历史性转折点，经济步入新常态，深入推进全面深化改革再开始，着力消解日益加剧的环境和社会问题，一体坚持、一体贯彻"崇尚创新、注重协调、倡导绿色、厚植开放和推进共享"为核心的"五大发展"新理念，以协同促进经济向形态更高级、分工更优化与结构更合理的新时期新阶段演进，推动科技创新、发展实体经济，保障和改善人民生活，为建设有中国特色社会主义事业长远发展筑牢根基，为全球化背景下经济繁荣和社会稳定的新一轮增长打下坚实基础。全球化意味着置身于此场域的主体间资源可以在全球自由配置和自由流动，促进社会财富在全球层面和空间的快速增加和更均衡分配，由此造成了世界体系内位置差异各主体的不平等蔓延与扩大，形成沃勒斯坦所谓的"中心—边缘—半边缘"[①] 现代世界体系格局。美国前总统克林顿（William Jefferson Clinton）说，全球化给世界上大多数人带来好处的同时，它也"恶化了不平等，不仅伤害了穷人也挤压了中产阶层。"的确，全球化内涵资本升值的天然本能性助推了低附加值、资源型和劳动密集型产业向发展中国家的大规模转移，借助于跨国公司为平台在全球合理化的直接投

---

① [美]伊曼纽尔·沃勒斯坦（Immanuel Wallerstein）:《现代世界体系》（第1卷至第4卷），郭方、夏继果、顾宁译，社会科学文献出版社2013年版。

资，结果造成了广大发展中国家的就业机会丧失和收入差距日益扩大。由此造成现代社会经济格局变化迅速，导致社会秩序快速分化。正如英国自由主义先驱霍布斯在其名著《利维坦》中把秩序视为比世上任何其他东西都重要，如果失却秩序就没有社会。而秩序恰恰就是自由的前提和基础。而英籍加拿大记者桑德斯（Doug Saunders）认为"落脚城市"[①]是一部迁移未来和我们人类的机器，任其充分发展就可以开创一个可持续且充满勤奋期望的新世界。这个观点为转型期我国城镇化建设实现从乡村到城市的更新升级开启了新思路，能够"落脚的城市"，表征有中国特色新型城镇化，是以人口现代化为核心、以制度创新为保障、并嵌入生态文明与绿色发展新理念，着力打造科学化和智慧型城市格局，全面提升城镇化质量，坚持走集约智能、低碳绿色与城乡"五位一体"的"新四化"协同推进城镇化道路。

现代化本质是文化现代化，而其根本还是指向人的现代化。现代自由主义市场经济理论奠基者亚当·斯密在其代表作《国富论》中提出，作为"有形之手"的政府扮演"守夜人"角色，其中"小政府"是市场经济运行的一个原始起点，市场作为"无形之手"是主宰资源分配的核心手段，这是市场经济模式顺利运行的内在逻辑。金融危机在经济全球化场域下发生分化与连锁反应，作为市场主角的发达经济体复苏曙光可见，而处于世界体系边缘和半边缘的新兴市场与诸多发展中国家趋势依旧不明朗。作为全球第二大经济体的中国经济金融体系和产业政策亟待转型跨越与升级提升，这些都为转型期推进我国社会整合科学化和高效化提供了难得机遇。

第三节 转型期我国社会整合遭遇严峻挑战

现代汉语里的挑战，是指通过激将法使对方出战，首开衅端或者鼓动对方与自己展开角逐与竞赛。始于20世纪70年代末的我国改革开放

[①] "落脚城市"是桑德斯使用的一个善意词汇，用以描述农民进城市后，最初落脚并聚集定居的"城中村"，这个地方是移民到达城市的第一站，也是充满勤奋与期望的新生活起点。[加] 道格·桑德斯：《落脚城市——最后的人类大迁移与我们的未来》，陈信宏译，上海译文出版社2014年版。

第三章 转型期我国社会整合面临的机遇和挑战

源于分化与整合的多方博弈谱写而就，起初只是作为权宜之计，缺乏顶层和系统设计，也没有一个连续不变的系统而明确目标，更没有精心策划的愿景与蓝图。① 当前，随着经济市场化取向改革全面纵深推进和全面深化改革开放的引领下，转型期我国社会整合映射工业化、城市化、信息化、市场化、全球化、城镇化、治理化、原子化、碎片化、风险化与丰裕化的现代公民社会新阶段，同时也陷入了包括"威权庇护网结构与威权自利化"、利益垄断造成的贫富两极分化、"强国家—弱社会"的体制生成高额税收造成的国富民穷困境以及由于社会创新能力弱化孕育的转型期"五种困境"②。正如著名华裔社会学家金耀基教授（1997）所说，现代化转型是20世纪，欧洲、美洲、非洲或亚洲都参与其中的最伟大与庄严、最迷惘与挑战性的"全球的文化的与社会的变动"③。同时，新常态下全球经济深刻转型、国际体系深刻变革、世界和地区发展格局深刻调整以及世界关系深刻演变，与此同时的国内社会结构演进趋势呈现为失业率上升、中产阶层萎缩、"琥珀社会固化"④，社会垂直流动机会减少，大转型时代的我国经济滑坡迎来"大拐点"，深化改革箭在弦上蓄势待发。⑤ 社会整合旨在提升社会福利、优化社会保障，发展社会组织和重塑社会认同，促进利益整合、结构整合和文化整合。社会整合是一个长期而复杂的过程，要着力加强政府能力建设，处理好诸多整合机制之间的匹配关系。改革开放以来的社会分化加剧以及利益关

---

① 张维迎：《什么改变中国：中国改革的全景和路径》，中信出版社2012年版，第76—77页。

② 萧功秦：《中国改革陷入了五种困境》（http：//www.chinareform.org.cn/Explore/perspectives/201308/t20130823_ 174547.htm.2013-08-23）。根据美国康奈尔大学、欧洲工商管理学院（INSEAD）和世界知识产权组织（WIPO）联合发布的《2014全球创新指数报告》显示，全世界224个国家和地区（其中国家为193个，地区为31个）中，2014年全球创新指数中国排名第29位。

③ 金耀基：《从传统到现代》，中国人民大学出版社1999年版，第91页。

④ 琥珀（Amber），来自拉丁文Ambrum，指代"精髓"、"精品"等超级别东西。也有说法认为"琥珀"来自阿拉伯文Anbar，意思是"胶"，因为西班牙人习惯将埋在地下的阿拉伯胶和琥珀称为Amber。本书中"琥珀社会"映射我国社会阶层分化严重，底层群体的后致性社会流动上升通道逐渐狭窄乃至关闭，阶层内复制式社会流动占主导地位，所谓"龙生龙，凤生凤，老鼠儿子只能打洞"，表征我国社会阶层渐趋固化，可能导致社会发展缓慢或停滞。

⑤ 陶冬：《拐点下的困惑：陶冬预言中国经济的危与机》，中国人民大学出版社2014年版。

系调整，既得利益群体已然存在、利益藩篱日趋固化，对社会整合提出严峻挑战。转型期我国社会整合面临若干重大挑战，展现为经济社会发展不协调、空间发展不均衡、巨量流动人口的"夹心层"状态、公民权利意识觉醒、网络社会传播、社会阶层分化、社会失范引发风险、老百姓对懈怠改革的担忧。与此同时，还存在包括对以"创新、协调、绿色、开放和共享"为核心的"五大发展"新理念的全面贯彻落实、转变经济发展方式的重大要求、改善民生的新要求、新公共管理理论的发展、切实转变政府职能、创新社会管理的新探索、社会组织地位的初步确立、新型城镇化战略和社会各界对推进改革充满期待等八个方面的重大机遇。这些有利于我们加深对社会整合紧迫性和方向性的认识。当前我国处于经济"换挡期"、社会"转型期"和改革"攻坚期"的"三期"叠加共存于同一时空间场域，由此孕育生发的社会整合问题之复杂性，在我国及人类发展历史上前所未见，对我国实现"两个一百年"奋斗目标与重建中华民族伟大复兴"中国梦"宏伟蓝图带来极为严峻挑战。

一 国际大环境风云变幻给我国社会整合带来挑战

"知其事而不度其时则败"。机遇与挑战从来相伴生，须臾不可分离，有机遇就一定会有挑战。转型期，世界政治多极化和经济全球化趋势深入发展，引发世界历史和现实、外来和本土、进步和落后、积极和颓废等多元思想文化之间相互展开了有吸纳又有排斥、有融合又有斗争、有渗透又有抵御的互动博弈。从总体上处于弱势地位的广大后发展中国家，不仅在"经济发展上面临严峻挑战，在文化上也面临严峻挑战"[①]。加之世界大国关系出现重大调整，发展中国家集体性崛起，与此同时发达国家经济社会发展也面临不少矛盾和问题。2008年爆发的国际金融危机催生了全球结构性变革，欧洲次贷危机、中东变局，以及美国占领华尔街运动等深层次影响持续发酵，地区动荡混乱复杂，气候变化等全球性问题更加突出，世界经济复苏充满不确定性和不可预知性，将继续"令人失望且不平稳"，但是总体上看仍将处于深度调整

---

① 《江泽民文选》（第3卷），人民出版社2006年版，第399—400页。

期。到目前为止,这场世界经济危机阴云未散仅是步入新的发展阶段即后金融危机时代,全球化图景已今非昔比。新兴经济体生产力增速大幅放缓,表征为发达经济体的发展方式和经济结构扭曲,政府借债过多,财政问题过度的金融杠杆化,过度依赖透支消费,而作为后发展中的我国则是过度倚重投资和出口,产能过剩,经济增长速度下降,发展方式和产业结构亟须调整和升级。当前全球经济深刻转型,增速放缓、通胀下降、利率趋稳、失业偏高、出口低迷。主要发达经济体结构性问题有待解决,宏观经济政策协调的必要性有待提升,新兴市场经济体增速放缓,国际体系深刻变革,世界格局深刻调整,世界多极化进程进一步加快,中国同世界关系深刻演变,发达国家实施低储蓄与高福利的经济模式问题,产业空心化与金融服务业过度供给的经济结构问题,高赤字与高债务率的财政结构问题等,导致这些国家深陷危机,短期内难以自拔。因此,西方发达国家为了摆脱危机,优化经济结构,扭转"高失业、高债务与低增长"的不利局面,大多运用非常规措施,出台宽松货币供给政策,实施货币对外贬值策略,看来新一轮货币战已经悄然兴起且不可避免。

总体看来,国际经济环境在短期内不会有明显好转,全球经济面临下行压力和潜在风险有所加大,世界经济复苏形势不容乐观。在这种大背景下,我国经济未来趋势也不可避免地潜藏一些危机征兆。[①] 与此同时,西方发达国家通过向广大发展中国家输出西方文明、西方生活方式和西方的普世价值观,就类似于亨廷顿所谓"文明的冲突"范式,致使个别国家主流意识形态受到冲击、削弱,甚至颠覆,一幕幕"阿拉伯之春"、"茉莉花革命"相继上演。另外,近年来由于领土、资源、历史、人文等遗留问题持续争端,以及中国和平崛起诱发连锁反应,致使"中国威胁论"甚嚣尘上,众多因素合力作用助推周边与我命运共同体邻国大多与中国近而不亲且各有自己的利益考量,地区政治经济格局由弱势中国下的关系移位于强势中国下的关系。而美国实施中心东移的所谓重返"亚太再平衡战略",大幅度增加对亚太地区的经济、政

---

① 汪同三:《我国经济社会发展面临的机遇和挑战》,《经济日报》2013年10月11日第13版。

治、外交、战略和其他方面的投送能力，构建对中国的战略包围圈，担忧陷入"修昔底德陷阱"，意图着力遏制和削弱中国的大国崛起梦。作为东亚最大冷战遗产的朝核问题由于对抗思维根深蒂固、利益矛盾错综复杂且地区局势变动高度敏感而变得异常复杂，牵动了世界神经。由于日本对二战历史反省不彻底，近年来意图推动修宪，以摆脱战后"和平宪法"体制束缚，以及日本教科书问题、慰安妇问题、首相参拜靖国神社"跨越人类良知底线"等右倾行为的不断挑衅而激起亚洲受二战戕害国家的激烈声讨。加之菲律宾、越南等周边国家的搅局，使得我国东海、南海问题变得十分敏感而复杂。另外，着力推进的"一带一路"战略实施，有利于经济一体化也会因为沿线国家和地区的文化和宗教等问题带来诸多严峻挑战。由此可见，经济全球化下的当前国际经济政治外交格局等大环境异常复杂，真可谓牵一发而动全身，都会给转型期我国社会整合带来难以规避的风险和挑战。

二 国内经济体制深刻变革给我国社会整合带来挑战

转型期，我国改革向纵深全面推进，问题倒逼整合，时不我待，只争朝夕。置身我国改革发展与转型跨越宏大场域，我国社会结构变迁不仅与体制转型跨越升级同步穿插进行，而且与工业化、城市化、信息化和经济全球一体化趋势相互交织多元并存，由此造成我国在较短的同一时期要完成西方国家在不同历史时期可以有计划、分步骤完成的众多社会历史转型与变迁，这给转型期我国社会整合带来极大挑战：

（一）新常态下我国经济正经历"周期性"与"结构性"双重叠加放缓期[①]

由于经济周期性规律的内在驱动，使得改革开放30多年来的我国经济发展取得"中国奇迹"的同时，潜伏的弯路重重式危机和社会矛盾也在不断叠加，同时面临"中等收入陷阱"的严峻考验。在新常态下我国经济增长速度虽比以往略低了些，但是从长远来看，放在全球坐标上审视，在当前国际市场跌宕起伏、风云诡谲形势下，我国经济增长将呈现前低后稳状态和趋势，我国经济总体还是一个标准的"高富

[①] 邱震海：《当务之急：2014—2017年中国的最大风险》，东方出版社2014年版。

帅"，仍是世界经济的"动力源和压舱石"①。

（二）改革开放以来的我国投资外引拉动型经济模式发展不可持续

党的十一届三中全会以后的近三十多年来，我国经济增长的动力多来源于高投资、廉价劳动力和人口红利以及对外出口贸易和政府消费的"三驾马车"。这种模式虽然可以保持经济暂时的高速增长，但是我国也为这种不平衡且不可持续的经济增长方式付出了沉重代价，在资源、能源②、环境和技术等方面累积生成发展瓶颈，致使企业和地方政府积累了大量债务，严重制约了经济社会可持续发展。新常态下，需要坚持以制度创新为技术创新开路，用体制改革为宏观调控开路，着力走出我国经济"宏观失灵"与"微观失真"的双重困境与现实迷雾，着力"抓大放小"，以此助推我国经济走向理性、健康与可持续发展新境界。

（三）从国家层面看，市场在资源配置中的决定性地位已经确立，然而在政策层面配套体制机制有待完善

改革开放以来，我国的经济体制改革从计划经济到有计划的商品经济，再到计划与市场"双轨制"的内在统一，到计划经济与市场调节相结合的经济体制和运行机制。从党的十四大报告明确提出构建社会主义市场经济体制以来，市场在我国资源配置中的话语权有一个逐步演绎和渐进增大的过程。而从市场在资源配置中的基础性地位到党的十八届三中全会完全确立市场在资源配置中的决定性作用，至此从国家层面已完成对市场机制的科学定位，也标志着我国已经完全跻身市场经济国家行列。然而国家、市场和社会的关系有待进一步理顺，在政策层面与市场经济地位匹配还有待继续完善相关配套的体制与机制，诸如服务型政府建设还不够成熟，生产力发展仍然面临诸多体制性与机制性障碍。改革进入攻坚阶段，必然触及深层次矛盾和问题，体制创新的任务艰巨。改革开放以来，我们坚持以经济建设为中心，坚持社会主义市场经济改革方向，坚持和完善公有制为主体、多种所有制经济共同发展的基本经

---

① 陆娅楠：《中国仍是世界经济"动力源"》，《人民日报》2016年1月28日第1版。
② 中石油集团经济技术研究院新近发布的《国内外油气行业发展报告》(2015)指出，中国成品油净出口量连续三年大幅递减。其中2015年的中国石油消费呈现持续中低速增长，对外依存度达到60.6%。杜燕飞：《报告称2015年中国石油对外依存度首次突破60%》(http://gs.people.com.cn/n2/2016/0127/c18-334227634738.html. 2016-01-27)。

济制度,坚持和完善按劳分配为主体、多种方式并存的分配制度,极大地释放、发展和激活了社会生产力,我国综合国力大幅度提高,人民生活显著改善,国际地位显著提升,极大地调动了全体人民投身改革开放和社会主义现代化建设的积极性和主动性,极大地增进了经济社会发展,为促进人民群众更多获得感,进而打造社会和谐奠定了重要基础。

(四) 我国所有制结构发生转型

以公有制为主体、多种所有制经济共同发展格局基本形成;城乡结构发生显著变化,我国城镇化水平从2000年的36%上升到2014年末的54.77%,再到2015年末的56.1%,城镇人口也从4.59亿增加到7.71亿;市场化改革纵深推进和城市化趋向深入,加速了我国非公经济快速成长,促进了社会阶层结构分化进程。在新经济组织和新社会组织内的一批以自由职业为基础,不参与在体制内分配的新社会阶层人士迅速脱胎生成,且日益在我国社会生活中扮演独特而重要的角色。同时,工业化和城市化的推动使超过2.74亿的农民工转身为"新工人",也促进了我国传统城乡二元结构向现代社会结构转变,社会流动加快,与现代经济社会相联系的社会中间阶层人员规模不断扩大。伴随我国社会结构剧烈变动的人口规模速度之快、程度之深,有力地推动了经济社会发展,极大改变了人们生活、就业方式,也带来了一系列社会矛盾和问题。

总而言之,由于转型周期结构性因素等合力作用,当前,我国经济运行面临周期性回落和结构性调整的双重压力集聚效应,不平衡性和分化风险日益凸显,表征为出口贸易与全球经济复苏分化,实体经济与虚拟经济分化,以及实际利率与全球利率环境分化。[①] 新常态下,我国正处于建设创新型国家的决定性阶段。面对世界科技革命和产业变革的历史性交汇,抢占未来制高点的竞争日趋激烈的形势,面对国内资源环境约束加剧、以劳动力为代表的要素成本上升、结构性矛盾日益突出的挑战,主要依靠投资驱动的传统增长模式已难以为继,我国已进入经济增长从高速到中高速的"换挡期"。需要着力依靠科技创新引领制度创新、原始创新、集成创新和管理创新,促进教育与劳动者素质同步提

---

① 张茉楠:《中国经济运行面临三大分化风险》(http://www.nbd.com.cn/articles/2014-02-11/80-8035.html. 2014-02-11)。

高，以"创新、协调、绿色、开放和共享"为核心的"五大发展新理念"不断推动产业结构转型与优化升级，提升经济发展整体质量，培育面向全球竞争新优势，增强经济发展的可持续性和均衡性，着力打造中国经济升级版。

三 移动"互联网+"时代的新媒体快速发展给我国社会整合带来挑战

转型期我国信息化发展迅速，科技革命的孕育兴起和以信息技术为核心的新一代互联网已经或正在深刻改变经济社会发展与生产生活方式，相继经历了从计算机时代、网络时代、大数据时代、云计算时代、到互联网与物联网时代的快速变迁，旨在推动网络新媒体形成客观理性的网络生态。随着信息产业革命和全球化纵深推进，作为财富"第六波"的互联网也在经历着剧烈复杂演化，从技术层面乃至商业层面到"意义互联网"层面的转型升级，互联网不仅有运作力量，也具有传播力量，不仅是作为载体、介质或渠道，更是作为一种推动社会转型与变迁的革命性力量的存在，由此将我们置身于一个"共变互在中的社会"①。作为新媒体的互联网与报纸、广播、电视等传统媒体相比，具有即时海量、全球互动、信息碎片化与个性化、传播细微化，以及多媒体与自媒体相结合等特点，由此也被称为"第五媒体"。随着手机上网日益普及，自媒体时代来临。自媒体是以现代电子化平台为载体，向特定或不特定人群传递信息的新媒体总称，主要包括BBS、QQ、Blog、Podcasting、GroupMessage、Facebook、Twitter、贴吧、论坛和微信等，所以也称之为"个人媒体"。根据美国新闻学会"We Media"（自媒体）研究报告的权威界定，"We Media"是普通用户借助于即时数字科技信息化平台与全球知识体系链接，以实现事实本身共享。自媒体具有加入门槛低、运作简单、传播迅速、虚拟活动开放性、交互无限性和主体平等性以及方式互动性等特点，它的到来强化了互联网的放大器效应，彰显了民间草根力量。其中自由开放性是互联网的最根本特性，因

---

① 师曾志：《我们可能处在一个共变互在中的社会》（http：//cul.qq.com/zt2014/internet/index.html.2014-01-16）。

此新媒体传播过程中很容易出现"蝴蝶效应"。而开放性意味着任何人都能够获得和发布各式各样的网络信息，意味着任何个体与组织，包括政府组织与非政府组织，都不能完全控制互联网。与此同时，新媒体是借助于现代数字信息技术支持的具有"互动传播性质的媒体形态"，以区别于传统四大媒体，已成为新常态下公共信息集散地和舆论放大器。根据中国互联网络信息中心（CNNIC）第37次发布的《中国互联网络发展状况统计报告》①显示，截至2015年12月，我国互联网网民人数已达6.88亿人，互联网普及率已达50.3%，其中手机网民规模达到6.20亿人，大约有2.74亿中国人拥有微博账户，国内域名1915万个等等喜人数据，表明我国已经成为世界上网民数量最多的国家，且未来我国网民整体规模将呈现持续增长趋势。由此也可以预测，我国互联网发展正从"数量"切换到"质量"，从"普及率提升"转换到"使用程度加深"，使互联网与传统经济的结合愈加紧密，可以说"互联网+"应用也正在逐步改变人民群众的存在方式与生活状态。在网络虚拟场域和现实世界之间，新媒体参与者可以自由而无拘束地表达政治诉求与伸张个体权利的同时，也潜藏着互联网信息真实性的不确定和传统的价值传播秩序遭遇颠覆、转型社会的价值标准瓶颈、经济市场化诱发多元价值取向、利益失衡弱化核心价值影响以及权利失控动摇核心价值认同，从而可能影响社会秩序稳定，给我国转型期社会整合带来极为严峻的挑战，所以要积极构建多边民主与透明的互联网治理体系，着力以"创新、协调、绿色、开放与共享"为核心的"五大发展"新理念引领和拓展转型期社会整合调控理念实践新境界新作为。

除了以上阐述的国际政治经济大环境风云变幻、国内经济体制深刻变革以及移动"互联网+"时代新媒体的迅猛发展给经济新常态下的我国社会整合带来诸多意想不到的挑战以外。转型期政府权力滥用问题，以及公民社会发育不成熟等问题引发公众对普遍存在的社会不公问题深受诟病。近年来网络曝光焦点案件，诸如2007年的华南虎照事件、2008年的南京"天价烟"事件、2009年的杭州飙车案与"罗

---

① 徐红艳：《中国网民数量近7亿除了睡觉，每天1/4时间都在上网》，《现代快报》2016年1月23日第8版。

彩霞事件"，2010年的浙江乐清"钱云会命案"和西安药家鑫案、2012年的陕西"表哥"事件、2013年"范悦事件"以及反复发酵的郭美美事件等等。鉴于此，党的十八大以来，以习近平同志为总书记的新一届党中央领导集体厉行改革，大力推进以制度反腐、社会反腐、道德反腐、文化反腐以及运动反腐相结合的诸多方式①，掀起的惩腐倡廉风暴正席卷各地。同时，誓言要将"权力关进制度的笼子里"，以构建"政府清廉、政治清明与干部清正"的"大社会与小政府"式的服务型政府，因为贪腐"就像白蚁，到处延伸扩散，但及时干预也完全可以消灭它们。"而历史和现实反复证明，去除腐败的根本方式就是着力于反腐败教育、制度、监督建设和法律修订，着力以时间换取空间，旨在通过治标达到治本的最终目的。接着，相继出台中央"八项规定"和一系列规范性文件，承诺要坚持"五湖四海、任人唯贤"干部用人原则，改革晋升机制和政绩评价方式，以党的群众路线教育实践活动为契机，以"三严三实"着力反对"四风"，加强党的纪律。坚持"两个责任"，落实"两个为主"，实现"两个全覆盖"，以着力构建廉洁政治。② 为此，习近平同志多次强调不能简单以"GDP增长率来论英雄"、更不要为"生产总值增长率、全国排位等纠结"。另外，我国实施三十多年的计划生育政策，在使我国人口少增加近3亿人，节省社会抚养费近30万亿元的同时，也孕育了现在的人口结构出现严重失调问题，老龄化人口占比过重，人口红利消减，使我国很多劳动力密集型企业出现严重员工短缺，劳动力成本上升，老龄人的养老及社会化服务等困境，也严重制约了我国经济可持续发展，从而对我国社会整合构成了严峻挑战。

综上所述，转型期我国经济处于增长速度"换挡期"、结构调整

---

① 刘占虎：《当代中国反腐倡廉的协同性研究》，兰州大学博士学位论文，2015年。
② 18世纪法国启蒙思想家孟德斯鸠在其《论法的精神》中指出："一切有权力的人都容易滥用权力，这是万古不易的一条经验"。而同时期的英国著名思想史学家阿克顿勋爵在其《自由与权力》一书中也指出："权力使人腐败，绝对的权力绝对使人腐败。"可见，要防止权力滥用，必须上下联动，源头治理，健全法制和程序规则，坚持依法治国，依法执政和依法行政，划定权力清单，规范权力行使，梳理职权目录，厘清权力边界，依法公开权力运行流程。将权力关进制度的笼子，才能彻底减少腐败。

"阵痛期"与刺激政策"消化期",这"三期"重叠场域下,要着力重视激励创新驱动,加快转型升级,化解产能过剩、转变发展方式、提升经济质量和效益。诚如19世纪英国著名作家狄更斯(Charles Dickens)在其代表作《双城记》中描写的当时英国社会状况,这是一个"最好的时代,也是一个最坏的时代",如今这句名言也被用来描述当下我国经济社会全方位转型发展图景。转型是我国面临的一大挑战。2013年以来,我国GDP增幅持续跌落到历史低值,经济减速下行、产能过剩、地方债务①、流动性泛滥以及环境保护、政绩观GDP崇拜等多重风险。经济增长放缓严重影响就业率,也会加剧由于债务负担沉重而导致的金融体系风险,进而引发全面深化改革阻力增大。当前,我国经济社会发展中存在的发展不平衡、不协调与不可持续问题依然突出,经济增长下行压力和产能相对过剩的矛盾加剧,由于劳动力短缺导致的企业生产经营成本上升和创新能力不足等多元问题并存的矛盾日益凸显。社会结构分化孕育的新社会阶层,各利益群体的权益诉求,西方思想观念带来我国价值观多元化,以及体制机制创新滞后、经济结构不合理、城镇化建设粗放、城市发展同质化竞争激烈,表征转型期我国社会整合面临的矛盾问题与风险挑战纷繁复杂。总体来看,转型期我国经济社会发展的变量因素增多,而且波动剧烈,诱发的社会问题也具有极大不确定性及密切关联性。由此可见,立足深化社会整合的长远意义和战略考虑,最大限度凝聚整合共识,提升社会主义核心价值观作为国家主流文化影响力,敢于啃硬骨头、涉险滩,勇于冲破传统思想观念束缚,突破利益固化藩篱,同时应着力于破除权力群体害怕革自己的命、先富群体害怕减自己的利、垄断群体害怕破自己的垄、劳动群体害怕失自己的位以及边缘群体害怕增自己的痛等五大"思想藩篱"②,进一步增强提升转型期社会整合自觉性和坚定性,全面深入而有效

---

① 据统计,2013年底我国地方政府债务总计达20万亿元。学者林毅夫认为,总体来看,我国政府整体负债是全世界最好的,风险总体可控。20万亿元:我国首次摸清政府债务底数(http://news.xinhuanet.com/fortune/2013-12/30/c_118771423.htm.2014-01-08)。

② 《向深化改革要动力应冲破"五种思想束缚"——全面深化各领域改革应克服"五种恐惧症"》(http://www.sxdygbjy.com/hewz/264228195.html.2014-03-24)。

推进我国社会整合科学化。

第四节 转型期我国社会整合新问题

马克思曾经说过问题就是"时代的口号",问题来自于我们每日每时都与之打交道的生活世界。同时,20世纪著名经济学家米塞斯(Ludwig von Mises)认为,社会问题是"社会学术状态的结果",是社会学研究的传统主题。美国社会学家米尔斯(Charles Wright Mills)从个人麻烦和公共问题视角分析认为,社会问题是公众问题,而非个人麻烦,究其根源于价值观和利益冲突诱发的社会关系失调,而影响共同体中大部分社会成员生活,破坏社会正常秩序,阻碍社会协调发展,引起大众关注的特殊社会现象。社会问题是客观存在之于主观感知和表述。社会问题与社会发展水平、学者的文化背景、价值观等密切相关。现代新儒家学派创始人暨有"中国最后一位儒家"之称的梁漱溟先生在其口述史《这个世界会好吗》中指出,人类面临三大顺序不可以颠倒的问题,这就是人和物的关系问题,人和人的关系问题,以及人和自己的内心关系问题。可见,社会问题一般具有普遍性、变异性、复合性和周期性等基本特征。诚如狄更斯在其代表作《双城记》中的描述,"这是最好的时代,也是最坏的时代;这是希望之春,这是失望之冬;……,这是光明的季节,也是黑暗的季节;这是思想的春天,也是失望的冬天;"我们前途无量,同时又深感希冀渺茫;我们一齐奔向天堂,却全部走向相反方向。转型期我国社会问题主要表现为,人口老龄化、生态环境、劳动就业、食品安全、房价物价、腐败教育、医疗养老、投资移民等。朱力教授据此认为,社会问题、社会病态、社会解组、社会反常或社会失调都属于同一层面问题。当然也有学者把转型期我国社会问题归纳为人口问题、贫困问题、教育问题、失业问题、婚姻家庭问题、环境问题、民族问题、健康问题、公共危机问题、青少年犯罪问题、网络社会问题等。[1] 转型期我国社会问题也呈现为人口、就业、贫富分化及社会腐败等结构性

---

[1] 许传新、张冀、祝建华等编著:《社会问题概论》,华中科技大学出版社2011年版。

问题，农民工、环境污染、老龄化、婚姻家庭等变迁性社会问题，越轨性社会问题，病态性社会问题，以及心理性社会问题等都具有交错伴生、整体复杂特点，表征为社会结构性冲突显化、社会运行机制摩擦加剧、社会利益差别扩大、科技教育发展滞后以及社会失序现象严重。① 孙立平教授认为，转型期我国社会问题呈现面貌错综、形式多样，其主要展现为贫富两极分化、法治倒退、社会溃败以及生态灾难，而体制上的表征为无所不在的总体性权力、权力与市场相结合的双重机制，以及不合时宜的社会治理手段。经济体制转轨和市场化取向改革以及现代化进程深入推进，共同驱动我国社会分化孕育的结构性变迁。计划经济时代的单位体制和社会阶层结构断裂，呈现震荡与重组。传统社会阶层"三级结构"开始解体，社会结构急剧分化，社会整合的阶级基础和群众基础发生了新变化。在社会系统性深刻变迁中成长起来的新社会阶层，也对转型期社会整合基础产生了深远影响。传统社会阶层结构的分化与重组打破了既有的平衡格局，激化了社会利益矛盾，而嵌入全球化的意识形态多元化侵蚀了社会整合思想基础，降低或弱化了执政党的社会整合影响力。与此同时，转型期与现代新秩序匹配的新道德尚未完全建立，而旧秩序旧道德却日渐崩溃，个体道德行为失去可遵循规范准则，而表现为"道德沦丧"花样百出。总体来看，转型期我国社会整合问题涵摄为保障性、越轨性、歧视排斥性、失调性与整合性以及需求性等多面向社会问题，其有效熨平策略为健全与完善社会保障控制、融合服务与管理等社会整合体制机制。

一　社会结构急剧分化

结构是作为系统的有机体各组成元素结合的构成与存在方式。唐代著名哲学家柳宗元在其《封建论》中提出，我国传统"社会结构"②

---

① 樊新民：《当代中国社会问题》，中国社会出版社2009年版。
② 意大利思想家葛兰西（Antonio Gramsci）视野中的人类"社会结构"是由"经济基础、政治社会和市民社会"复合生成的上层建筑。葛兰西构建市民社会，着力于从获取文化领导权实现精神引领和意识形态把控，以占领国家与政治领导权，维护社会稳定与和谐。潘西华：《葛兰西文化领导权思想研究》，社会科学文献出版社2012年版。

第三章 转型期我国社会整合面临的机遇和挑战

由王权、作为既得利益和官僚阶层的大户以及社会力量这"三个层面"构成。作为近代社会学范畴的"社会结构",最早可以追溯到20世纪初社会科学的发展与成熟时期。转型期的"社会结构"尚未形成明确而公认的权威概念定义,权作模糊概念被大而化之地广泛使用。有学者认为,社会结构是由各元素和成分按一定秩序和原则组成的蕴含系统整体功能的社会集合体。[1] 一般而言,社会结构有广义和狭义两个向度,前者是指经济、政治、社会等诸多领域结构状况,后者是特指社会学中的"社会结构"等同于社会阶层结构。转型期的我国社会结构变化格局呈现为,精英群体利益结盟、产业工人阶级弱势化、中产阶级尚未发育成熟以及农民工和雇工阶层成为农村社会结构新形态。[2] 其中社会结构的立体式要素包括规范性、关系性与实体性的社会结构。新中国"三大改造"完成后至改革开放前的我国社会结构是"2+1"的"工人阶级+农民阶级+知识分子"或者"职工+居民+其他社员"的准身份型社会阶层结构圈。而改革开放以后,南开大学朱光磊教授(2007)视野中的我国社会结构基本格局为,基本阶层、新兴阶层和复新阶层以及交叉过渡阶层。有关统计数据显示,自1997年以来我国第一产业劳动人口首次迈过了临界点,表明我国已经从农业国进入工业国。据此,朱光磊教授认为,在历史剧烈变动时期"阶级"较为显眼,而在和平建设时期,"阶层"更为突出和经常化。阶层表达阶级内部更为细小的集团与群体。其实,阶级和阶层指向同一个共同体,只是视角各有侧重且交相辉映,相得益彰,并不矛盾,更无实质性差别。市场化经济取向改革映射阶层分化的可能性,而民主政治与依宪执政的生成真正彰显阶层分化的现实性,二者共同建构了阶层分化的逻辑前提与历史契机。

伴随工业化和城市化进程快速推进,我国社会结构正在经历史上前所未有的大变动之中,这是一个东方传统文明型国家选择经济市场化道路实现大国崛起的必经过程。这种结构变动趋势体现为,国民经济

---

[1] 罗谟鸿、邓清华、胡建华、李芳编著:《当代中国社会转型研究》,西南师范大学出版社2007年版,第2—3页。

[2] 韩克庆:《社会质量中国化面对的社会背景》,《中国社会报》2010年4月19日第3版。

"三次产业"在 GDP 中位次不断优化,① "大众创业与万众创新"引领非公经济单位提供就业岗位不断增加,② 第三产业活力快速增强并成为就业大户,③ 国民收入差距不断扩大,城市新移民社会孕育生成,作为"新工人阶级"的农民工不断壮大和崛起,城镇化水平不断提升,产业更新升级转移劳动力日益增多。与此同时,30 多年计划生育政策结果是,人口和家庭结构日益核心化与微型化,扩大家庭和主干家庭日益减少,核心家庭成为主导家庭模式。东中西部区域发展结构变化不均衡,中西部差距缩小,而与东部差距逐渐扩大。所有制结构变化和社会分工精细化衍生了职业群体结构与社会阶层结构从均质化走向多样化,从收入均等化走向急剧分化的转型,呈现为以公有制为主体、多种所有制成分并存的格局。城市单位制和农村人民公社的解体,传统社会观念日益淡化,社会自由流动性提高和居住方式转型,陌生人社会正在生成,这一切表明我国社会组织结构和社会管理渐趋松散化。④ 社会分层实质在于社会资源不平等分配。马克思主义认为,社会结构是阶级、家庭等共同体形式表现出来的经济、政治、文化等整体性的互动关系系统。在西方社会学视域下,社会结构在抽象层次上使用,《西方社会结构的演变》⑤ 将社会结构表达为由"经济、政治和文化"三个子系统耦合而成的有机整体组织系统,及其对生产力发展的容量,用来指独立于有主动性的人并对人有制约的外部整体环境,经常与"能动性"对立使用。

---

① 宋立:《理性认识中国三次产业结构及其调整方向——从国际比较看中国三次产业比例关系》,《中国经济时报》2014 年 11 月 13 日。

② 据有关部门报告显示,截至 2015 年底,全国个体私营经济从业人员 2.81 亿人,已经成为我国吸纳就业主渠道。其中全国 1/3 就业以及城镇新增就业 90% 都集中在个体私营等非公经济部门,其吸纳就业"蓄水池"作用日益凸显。国家工商总局课题组:《个体私营经济成吸纳就业主渠道》,《京华时报》2016 年 2 月 10 日。

③ 据国家统计局初步核算,2015 年全年国内生产总值 676708 亿元,比上年度增长 6.9%。其中第三产业增加值 341567 亿元,增长 8.3%。可见,第三产业增加值占国内生产总值的比重已超过一半,达到 50.5%,比上年提高 2.4 个百分点,高于第二产业 10 个百分点。第三产业已经成为经济发展新的增长点。

④ 李培林、[俄]戈尔什科夫(M. K. Gorshkov)、[巴]斯坎隆(C. Scalon)、[印]莎尔玛(K. L. Sharma)等主编:《金砖国家社会分层:变迁与比较》,社会科学文献出版社 2011 年版。

⑤ 金观涛、唐诺昕:《西方社会结构的演变》,四川人民出版社 1985 年版。

一般而言，社会结构是指占有一定资源、机会的社会个体组成方式及其分布格局，由社会的经济结构、政治结构和文化结构等动态、复杂与多方面的系统元素组成，具体包含人口家庭、社会组织、城乡区域、就业收入与社会阶层结构等若干子系统结构，其中社会结构的核心结构是"社会阶层结构"①，就是说阶层结构成为社会结构的核心和关注重点。理想的社会结构模型是现代公正且合理开放的社会结构，同时蕴含复杂性、整体性、层次性与相对稳定性等丰富内在规定性。② 转型期我国社会结构分化体现为个体分化、群体分化与阶层分化三个层面，其中阶层分化作为潜在的"另一只看不见的手"，是社会结构分化的核心和根本，所以本书中社会结构深刻变动主要指社会阶层分化。

（一）阶级、阶层与社会分层的内涵及其界定标准

阶级与阶层是人类发展到一定阶段特有的社会历史现象。"阶级"一词使用最早的见于古罗马人口普查员。③ 现代汉语对"阶级"的释义是人类在原始社会末期伴随"畜牧业、手工业和商业"相继从农业分化出来为标志的"三次社会大分工"后存在的身份、职业、声望、财产和消费以及教育等有差别的层级、等级。而等级是某种持续存在并能使人获得满足，不可以自由抉择并使人置身于其中而不受法律约束的意识变得亲切起来的东西，④ 在我国传统社会也指官员俸禄等级和社会伦理制度内在规定的等级秩序与阶梯层级。

在很长一个时期，人们对阶级的认识是模糊而没有明确定义的，甚至陷入了没有结论的争论中。在马克思的经典文献论述中也没有对阶级的概念诠释。在共产主义发展史上，列宁首次赋予了"阶级"以马克思主义范式的科学解读。列宁认为，原始社会人人平等没有阶级成长的土壤，阶级的出现是奴隶社会的发明，是人类从野蛮走向文明的产物。一般而言，奴隶社会的两大阶级是奴隶和奴隶主阶级，封建社会两大阶级是农民与地主，资本主义社会的两大阶级是工人和资产阶级，社会主

---

① 陆学艺：《社会建设论》，社会科学文献出版社2012年版，第4页。
② 虞和平：《中国的现代化历程》（第1卷），江苏人民出版社2007年版。
③ 《马克思恩格斯选集》（第4卷），人民出版社1995年版，第688页。
④ ［德］马克斯·舍勒：《舍勒选集》，刘小枫编译，上海三联书店1999年版，第856页。

义和共产主义是阶级逐渐趋于消逝,是自由人联合体成长的社会,也是人向自身本质回归的时代。阶层再生产的实质机制仍然是地位获得,以及阶层相对关系模式的"双重再生产"①。

列宁在其《伟大的创举》中的"阶级"定义是从经济分层角度考察,所谓阶级是这样一些集团,其中一个集团能够占有另一个集团的劳动。显然,阶级的存在是剥削产生的基础和土壤。据此,马克思主义话语下的阶级内涵有两个基本规定性:一是阶级是由拥有同类生产资料而处于不同等级上的共同体组成,二是阶级就是经济社会等级,并由这些群体组成大的社会集团。所谓阶级的发育生长也就是这些社会等级大集团的形成壮大,这也构成了马克思主义关于审视阶级成长水平与状态必须遵循的标准。马克思在其《哲学的贫困》中指出,历史上的阶级存在呈现从"自在"到"自为"两种状态,蕴含了阶级意识的逐步觉醒。为此,马克思以法国小农阶级为例对阶级的存在状态做了表述,"小农人数众多,他们的生活条件相同,但是彼此之间并没有发生多种多样的关系……好像一袋马铃薯是由袋中的一个个马铃薯所集成那样。数百万家庭的经济生活条件使他们的生活方式、利益和教育程度与其他阶级的生活方式、利益和教育程度各不相同并互相敌对,就这一点而言,他们是一个阶级。"②马克思对于阶级从"自发"到"自觉"的转型也做了阐述,资本的统治为"这批人创造了同等地位和共同的利害关系。所以,这批人对资本来说已经形成了一个阶级,但还不是自为的阶级。在斗争中,这批人逐渐团结起来,形成一个自为的阶级。"关于资产阶级的演进与转变,马克思说我们应当把"资产阶级的历史分为两个阶段:第一是资产阶级在封建主义和专制君主制度的统治下形成阶级;第二是形成阶级之后,掀翻封建主义和君主制度,把社会改造成资产阶级……资产阶级也是从组织反对封建主的局部性同盟开始进行斗争的……对资产阶级所经历的各个历史阶段——从城市自治体直到构成阶级,已有不少的探讨。"③

---

① 李路路:《制度转型与分层结构的变迁——阶层相对模式的"双重再生产"》,《中国社会科学》2002年第6期。
② 《马克思恩格斯选集》(第1卷),人民出版社1995年第2版,第677页。
③ 同上书,第153—154页。

第三章 转型期我国社会整合面临的机遇和挑战

从马克思的论述中可以发现，阶级在从"自在"到"自为"状态表征"阶级意识"①的觉醒过程，而且这种状态的转变过程是要随着组织状况的发展变化而经历各个不同发展阶段，从而表现不同特点。一般来说，都要经历从"自发"状态向"自觉"状态，从"自为"状态向"自在"状态的转变阶段，以及"自为"状态阶段这样三种存在形式。从中也蕴含了以组织程度、阶级斗争和阶级意识水平作为判别一个阶级形成与否的普遍依据。基于学科属性视角，阶级是政治学意义上的冲突概念，就如列宁对阶级定义的表述一样，阶层是社会学意义上的中性概念。正如《共产党宣言》描述人类迄今为止全部社会的现存历史都是"阶级斗争的历史"②。"阶级"映射凝滞不变的静态身份，而"阶层"突出其流动与可变的动态性。但两者又存在着差异基础上的一致性。事实上，在很多情况下，它们是相同的学科概念，二者可以相互替代使用，尤其在国外学者的研究中是这样。

第一，二者指向的社会主体具有同一性。阶级和阶层都是具有共同利益与价值观的社会集团或社会群体，也就是人们通过社会交往形成的、基于利益关系连接在一起的共同体。第二，客体对象的同一性。阶级与阶层都是基于生产力和社会分工的发展所引发的社会群体分化与层级问题。第三，二者之间理论范畴的包含性和差异性。阶级是描述"物质不平等及其起源"③的概念，是政治化产物，需要被塑造。而阶层是客观存在现象。从概念种属关系来看，社会群体是大概念，既包括"阶级"，也包括阶级视野之外不与阶级相统属的社会"阶层"。狭义的阶层从属于阶级，是阶级内部的层次，广义的阶层则是社会阶级内部的分层化和阶级外部的游离化。④ 而德国著名社会学家韦伯则认为，阶层是群体生活机会特定因果关系的集团共识，以及这种关系在经济利益和

---

① 阶层意识是主体对自身地位的体认、对阶层群体利益正当性的主张。阶级意识要素：阶级认同、阶级构成、阶级团结以及阶级替代可能性。Mann, Michael, 1973, Consciousness and Action among the Western Working Class, London, Macmillan.

② Marx, K. and Engels, F. 1962: Manifesto of the Communist Party. In k. Marx and F. Engels, Selected Works, Vol. 1. Foreign Publishing House: Moscow.

③ ［英］罗斯玛丽·克朗普顿：《阶级与分层》，陈光金译，复旦大学出版社2011年版。

④ 韩明谟主编：《社会学概论》（修订本），中央广播电视大学出版社1997年版，第231页。

商品以及劳动力市场条件下的表达。① 根据这个逻辑理路推论,"阶层"是个大概念,而"阶级"本身更倾向于经济层面范畴,只是一个特殊的社会阶层,而不是它的全部,阶级分化更具有普遍性。达伦多夫认为,阶级是以"社会角色的结构性安排为基础。"② 而社会分层着力于强调社会结构中的阶层,也就是说,社会分层是阶层的静态体现,而阶层分化是阶层的动态映射。韦伯由此认为,阶层是个职业聚合体。也有学者认为,阶层也指代地位、身份与资格等③。

因此,本书认为,社会"阶层"概念表征社会各群体在社会资源和生活机会等方面的差异。阶层再生产的本质是对身份、经济、教育、文化和权力等资源的代际传递。社会结构"断裂"④ 理论常用以描述阶层壁垒现象,"断裂"的本质是资源占有量的区别。社会"阶层"所描述的是人们在资源分配上所形成的阶梯式不平等,在这些阶梯的不同水平上,处于高位的群体有较多的机会分享社会资源和财富,而处于低位的群体则只有较少甚或没有机会分享这些资源与财富。

(二)转型期社会阶层结构分化现状及代表性理论成果

社会在发展,时代在进步,转型期社会各阶层的分布格局也处于动态发展状态,这是阶级社会里必然存在的客观实在和社会现象。市场化和城市化共同生成"阶层分化合力"⑤,改革开放标示了我国社会急剧转型,自此发生的社会变迁,意义最大、最为根本的莫过于以"社会阶层结构的变迁"⑥ 为核心的社会结构转型。而社会阶级结构变动引发社会分化,其中阶层分化是社会分层的动态视角,而社会分层是静态意义的社会阶层。社会结构调整的核心和关键是阶层关系变迁,而其核心价值和理想信念是培育和形塑阶层共识、协调阶层利益

---

① Weber, Max, 1970, Class, Status, Party, in From Max Weber: Essays in Sociology, (ed.) by H. H. Gerth &C. Wright Mills, London, Routledge Paperback, pp. 180 – 185.

② Dahrendorf, R. 1959: Class and Class Conflict in an Industrial Society. Routledge: London.

③ [俄] B. O. 克柳切夫斯基:《俄国各阶层史》,徐昌翰译,商务印书馆1990年版,第1页。

④ 孙立平:《断裂》,社会科学文献出版社2002年版,第63—68页。

⑤ 朱光磊:《中国社会阶层演变的新趋势》,《北京日报》2010年4月12日第18版。

⑥ 李培林、李强、孙立平等:《中国社会分层》,社会科学文献出版社2004年版,第16页。

和凝聚阶层力量。① 我国传统社会呈"五位一体"文明结构，表征"超大型文明社会的大一统稳定"格局。由于国家政策调整、所有制结构变化以及产业结构升级等诸多因素，② 助推转型期我国社会阶级结构发生了根本性变化。阶级分化构成为以工人和农民为主体的传统基本阶级阶层在内，还衍生了包括新型阶层、复兴阶层以及边缘阶层在内的非基本阶级与阶层，共同构成和演绎了转型期有中国特色的社会阶级结构图景。

关于阶层划分的学理依据，由韦伯的财富与收入、权力和声望为标准的"三位一体综合"分层法，马克思的"经济地位"分层法，邓肯（Blau Duncan）的"社会经济指数式职业"分层说，帕森斯的"结构功能"说，达伦多夫的"冲突分层"说，赖特（Frank Lloyd Wright）的"新马克思主义"分析范式，还有印度的"种姓"分层法，布迪厄（Pierre Bourdieu）和凡勃伦（Thorstein B Veblen）的"消费"分层法，以及以毛泽东为代表的"中国式社会"分层法等。转型期我国阶层调整的政策导向是，打破平均主义和"大锅饭"，鼓励一部分人和地区通过勤劳聪慧先富起来，最终带动后富走向共同富裕道路。③ 目前学术界指向社会分化动力系统的社会分层研究成果丰富，主要学者有陆学艺、李春玲、李培林、李路路、李强、孙立平、朱光磊、戴建中等提出的九大代表性社会分层理论成果：

1. "五大社会等级、十大阶层"④ 理论

以陆学艺等（2002）为代表的学者将改革开放以来我国社会分化概括为，阶级、阶层的分化并以职业分类为基础，以组织资源、经济资源和文化资源的占有状况等"四维分层"标准作为划分依据，从而把我国社会群体划分为"五大社会等级、十大阶层"。当然也有学者根据职业分类，将我国社会原来工人、农民阶级和知识分子阶层归纳为主体

---

① 刘博：《转型中国理想信念的历史脉络与道义文化的社会整合》，《天府新论》2014年第1期。
② 袁方：《中国社会结构的变迁》，中国社会科学出版社2002年版，第62页。
③ 《邓小平论有中国特色社会主义》，中共中央党校出版社1993年版。
④ 陆学艺主编：《当代中国社会阶层研究报告》，社会科学文献出版社2002年版。

阶层、新生阶层和过渡阶层等三个基本类型、十五个阶层以及诸多群体。① 还有学者依据所占有政治、经济与文化等稀缺性社会资源,② 把我国社会结构划分为十二个阶层。

2. "四个利益集团"③ 理论

根据改革开放以后各阶层人群利益获得感和利益受损情况比较分析,以李强教授、沈原博士、孙立平教授等（2002）为代表的学者认为,应该将我国社会群体分为包括"特殊获益者群体、普通获益者群体、利益相对受损群体和社会底层利益群体"等四个利益群体集团。该理论试图对当前我国社会阶层分化从利益角度作出一种独特解释。

3. "倒丁字型的社会结构"④ 理论

以李强教授（2005）为代表的学者认为,我国总体社会结构既不是"橄榄型"的,也不是"金字塔型"的,而是呈现出一个倒过来的"丁字型"社会结构。由此认为,转型期我国社会的最大问题还是农民问题和中产阶级发育不成熟问题。

4. "四种阶层"⑤ 理论

以朱光磊教授（2007）为代表的学者认为,我国经济在市场化改革的内在整合和政府行政整合的双重推动下,发生复合型、多线性的阶层分化过程,据此他运用综合标准将我国社会阶层分为,基本阶层、新兴阶层、复兴阶层以及若干交叉与过渡阶层和"复旧群体"等四种阶层类型,并指出在历史剧烈变动时期阶级较为显眼,而在和平建设时期,阶层更为突出和经常化。

5. 学者杨宏峰（2010）结合已有研究成果,⑥ 将现阶段我国社会结构分为"八个阶层、三十个群体",并提出了"防卫阶层、边缘群体

---

① 王刘玉、高军：《当代中国社会阶层分化现状及其走势》,《学术交流》2009 年第 6 期。
② 宋朝普、王玉、王世进：《社会共生论视野下的当代中国新阶层分析》,《天府新论》2011 年第 2 期。
③ 李强：《转型时期的中国社会分层结构》,黑龙江人民出版社 2002 年版,第 102 页。
④ 李强：《"丁字型"社会结构与"结构紧张"》,《社会学研究》2005 年第 2 期。
⑤ 朱光磊等：《当代中国社会各阶层分析》,天津人民出版社 2007 年版,第 11—18 页。
⑥ 杨宏峰编著：《何谓社会学》,中央编译出版社 2010 年版,第 168—178 页。

和底部阶层"等新阶层概念。

6. "社会断裂"① 理论

以孙立平教授（2011）为代表的学者认为，改革开放以来的剧烈社会转型淘汰和抛弃了很多原有社会阶层，由于"多个时代的社会成分共存在一个社会之中"，导致全方位的社会断裂。孙立平教授的"社会断裂"理论对于转型期我国社会发展具有一种积极的警醒和提示作用。

7. 当代我国"社会阶层结构模型"② 理论

以学者杨继绳（2011）为代表的学者，在充分比较和吸纳各分层法的优点后，综合考虑各阶层的职业内容，并以财富为基础，参照权力和声望等因素，直观地把我国社会阶层分为"上、中上、中、中下以及下"等五个抽象等级，并提出"有害阶层"概念。

8. 以赵学昌（2013）为代表的学者依据我国转型期的所有制结构和分配形式等自变量因素，③ 将当代中国社会结构划分为国家和社会管理者阶级、农民阶级、私营企业主阶级以及个体工商业者阶级和普通劳动者阶级等四大阶级。

9. "三大阶层理论"④

基于权力、资本与劳动为三要素向度，以靳凤林教授（2014）为代表的学者认为，权力阶层已经利益固化、资本阶层在迅速扩大、而劳动阶层正在分化。转型期我国社会当务之急是完善市场经济制度与规范资本运营、强化公民社会制度与维护劳动者权益以及推进民主政治制度与制衡公共权力为主要内容的正义制度建设，旨在消融阶层冲突，实现各阶层权责一致，促进正义分配与公平流动，突破利益固化藩篱，以助推国家、市场与社会动态平衡。可见，转型期我国社会结构分化，表征为阶层格局重新洗牌与孕育生成，也就是从集权再分配经济时代"工

---

① 百度文库：《"社会断裂"理论：孙立平社会断裂三部曲》（http://wenku.baidu.com/view/0318b-3bdf121dd36a32d823a.html. 2011-05-12）。

② 杨继绳：《中国当代社会阶层分析》，江西高校出版社2011年版，第346—350页。

③ 赵学昌：《马克思恩格斯阶级划分理论及当代中国社会各阶级的分析》，南开大学博士学位论文，2013年。

④ http://yjsy.ccps.gov.cn/yanjiushengyuan_1197/xshd/zexsjt/201405/t20140508_49430.html. 2014-05-17.

人、农民和干部"的三级式阶层模式向"精英核心层、大众层和边缘层"的三维式阶层模式生成与演变。

综合起来看,我国社会结构分化加剧始于改革开放以来的经济市场化取向以降,尤其是党的十四大报告《决定》关于构建我国社会主义市场经济体制的逐渐确立,基本完成了社会结构分化框架趋势,新的精英阶层和贫困弱势阶层基本成形,底层群体垂直向上流动的难度日益加大,阶层隔阂形成,壁垒明显、矛盾凸显,社会阶层分化与失衡引发了一定程度的社会失控,经济发展与社会公正之间的非均衡博弈致使底层民众利益和需要被忽视。由于阶层分化缺乏应有的社会整合机制的规范和约束,党的十六大报告首次提出"扩大中等收入者在全社会的比例",接着党的十六届六中全会进一步提出:"提高低收入者收入水平,扩大中等收入者比重,调节过高收入",也就是"提低、扩中和限高"。由此可见,政策层面的主流观点是在我国社会阶层分化问题上使用"高、中、低"收入者"三阶层"概念。在承认差别的前提下进行调整与修缮,其中扩大中等收入者比重是核心,以优化阶级阶层结构,扩大社会中间层以期早日形成中产阶层,从而使我国社会结构从"金字塔型与倒丁字型、洋葱型"重塑为"扁平化纺锤橄榄型与菱型"的中等收入群体占社会主体的较为稳定的社会结构。

(三) 转型期我国社会阶层结构不断优化

阶层关系是最重要的社会关系,也是转型期我国社会整合关注的重点领域。转型期,市场化取向改革深入推进、所有制结构深刻重组、利益格局不断调整,促进经济持续分化,从而带来社会阶层结构深刻转型与变迁。我国作为超大文明的总体刚性社会"两阶级和一阶层"的"金字塔型"阶层结构中底层比重大、中间层规模过小,伴随"三次产业"调整和新社会阶层的生成,以及城市化而来的农村人口大规模转移,产业结构升级,与现代化相联系的新职业群体规模和影响力日益扩大,同时社会急剧转型使阶层分化的周期不断缩短,并在社会阶层结构发展变化过程中,阶层分化加速与停止交替更迭、循环往复,这诸多因素合力作用有利于逐渐熨平并向"橄榄型"社会阶层结构生长。

第三章　转型期我国社会整合面临的机遇和挑战

通过梳理和考察新中国成立 60 多年以来，我国社会阶层分化过程和特征的理论与实践，从中展现的图景是在不同的历史时期阶层分化的深度、广度和速度是呈周期性演进状态。新中国成立后到改革开放之初，我国的社会阶层结构基本是"两个阶级和一个阶层"即"工人、农民阶级和干部"并且保持了长达数十年超级稳定性，这与当时我国经济发展水平、政治文明程度以及刚性社会状况等多因素综合力作用密不可分。改革开放后到 1992 年构建市场经济体制是阶层快速分化时期，由于禁锢了人们数十年的计划经济观念逐步消退，从原来由国家组织再分配社会转入市场在资源配置中的基础性地位到决定性地位的确立，资源配置方式的变更，改变了阶层分化的动力格局，以往由权力主导的阶层差别逐渐演变成了由权力、市场、身份、契约、教育、职业和消费等多面向引导复合模式，促使经济迸发出了前所未有的活力，各阶层利益重新调整，表现出阶层分化进入了全面活跃时期，这也有助于针对性地探讨如何借助于社会整合器有效应对阶层分化周期性诱发的社会问题。

二　利益格局深刻调整

改革的实质是"利益"[①] 整合、制度变迁与机制创新。转型期我国改革开放的社会场景基础发生重大变化，阶层结构的优势打破和调整了原有利益格局，使利益关系更趋多元复杂。随着经济市场化改革纵深推进，自主利益主体日益增多，让一部分人通过"诚实劳动先富起来"的政策破除了平均主义，包括要素分配在内的多种分配方式，以及兼顾效率与公平原则使个体收入迅速呈现多元化和差异化，助推人们对全面深化改革发展的社会预期普遍提高，对分享改革发展成果的意愿明显增强。与此同时统筹协调各方利益关系难度渐趋加大，地区、行业、城乡各阶层、群体与区域之间的收入差距不断扩大，2013 年城乡两极收入

[①]　有学者认为，利益表征全部社会关系基础。利益关系是"社会关系的本质"，是一切社会关系产生、发展和变化的根源。构建合理的利益表达和诉求机制、科学的利益调节机制与坚实的社会保障机制旨在增进公共福利，实现社会公正，保持社会稳定。刘芳：《优化社会关系与协调利益关系：构建和谐社会的重要途径》，《探索》2011 年第 6 期。

差异20倍,映射收入差距的基尼系数达到0.473。① 为此,邓小平同志指出:"少数人获得那么多财富,大多数人没有,这样发展下去总有一天会出问题。分配不公,会导致两极分化,到一定时候问题就会出来。这个问题要解决"。② 随着我国社会结构持续深刻调整,Internet 技术颠覆价值传播秩序、利益主体价值实现多元化,不同的社会阶层与利益群体必然会产生不同的价值观念、不同的利益诉求甚至不同的利益表达和利益维护方式。同时,人们受各种思想观念影响的渠道明显增多、程度明显加深,人们思想活动的独立性、选择性与多变性以及差异性明显增强。20世纪80年代以来国内极具影响力的著名学者钱理群先生批判的"高智商、世俗、老到,善于表演、懂得配合,更善于利用体制达到自己目的"的"精致的利己主义者"群体逐渐孕育生成,使转型期遭遇价值标准瓶颈、利益失衡消弭核心价值影响以及权利失控动摇核心价值认同。有学者研究我国经济长周期认为③,改革开放以来市场机制导入和扩大作用,使转型期我国正在从低收入向中等收入乃至高收入国家过渡,城市、乡村以及城乡收入总体差距经历了一个从缩小到扩大的阶段性趋势在我国可能持续较长时间,同时,我国不同于其他国家的特点之一就是城乡收入差距渐次拉大,严重损害了社会公平正义与公正秩序,

---

① 联合国开发计划署发布的《2005 人类发展报告》对我国地区和城乡发展不平衡有幅生动描绘图景:"如果贵州是一个国家,那么它的人类发展指数仅刚超过非洲的纳米比亚,但是如果把上海比作一个国家,其人类发展指数则与发达国家葡萄牙相当。"另外,《中国民生发展报告2015》显示,中国目前的收入和财产不平等状况正在日趋严重。近30 年来,中国居民收入基尼系数从80 年代初的0.3 左右上升到现在的0.45 以上,大大超出世界银行预设0.4 的国际警戒线。我国已成为世界上收入不平等程度最高的国家之一,最富有的1% 家庭拥有全国财产的1/3,这将使中国社会面临一系列严峻挑战。李建新等著《中国民生发展报告2015》,北京大学出版社2015 年版,中国社会不平等趋势扩大:1% 的家庭占全国1/3 的财产(http://news.ifeng.com/a/20160113/47059491_0.shtml.2016 - 01 - 13)。对此,耶鲁大学陈志武教授认为,现代商业增大收入能力差距、全球化带来机会差距、商业模式影响收入分配差距以及股市提升资本市场财富数量级等诸多因素导致中国收入差距和财富差距不断加剧。陈志武:《为什么中国人的收入差距在持续恶化?》 (http://pit.ifeng.com/a/20160201/47316115_0.shtml.2016 -02 -01)。

② 中共中央文献研究室编辑:《邓小平年谱1975—1997》(下),中央文献出版社2004年版,第1363 页。

③ 李培林、[俄]戈尔什科夫(M. K. Gorshkov)、[巴]斯坎隆(C. Scalon)、[印]莎尔玛(K. L. Sharma)等主编:《金砖国家社会分层:变迁与比较》,社会科学文献出版社2011年版。

当然引发的社会问题与矛盾冲突都是在发展过程中产生的,也只有通过发展才能熨平,毕竟"发展才是硬道理",这就从客观上要求我们抓住机遇、应对挑战,坚持以经济建设为中心,积极推进社会整合,把构建社会主义和谐社会摆在更加突出的位置,在新常态新起点上更好地推进改革开放和社会主义现代化建设。

三 思想价值观念深刻变化

思想也称为观念。《现代汉语词典》和《辞海》从理性认识与感性认识的关系视角来审视并给予的解释是,思想观念就是源于实践到认识,并由认识到实践的多次反复而形成的理性认识成果。思想观念浸润于文化传统中。正如意大利实践哲学大师葛兰西(Antonio Gramsci)认为的,社会集团霸权统治地位集中展现为政治领导权和智识道德领域的文化领导权两个方面,① 因为这两种领导权是解决"经济和政治相互渗透问题的光辉典范"②,是掌控和巩固领导权的必要手段和重要方式,也是有效推进社会整合科学化的现实路径与实践选择。思想是价值观的载体,价值观蕴含思想的核心代码。转型期思想观念多样化指向主流社会价值的弱化,集中展现为物质利益主导价值取向、道德底线不断突破以及群体关系冲突化。当前,我国正处在决胜2020年全面建成小康社会、加快推进社会主义现代化的历史发展新阶段,这是我国转型期发展的阶段性特征。科学分析影响社会和谐的矛盾和问题及其产生原因,更加积极主动地正视矛盾与化解矛盾,使人的事实认识和价值观念的实践活动保持必要张力,有利于做到协调一致,充分发挥社会整合正能量,扎实做好构建社会主义和谐社会的各项工作。

四 资源与生态破坏、环境污染以及食品安全等社会问题日益凸显

近年来,我国"高投入、高消耗、高排放与高污染"的经济发展模式遭遇到严重危机,致使全国各地几乎都出现严重的空气、水、土壤

---

① Antonio Granisci. Selections From the Prison Notehooks [M]. New York: International Publishers, 1971, p. 57.

② Louis Althusser. For Marx. Translated by Ben Brewster, 1969 by Allen Lane. The Penguin Press. p. 14.

等资源与生态破坏,以及环境污染问题,主要体现为空气污染指数 PM2.5,表征全国各主要城市持续笼罩"雾霾",已严重影响广大人民群众生产、生活、工作和生命健康,引发民众强烈抱怨。政府对空气质量信息公开取得了一系列进展后,在这个我国历史上"污染最为严重"的时期,人们深切地感受到了治理污染所面临的真实挑战。为此有人调侃大城市目前的污染状态是,"遛狗不见狗,狗绳提在手,见手不见绳,狗叫我才走。"据有关报道,我国每年因空气污染导致早死35万人至50万人。①

另外,日益严重的水污染问题也引起了人们的高度关注。2013年初河北邯郸地区因化学品泄漏而被迫停水,与此同时,山东潍坊的一些工厂通过用高压泵将污水非法秘密地注入地下,从而引发了围绕日益干涸的地下水水质问题的激烈讨论。据2013年官方数据显示,全国地下水仅有11.85%达到优良级水质。而在 *SCIENCE* 杂志上发布的一项研究数据表明,我国地下水严重污染,在未来一段时间有可能使2000万人面临砷中毒威胁。2014年初的兰州和靖江市发生的自来水污染,还有上海黄浦江死猪漂流事件。除此以外,食品安全与质量也引起人民群众强烈不满,工业油抛光毒大米、红心鸭蛋、苏丹红、地沟油、瘦肉精、毒豆芽、墨汁粉条、染色馒头、爆炸西瓜、毒生姜、猪骨汤精、细菌水饺、牛肉膏、鼠羊肉以及毒大米到毒自来水……问题食品种类之多不一而足,造成后果之严重,前所未有,几乎到了民众谈食色变的程度,给我国社会整合带来新问题。为此,党和政府高度重视食品安全并出台了全世界也是独一无二的史上"四个最严格"食品监管规定,以切实保障人民群众"舌尖上的安全"。国家食药局2015年对全国食品安全监督抽检合格率达96.8%②,较之2014年有上升,从一定程度上反映了我国食品安全的整体形势正在走向稳中趋好。

---

① 《院士称中国每年因空气污染导致数十万人早死》(http://tech.gmw.cn/2014-01/07/content_10-037260.htm.2014-01-07)。
② 《食品安全形势稳中趋好,去年食安监督抽检合格率达96.8%》(http://www.ce.cn/cysc/sp/info/201602/03/t20160203_8719015.shtml.2016-02-03)。

第四章　转型期我国社会整合实践与探索

转型是时代的主旋律，是交锋、竞逐与博弈。转型不仅表征结果，更涵摄过程。可以说，转型就意味着改变与放弃陈规、丢掉积习，既考验勇气、磨砺信念，也衡量担当。转型是从量化宽松到质化宽松，由"双轨制"走向"单轨制"，从威权走向民主，从"行政主导与干预全能型的权威主义"模式向"新公共管理有限型"模式变迁，从管制走向服务、从人治走向法治、从集权走向分权、从统治走向治理型的转变，[①]旨在消除社会对立，建立自由民主新秩序的双重任务。为此，新中国成立标志着我国进入了近现代历史上的第三次社会转型期，在这期间为了早日完成社会主义建设目标，执政的中国共产党主导了我国社会全面整合并进行了坚持不懈的社会整合实践与探索，最终引领全国各族人民经受住了挫折和考验，走向了一条有中国特色社会主义光明前途的道路，同时正在努力走向2020年决胜全面建成小康社会和实现中华民族伟大复兴中国梦的实践征程中。

第一节　转型期从传统体制向现代新体制的转换与变迁

世界潮流，浩浩荡荡。顺之则昌，不顺则亡。纵观世界历史，一个国家无论多么强大和富有，其每一次重大的社会变迁与进步，都必然伴随着社会整合机制的不断优化与创新。正如《老子》所言："政善治，

[①] 俞可平：《大力建设创新型政府》，《探索与争鸣》2013年第5期。

事善能。"可见，转型期我国社会整合的必然逻辑和现实选择就是积极回应经济、社会发展的客观诉求和人民的新期盼，顺应经济全球化大趋势，适应经济市场化格局从传统体制向新体制的转移，着力以新理念新动能推动结构转型升级，不断提升社会整合能力，促进经济发展和社会公正。所谓"乱云飞渡仍从容、潜入深水得蛟龙"，就是指向社会整合问题化解，着力于实现国家从传统体制向新体制变迁的现代化转型，一直是中国共产党人始终不渝的信念和追求。当前，转型映射为改革从增益型嬗变为利益结构调整型，这种整体利益结构的调整与洗牌、个体利益诉求意识增强与渠道方式多样化以及发展的不平衡等多种因素诱发社会矛盾和冲突不可避免。

一 优化市场经济体制，科学安排政府和市场关系

现代社会发展是经济因素和非经济因素、国内条件和国外条件以及自然条件和社会条件综合作用且相互影响的复合产物，其中市场机制的"双重"效应，科技革命的驱动力量，以及社会发展与文化传统的调适、控制与管理无疑都发挥了不可忽视的重要作用。市场经济是商品经济发展的高级阶段，赋予市场在资源配置中至高无上的决定性作用。在人类经济史上，主要经历了"产品经济、计划经济和市场经济"等三种主要的经济发展形态，其中对于市场经济的健康发展至关重要的保障性因素是，要着力构建明晰的产权制度、规范的政府行为，以及良好的信息传输体制，以着力发挥法律的社会整合作用，尽量提升政府信用与塑造政府部门交易行为的良好市场信誉。[1] 印度学者奥修（Osho）说过，"知识是来自别人的经验，而智慧则是来自个体的经验"。转型期，在审视和考虑市场经济"双重效应"的同时，如何基于我国基本国情和现代化发展的战略实际，不断优化市场经济体制，充分扬弃和合理选择市场调节的"双刃剑"[2] 指向，趋利避害，着力彰显市场经济的正能

---

[1] 张维迎：《什么改变中国：中国改革的全景和路径》，中信出版社2012年版，第167页。

[2] 市场机制的"双刃剑"主要体现为其"双重性"，市场机制的最大优势在于，使市场活动的参与人尽可能分享由于"初始优势、运气和先天能力的各种差异，使他们本来应当分享但实际上没有分享的各种资源"。而其天然缺陷则是基于市场"允许在道德上不相关的差异……来影响分配"。[美] 德沃金：《原则问题》，张国清译，江苏人民出版社2005年版，第260页。

量，则更需要智慧。

为此，著名经济学家吴敬琏教授在"中国发展高层论坛2014"年会上给出的处方是"市场经济制度所必要的改革都应放在优先地位"，通过"法无禁止即可为，法无授权不可为"来界定和厘清政府与市场之间的相互关系，并充分发挥政府的计划调控作用。的确，当市场经济体制框架比较完善后，多元利益主体之间的社会整合期待与市场经济体制配套的民主制度作为协商治理的必要工具。毕竟，民主不仅是一种美好的价值愿景，如果不搞民主，市场经济原发的有些社会问题就难以解决，市场调节自身无法克服的滞后性、无政府性和破坏性就不可避免。原本一体化的"单位制"[①]计划经济时代解体，"后单位制"的市场经济时代随之来临，社会整合基础也从单位人时代"集体化的计划经济社会"转变为社会人时代"原子化的个体市场经济社会"，由此导致传统社会的"控制与依赖"型社会整合逻辑逐渐失效。问题倒逼改革，"改革在解决问题中深化，改革永无止境"的务实经验主义逻辑表明，市场作为资源配置的有效手段，要建立市场经济条件下的利益均衡机制，重建社会的基础秩序，形塑解决社会矛盾和冲突的制度化方式，优化市场经济体制的双重效应，社会整合的时代就来临了。坚持社会主义经济市场化改革指向，确保市场在资源配置中发挥决定性作用，加快经济结构调整，培育多元支柱产业，激发市场主体活力，挖掘政策叠加机遇、优化举措集成效应。同时，明晰界定市场和政府的各自作用领域，着重于市场以指向"私权利"为核心，政府以指向"公权力"为重心，实现有效市场加有为政府，辅之以社会的应有角色，以更好地发挥政府作用。同时，深化项目带动发展战略，基于经济发展"新常态"呼唤"新心态"，尽快革除"GDP膜拜"思想、杜绝"跑部钱进"潜规则、告别"竭泽而渔"式的求增长，着力提高我国经济社会发展质量和效益，因为市场机制有限度的自我调整和变革的制度弹性蕴含的自发滞后与盲目性被认为是社会发展难以跨越的"卡夫丁峡谷"。

[①] 吴晓林：《"后单位制"时代中国城市社区建设和社区整合的困境：一个框架性的分析》，《当代中国政治研究报告》2013年。

二 经济体制对政治体制和社会管理体制的要求

转型期国内外经济形势错综复杂，现阶段经济增长在低水平上波动、全球流动性过剩、贸易保护主义升温，经济发展前景扑朔迷离。在多重矛盾和压力下，要加强分析研判，把握规律，增强预见性，并作出合理规划。从经济角度看，受全球经济增长下降、发展差异性短期加大影响，全球利益争夺会渐趋激烈。从文明角度看，伴随冷战后世界多极文明格局形成，差异和对抗引致的地缘冲突更趋频繁和复杂。而经济制度依然是整体改革的重点，让市场在资源配置中起决定作用，推进国家治理体系和治理能力现代化，更好保障和改善民生、促进社会公平正义。转型期我国经济更新升级目标内涵旨在实现经济总量、质量和效益的同步提升，发展方式与结构及动力机制的转型升级，发展绿色、低碳、循环经济是其重要内涵，逐步实现全体人民共同富裕是其根本目的。① 而我国经济增速放缓，表征我国正在转变经济发展方式，减速换挡，着力于通过内需驱动，启动新型城镇化建设，为我国经济发展和社会整合提供了难得的机遇。当前，我国总体上已进入经济增长速度换挡期、结构调整阵痛期和前期刺激政策消化期，保持合理"上限"和"下限"，防通胀，稳增长、保就业的经济增长速度是转型升级的应有之义。唯物史观认为，经济基础决定政治上层建筑模型，同时对经济基础有良性互动反作用，那么我国选择以公有制为主体、多种所有制经济共同发展的市场经济体制也迫切要求民主化的政治体制和国家治理能力现代化的社会管理体制与之琴瑟和鸣，所谓"独立环境的特性决定着生产力的发展"②，而生产力发展又决定着经济关系及所有其他社会关系发展，以此共同指向我国社会整合目标落实。

转型期，我国经济下行压力较大，为此要合理运用更具针对性的经济杠杆和政策工具，秉承李克强总理在《政府工作报告》中提出的"让金融之水浇灌实体经济之树"的指导思想，适时适度预调微调盘活存量、优化结构、营造环境、推进改革，通过积极的社会整合释放红

---

① 林兆木:《中国经济转型升级势在必行》,《经济纵横》2014 年第 1 期。
② 列宁:《哲学笔记》,人民出版社 1961 年版,第 459 页。

利，激发各类市场主体活力，增强经济内生原发动力。党的十八届三中全会《决定》提出，改革再启动的重点是经济体制改革，导向核心问题是科学定位政府和市场的辩证关系及其界限，充分发挥市场在资源配置中的决定性作用，更好发挥政府作用，努力形成市场和政府这两只"看不见的手"和"看得见的手"的有机统一、补充协调与促进的互动格局，助推经济社会持续健康发展。由此展示我们党对有中国特色社会主义建设规律认识的新突破，是马克思主义中国化的新成果，标志着社会主义市场经济发展步入了新阶段。

三 体制转型的长期性和复杂性

西方社会学借用表达生物物种间变异的"转型"概念来描述和分析社会结构具有进化意义的转换和性变，映射传统社会向现代社会的切换和变迁的艰难又缓慢过程。体制彰显制度的普遍适用性与技术的专用性。社会转型是从计划再分配经济向市场经济、从农业社会向工业社会、从乡村社会向城镇社会、从封闭半封闭社会向开放社会、从伦理社会向法理社会转变的全领域、多层次与多方位的转轨，[①] 蕴含结构变迁和体制转型同步并行，相互交织，关涉所有社会构成要素系统的相应变化与调整，指向社会主义市场经济体制逐步确立的过程，是基本公共用品均衡配置，社会整合的纠偏机制、正向激励作用充分发挥，也是经济政治和思想文化等体制领域全面性的社会改革时期。由于我国社会转型嵌入全球化与现代化同步进行，因此体制转型具有不可避免的长期性和复杂性，不可一蹴而就。

第二节 转型期我国社会整合的探索与演进

人类社会发展不是单线条演进，更多情况下是呈现为多向度进化，展现为螺旋式上升与盘旋式迂回前进。社会的发展和进步，总是以多样化的社会整合机制互相汲取、互相补充以及相互促进为前提的。社会发

---

① 郑杭生：《改革开放30年：快速转型中的中国社会——从社会学视角看中国社会的几个显著特点》，《社会科学研究》2008年第4期。

展经验与教训反复表明,一国发展不能依靠全盘照搬别国的政治制度和发展模式,否则就有可能发生水土不服,甚至会生成不可预测的负面后果。诚如古人所云,"橘生淮南则为橘,生于淮北则为枳,叶徒相似,其实味不同。所以然者何?水土异也"。现代化引发社会大变迁,并塑造了转型期有鲜明中国特色的社会整合模式。而社会发展与进步映射创新与扩张的交织融合,嵌入生产、分配、交换与消费等社会生产总过程四个环节,其中生产是起点,决定着分配、交换和消费的对象结构、具体形式和社会性质。马克思所说的历史发展总是建立在这样的基础上,最后的形式"总是把过去的形式看成是向着自己发展的各个阶段,并且因为它很少而且只是在特定条件下才能够进行自我批判,这里当然不是指作为崩溃时期出现的那样的历史时期,所以总是对过去的形式做片面的理解"。[1] 社会发展方式映射整合主体不同分工,以及推动社会进步各主体位序和重要性。社会结构调整和发展方式转型指向社会和谐稳定与人民生活改善。我国著名社会人类学家费孝通教授认为,我国传统社会是熟人社会,其社会结构和关系中呈现明显的亲缘关系,表征为费孝通所描述和形象概括的"差序格局"交往规则,因为血缘是"稳定的力量,在稳定的社会中,地缘不过是血缘的投影,不分离的"[2] 全能主义权威式整合的生成逻辑。改革开放前后三十多年来,社会整合作为全球化背景下兴起的一个世界潮流,我国社会整合理念也经历了从以阶级斗争为中心,到以经济建设为中心,再到以人为本的社会建设为中心的不同发展阶段,相应地我国社会整合机制也从萌芽、发育、确立到发展活跃期,逐渐孕育生成了有中国特色的社会整合新思路,这就是积极推进社会整合机制现代化,其根本点在于制度改革创新,着力加快建立和完善与社会主义市场经济体制相适应的新型社会治理制度体系。积极鼓励地方探索与推动政府创新,加强顶层设计与统筹谋划改革,加强党的建设与提高执政能力,加强体制创新与完善制度体系,树立全球眼光与借鉴国外经验的有机结合。

---

[1] 《马克思恩格斯选集》(第2卷),人民出版社1995年版,第23—24页。
[2] 费孝通:《乡土中国》,上海人民出版社2007年版,第66页。

第四章 转型期我国社会整合实践与探索

一 改革开放前的集权化治理结构与管制型机械刚性社会整合

我国传统社会蕴含了重家族血缘、重伦理和谐、重整体直觉以及重人格追求等政治实用性的总体社会结构特征,调适"利益关系"是社会整合的关键与核心,共同利益和利益相关是社会一体化的基础。改革开放前的总体性社会刚性威权式社会整合是由政府主导的去阶层化思想,有计划地造就城乡差别、国有与集体产权以及红与黑的政治身份差别,限制人员和社会流动,以及国家对经济社会等各种资源实行全面垄断和集中控制,旨在政治、经济和意识形态的高度重叠,以实现社会的高度整合。

(一)以阶级斗争为纲的集权式社会整合

毛泽东时代的全能主义和政府主导型改革使得政府掌握了社会一切资源,社会组织因受抑制而发育不成熟,使得政府能够得以自主确立和追求目标,并动员社会成员参与其中。[①] 新中国成立初期的集权式社会整合生态具象为革命化高速整合模式、政社合一的动员型高度整合模式,以制度重建为核心的释放性整合模式。社会分化倒逼社会整合而产生。从经济民主到政治民主展现主体的自我规定性。新中国成立后的一段时间内,我国要么处于帝国主义大国包围与封锁中,要么遭遇来自共产主义国家内部纷争,加之战争阴云一直未散去,由于国家面临的国内外特殊形势,决定了这个时候的社会整合任务是巩固来之不易的新生社会主义政权。而长期的革命斗争惯性思维便固定下来,"以阶级斗争为纲"就顺理成章地成为这个时期集权式社会整合的主旋律,集中体现为单位制、人民公社制、户籍制度、阶级分类制度,以及一元化的意识形态武装了人民的精神生活并渗透和嵌入社会生活的各领域,一直到"文化大革命"达到顶峰。现在回过头来看,以"阶级斗争为纲"的集权式社会整合只适用于特定而短暂的历史时期,而不可作为一种常态化的社会整合范式,这已经为社会主义建设的艰难探索实践所验证,并最终走进了历史的记忆也就很正常了。

---

① 康晓光、许文文:《多元与整合:改革开放时代中国发展方式实证研究》,社会科学文献出版社 2013 年版,第 104—107 页。

（二）政治动员与社会运动相结合的刚性社会整合

由于长期的革命战争，严重阻滞或破坏了国家经济发展。新中国成立之初，新生政权百废待兴，面临巩固政权的紧迫任务，为此国家制定了涵盖社会建设各领域的"五年计划"发展战略，以求迅速实现国家的社会主义现代化目标。与此同时，面对新中国成立初期的土地改革、抗美援朝与镇压反革命这"三大运动"，以便集中国家的人财物和一切可以团结的力量，战胜共同的敌人，国家实行了最强大也最具高效性的政治动员与社会运动相结合的刚性社会整合。这种整合方式是执政的中国共产党依靠居于超然的国家政权、强大的政治动员能力和革命年代积累的娴熟经验与技巧对社会保持综合威慑和持续影响的结果。后来的社会建设实践一再证明，政治动员与社会运动相结合的刚性社会整合对于社会主义建设探索时期，党有效领导国家并取得一系列胜利发挥了积极作用。[①] 但是，随着社会主义建设的迅速发展，尤其是改革开放的出场和市场机制作用的充分发挥，使得政治动员与社会运动相结合的刚性社会整合的局限性或弊端越发凸显。

总之，社会结构表征社会系统基本特征和本质属性的静态概括，映射社会分化孕育系统各元素间相互联系的基本状态与制度化规则。社会转型客体是社会结构，彰显结构切换、机制转轨、利益调整和观念转变。"国家—公民"型经济社会二元对立结构的高度集权化社会治理模式孕育了总体刚性的党、国家与社会"三位一体"的集权化与管制型社会治理结构，其中党领导国家，国家主导社会，党借助于国家与自身组织作为载体和介质而实现间接主导的社会横向分化程度很低，政治中心、经济中心与意识形态中心"三中心"高度重叠的社会结构格局，从而造就了党的绝对权力和高度权威性，这种建基于党和国家通过政治权力的渗透实现对社会资源的全面控制与垄断之上的社会关系，被学者称之为"总体性社会"或"全能主义社会"治理结构框架。其中的行政部分依附于政治，形成了高度集权化特征的管制型政府模式。专制社

---

① 有学者认为，从1952年到1978年，我国社会总体上是有所发展，在这期间我国建立了比较完整的工业体系和国民经济体系，奠定了国民经济发展的基础。胡鞍钢：《中国政治经济史论（1949—1976）》，清华大学出版社2007年版。

会旨在集权、集中与统一、服从，以及权力管制逐渐形成了权力至上的、自上而下的、逐级管制的金字塔式的社会层级结构和权力运作机制，进一步固化了这种社会层级结构。为此，中央党校韩庆祥教授认为，我国传统社会的"总问题"是"权力统治"形成的结构性困境，因此要着力围绕"社会层级结构"来考虑转型期改革和整合的基本路径，推动体制层面深入到结构层面的改革，着力培育"扁平型社会层级结构"是重要着力点。综上可见，国家、市场与公民社会的"三位一体结构"是现代社会发展的逻辑表达，是后发国家社会结构现代化必由之路，由此决定了随着市场化取向和现代化实践深入推进，改革开放前的集权化治理结构与管制型机械刚性社会整合方式的升级更新已经迫在眉睫，新的适合国情的有我国鲜明特色的社会整合范式呼之欲出。

二 改革开放以来的有机柔性社会整合

社会的发展总是有着自身的规律。20世纪70年代末，我国社会主义建设在经历近30年的艰难实践和反复探索后，伴随着"文化大革命"的十年浩劫，致使我国国民经济几近崩溃边缘。① 由此开启的改革开放体现了历史选择的必然性和社会发展的逻辑性，其后市场经济转型与社会资本相继出场。伴随转型期不期而遇，社会发展不均衡、贫富差距拉大、分化增强社会异质性，以及经济体制转化的内在动力改变了社会整合基础。身份社会向契约社会的转变，改变了整合的向度。一元社会向多元社会的转变，改变了整合的诉求。整合的这"三种维度"旨在个体适应、社会和谐与政治发展。整合体现在共同综合、可持续合作、共建共享、共赢普遍于平等包容等丰富内涵。社会整合是过程、结果，是自变量也是因变量，是达成目的工具还是预设目的状态，是个多向度复合概念。涂尔干认为，社会分化客观上提出了使社会整合成为可能的现实意义及其功能原则。以作为国家文化基础的社会主义核心价值观引领转型期我国社会整合，应选择性借鉴传统文化和现代文明的内在

---

① 有学者认为，"文化大革命"造成了单一公有制和行政管理军事化的经济体制危机，教育水平持续下滑和批判知识分子的人力资源危机，人民生活水平下降、物资短缺和人口逆向流动的贫困化危机。陈东林：《"文革"时期的国民经济状况研究述评》，（http://www.iccs.cn/contents/301/8169_3.html.2014-10-13）。

关联，以振奋精神、凝心聚力。随着经济市场化改革的深入发展和全面推进，传统"全能型、人治化、封闭式与管制化"为特征的社会整合模式，已经不能适应复杂的市场经济和社会事务的多元需求，"市场式弹性化政府""解制型参与式国家"等新型公共治理范式应运而生[①]，客观上要求转型期的我国社会整合要注重顶层设计与统筹谋划，加强体制创新、完善制度体系，着力树立全球眼光，借鉴国外社会整合经验，建立我国社会整合话语体系。

（一）转型社会迫切期待全新社会整合方式

改革是转型期执政党合法性的主要来源，也是当前最重要的社会整合范式。市场化取向改革和城市化战略驱动了社会急剧转型。亟须摒弃传统社会体制下以身份为核心、高度凝固化的社会结构形式，及其单一刚性和自上而下的重命令式、运动式与动员式的行政管控式社会整合机制，大力通过深化体制改革和管理创新，因势利导地逐步转型成为适应时代发展要求的国家与社会合作共治的"法治型、互动式与规范化"且以"党委领导、政府负责、社会协同、公众参与与法制保障"的多元主体治理格局的新型社会整合机制体系，着力实现政府善治、合作共治、基层自治、社会法治与全民德治，彰显转型期社会整合含义更深刻、内容更丰富、要求更明确。在新常态下，我国正处在经济转型跨越发展换挡期、社会结构调整期和刺激政策消化期，难免问题和困境。当前，我国实体经济发展后劲不足，地方负债过重，民营经济面临发展"玻璃门"与"弹簧门"瓶颈，资源环境约束日益凸显，人口红利优势弱化，科技创新和转化能力不强，产业、需求和就业结构等不尽合理。在社会领域，贫富差距分化，社会问题和道德失范行为时有发生，尤其是近年来新技术兴起新阶层出场、社会交往方式和生活方式多样化，深刻冲击和消解传统社会运行模式。现实问题引发的严峻挑战，对推进社会整合体系现代化提出了客观要求。当前，改革已进入深水区，民主政治和国家治理现代化进程需要加快。在新的历史起点上，破解社会整合的复杂性、纵深性、艰巨性与紧迫性，旨在通过社会整合化解前进道路

---

① ［美］B. 盖伊·彼得斯：《政府未来的治理模式》，张成福、吴爱明等译，中国人民大学出版社 2013 年版。

上的风险挑战与矛盾问题，熨平制约社会发展的深层次障碍性因素，推动我国社会整合更加成熟更加定型，推动社会生产力得到更大程度释放，彰显中国特色社会主义事业生机活力，使广大人民群众真正分享改革发展成果。

（二）有机柔性社会整合为改革开放和社会良序保驾护航

改革开放以来，经济市场化取向改革的柔性社会整合，表征社会整合从以"阶级斗争为纲"到服务于以"经济建设为中心"、从直接整合到间接整合、从机械整合到有机整合的多元复合型社会整合生态，为社会分化释放了广阔空间。转型期社会整合内含社会分化，从历史、现实和发展的视角审视，分化使社会系统的各要素及其各局部之间形成有机联系，生成为功能体系相对独立的整体过程。转型期我国社会整合大多具象化为经验研究为主，关注具体现实问题领域的研究且呈现较为繁荣景象，构建有中国特色社会整合科学化要接现实中国与历史中国以及中国立场和中国观点的"地气"，破除"中心和边缘思维"，立足于基本国情、历史文化传统以及政情社情的现实需要，以马克思主义社会整合理论为指导，以"经济建设"为中心，以"科学发展"为主题，坚守中国特色社会主义理论、制度和道路"三个自信"，建设"民主政治、市场经济、先进文化、和谐社会、生态文明"和党的制度建设科学化"一体六翼"的社会建设网络格局并融入主流世界"命运共同体"，同时，着力做到古为今用、洋为中用、中洋互补，从"独白"走向"对话"，实现社会整合研究话语模式转向，以逐渐消解西方社会整合学术话语垄断权威，增强自身研究实力，旨在助推有中国特色社会整合研究屹立于世界学术之林的"底气"。

总而言之，转型期社会整合基本结构框架主要由"整合主体、整合行为和整合目标"构成，其中整合主体包括党委政府、社会组织和公众，整合行为体现为提供基本公共服务、协调社会关系、规范社会行为和化解社会矛盾，而其最核心问题和基本症结乃是促进公平正义，处于并将长期处于社会主义初级阶段的基本国情决定了改革与发展仍是解决我国社会整合问题的关键和着力点。为此，第一，要坚持以经济建设为中心。高举公平正义的旗，坚持走民主法治的路，通过改革与发展扫除障碍、增添动力，创新现代社会整合体制机制，以系统整合、依法整合、综合整合与源头整合,有效预防和化解社会矛盾,健全公共安全体系,推动经济社会持续健康发展。第二,要以系统化"顶层设计"突破社会整合困局。以增强社会和谐,激发社会活力,就会"柳暗花明又一村"。第三,要使社会整合理念达到"内化于心,外化于行"的目标要求。应着力于找准突破点,突出着力点,明确落脚点,把握结合点,探索创新点,着力于应对社会风险、保持社会稳定、促进社会公正和实现共融共生整合目标,共同构成社会整合逻辑整体。第四,要用改革精神和创新思维来增强社会整合问题意识和理论自觉。培育标示时代强音、体现时代精神、展现时代风采的社会整合观,建构符合时代要求的整合思维,以推动社会整合发展。

新时期,我国着力构建法治国家的社会治理"四大支撑"结构表征为,具有极大权威性的法律是其最直接标志、良好的公民法律意识是其文化基础、健全的法制运行机制是必要条件以及权利保障与权力制约的有机统一是根本保证。其中社会整合制度创新的基本功能是协调关系、解决问题、促进公正、应对风险,其根本目的是维护社会秩序、促进社会和谐、优化社会环境,以达善治和共治作为其基本目标。为此,社会整合制度创新合力模式必须以善治和共治作为其着力点。善治是其价值目标,共治是其实践目标,共治与善治蕴含政治透明、法治政府、社会责任、公民参与以及协商民主等。[①] 站在新的历史起点

[①] 协商民主,也称为"审议民主",是20世纪后期发端于西方的公共协商理论和学术新领域,聚焦于对话讨论与审议共识。力图通过完善民主程序、扩大参与范围、强调自由平等对话来消除冲突,保证公共理性和普遍利益的实现,旨在矫正传统民主范式的缺陷与不足。最早由美国政治学教授约瑟夫·毕塞特在其《协商民主:共和政府的多数原则》中做了学术意义上的阐述,该理论强调在多元社会场景下,公民以自由平等理念的参与公共政治协商决策并达成一致的民主机制,旨在实现民主与法治、人民主权与个人权利以及民主与科学的有机统一,其核心要素是协商与共识,从一定程度上说,协商是民主的内在特征。协商民主的最基本体现是政治民主中的协商。西方协商民主的概念类型有:古典协商民主、共和主义协商民主、代议制协商民主和现代协商民主;微观协商民主和宏观协商民主;以及预先承诺型协商民主和对话程序型协商民主等若干类型。协商民主重点指向民主类型,以与选举民主相区别。而政治协商时政协的职能之一,强调指向重大问题要通过政协组织郑重商讨,因此,协商民主不能等同于政治协商。协商民主的理论和实践不仅仅属于西方,我国也存在着不同形式的社会主义协商政治,但其中具有较成熟和完善制度架构的是以中国人民政治协商会议为平台的政治协商制度。韩冬梅:《西方协商民主理论研究——兼论比较视野中的中国协商民主理论构想》,中国社会科学出版社2008年版。

上，回顾新中国成立60多年来，我国社会整合走出了一条有中国特色的独特道路。新中国成立后，在新生的人民共和国视野里，如何从传统总体性社会中，打造"单独的有凝聚力的政治社会；增进文化同质性和价值一致性；从个体中抽取国家所需要的顺从和奉献"①，对于实现国家统一、社会稳定与国泰民安意义重大。改革开放以后，随着市场机制在资源配置中绝对支配地位的确立，传统社会的总体性单一化整合机制不能完全适应新的局面遂逐步退出历史舞台，而代之以从无意识容纳到选择性整合，尤其是以"真理标准问题大讨论"为契机的思想启蒙运动，推动全社会不断解放思想向前看，最终促成了从以"阶级斗争为纲"到以"经济建设为中心"的工作任务转移，更为紧要的是重新确立了"解放思想、实事求是、与时俱进"的思想路线，从而开启了全新的"社会整合生态"时代。改革开放30多年来，我们相继走过了一条从农村统分结合的双层经营体制为内核的家庭联产承包责任制，到城市现代企业制度改革全面推进，直到1992年的邓小平同志"南方谈话"解开了淤积在人们心中针对我国改革初期姓"社"与姓"资"的思想顾虑和困惑，以"三个有利于"作为判断一切工作成败得失的根本标准，再一次冲破禁锢人们多年的思想禁区，在新的高度破解了改革难题。随之，在城市原有的"单位制"整合机制不断弱化，并最终退出历史舞台，而以"四个全面"引领的新社会整合机制正焕发出勃勃生机，促进了社会流动性增强、经济活力释放、新社会阶层逐次孕育生成、社会结构日益多元并由传统社会"三明治"化身为改革开放新时期"千层饼"，在我国经济社会生活中日益发挥不可替代的独特而重要作用。与此同时，党的"长期共存、互相监督、肝胆相照、荣辱与共"的统一战线策略，更是鼓舞和促进了统战人士的有中国特色社会主义建设积极性。新时期，在科学发展观和"创新、协调、绿色、开放与共享"为核心的"五大发展新理念"指引下，旨在"两个一百年"奋斗目标和实现中华民族伟大复兴中国梦是对转型期我国社会发展进步历史方位的科学判定，是凝聚共识、

---

① Claude Ake, Political Integration and Political Stability: A Hypothesis Author, World Politics, Vol. 19, No. 3 (Apr. 1967), p. 486.

攻坚克难的精神旗帜和政治宣言，并为此注入社会整合强大持久的发展动力。

第三节　转型期中国共产党对社会整合的探索与实践

作为"超大型文明古国"的中国曾经在人类历史上创造了光辉灿烂的政治经济和社会文明。其中的大唐"贞观之治"和清中期"康乾盛世"更是开创了我国传统社会的鼎盛时代，只是到了晚清末年，尤其是1840年的鸦片战争之后，传统中国社会被西方列强排斥在了现代化的大门之外，并逐渐陷入了半殖民地半封建社会深渊。无数胸怀国家前途、心系民族命运的仁人志士前仆后继，用近代百年时间苦苦寻觅国家与民族振兴之出路，俄国十月革命一声炮响终于迎来了中华民族伟大复兴曙光，重担历史地落在了以马克思主义为指导思想的中国共产党肩上。此后，党的历代历届中央领导集体都坚守以"国家富强、民族振兴与人民福祉"为己任，坚持不断着力于制度创新、机制升级等社会整合探索与实践，不断总结社会主义建设的经验与教训，为构建有中国特色"充满活力、富有效率且开放科学"的新社会整合机制体系奠定了坚实基础。

一　党的第一代领导集体实现社会整合的探索与实践

根据社会整合机制的执行力可以分为硬整合与软整合，前者体现为强制性社会控制手段，基于以武力、强权和物质性的权力作为后盾，而软整合体现为柔性调控方式，主要依靠社会舆论、思想教育以及社会心理来引导和控制。追求社会和谐始终是社会整合重要目标和首要任务。求同存异、多元共存以及多维互动实现动态的社会整合是其工作原理。党领导的新民主主义革命成功以后，国家经济社会发展百废待兴。为了尽快建成社会主义，党的第一代领导集体对如何实现社会整合进行了艰苦探索与反复实践。为此，新中国构建了一套强有力的"党政军"一体化的中央计划整合体制，以"城市单位"和农村"人民公社"为载体，通过全面的社会控制，集中全社会的人力和物力资源，以重构松散的传统社会，在"一体两翼"的社会主义总路线引领下，以一元化主导的"社会运动改造式"机械整合路径，借助于"三大改造"和"集体化"的强大组织网络结构，辅之以严格的户籍管理和单位福利制度，将权力延伸至社会系统各层面各角落，最终确立由国家主导的计划分配秩序，实现意识形态上的思想教育和群众运动，社会关系上的城乡二元对立，以及固化的社会结构，就这样促成了高度同质化的刚性社会整合系统。

（一）关于正确处理人民内部矛盾总命题的提出

新中国成立后，受限于当时国内外的复杂境遇，新生的人民共和国不得已效仿的苏联体制的建设社会主义模式就成了必然选择和唯一出路，就这样开始了社会主义建设的第一个五年计划时期（1953—1957）。1956年，赫鲁晓夫在苏共二十大上一意孤行发表了反对斯大林的"秘密报告"，这在共产主义世界掀起了轩然大波。为此，从1956年春开始，毛泽东同志根据马克思主义基本原理、立场、观点和方法，在参照苏联社会主义建设经验教训与成败得失基础上，立足基本国情，着眼国内外形势变化，从不同视角和维度深入探索和反思社会主义时期的社会矛盾问题，相继撰写了《关于无产阶级专政的历史经验》、《再论无产阶级专政的历史经验》、《论十大关系》以及《关于正确处理人民内部矛盾的问题》等一系列光辉著作，第一次对社会主义社会"基本矛盾"命题明确作出概括和昭示，在社会主义阶段的社会基本矛盾仍然是"生产关系和生产力之间的矛盾，上层建筑和经济基础之间的矛盾"。当然社会主义社会的"基本矛盾"同旧社会的"基本矛盾"具有截然不同的性质差异，因为社会主义生产关系比较旧时代生产关系更适合和助推生产力发展的巨大正能量，就能够护佑生产力以旧社会所没有的速度迅猛发展。这样社会主义的"基本矛盾"就可以通过社会主义制度的不断完善以更好地适应生产力和经济基础的客观发展要求。毛泽东同志在其著作中强调指出，社会"基本矛盾"是推动社会运动和发展的根本动力，承认社会矛盾的客观存在是正确化解社会矛盾的基本前提，矛盾对立统一的客观存在彰显了社会主义社会的内在规定性，是推动社会发展的内在动力与重要"推手"。毛泽东同志基于个体间阶级关系视角将社会矛盾划分为，敌我矛盾和人民内部矛盾两类不同性质的矛盾，并且采取各自不同的解决路径。凡属人民内部的矛盾问题，只能用动态、发展和具体的观点，以及民主、讨论和批评的方法与说服教育的方法去解决，也就是用"团结—批评—团结"的普遍公式作为解决人民内部矛盾的基本方法。① 在社会科学与文化工作方面采取"百花齐放与百家争鸣"的包容方法，而在处理中国共产党与各民主党派的关系上采取"长期共存与互相监督"的平等协商民主方法，有助于释放社会张力，维护社会团结。而法治作为现代政治文明的主要标志，也是维护社会稳定的"调节器"。法律是一种社会行为准则。有效化解社会矛盾的过程实质上就是运用现代化的法治手段实现社会有效整合的过程。

（二）社会矛盾化解实践与经验教训

改革开放的实质是一种制度变迁与理念创新。新常态下，伴随"新五化"运动的深入推进，我国正处于改革攻坚期与社会急剧转型期，不仅历史上积累的社会矛盾日益凸显，而且还涌现出许多不确定的社会风险和问题，新旧社会矛盾交织、叠加与聚合，呈现为社会利益结构大幅调整，公民利益表达意识明显增强且渠道与方式多样化，城乡与区域发展极不平衡，导致转型期我国社会矛盾展现为错综复杂性、较强连带性以及较大生长空间。因此，有学者认为，我国现阶段社会矛盾的内在特征聚焦于"民生问题"②，应着力于构建社会公正为根本途径、民生保障体系为有效举措以及法治社会建设为制度保障的社会矛盾有效治理机制体系。其中治理是多元主体，面向社会问题与公共事务的正式或非正式协调，以及持续互动的行动过程。体系是由若干相关系统构成的具有特定功能的有机整体。由此，国家治理体系可以分解为系统、结构和层次等三维向度，具体化为由政治权力、社会组织、市场经济、民主法律、思想文化等系统，以及治理理念、

---

① 毛泽东同志关于人民内部矛盾学说第一次提出了"社会主义社会的基本矛盾"概念和原理，为正确处理人民内部矛盾奠定了理论基础，提出了基本任务，为划清是非提供了学理依据，初步建构了一个科学正确解决人民内部矛盾的方法体系，具有重要的现实意义。毛泽东：《毛泽东著作选读》（下），人民出版社1986年版。

② 吴忠民：《中国现阶段社会矛盾本质是民生问题》，《光明日报》2013年8月13日。

治理制度、治理组织和治理方式等四个层次构成的有机整体，表征社会历史发展过程中，我国在经历了计划经济时代传统行政管制的社会治理模式、改革开放和市场经济发展时期新公共管理社会治理模式"两个范式"之后，目前已迈入新世纪治理体系现代化的社会整合状态。由此，转型期我国社会整合必须立足于国情、政情、社情与民情，要具有中国特色，充分发挥政府在国家治理中的主导作用，致力于创新社会治理体制，坚持科学治理、民主治理、制度治理与中国特色等四项原则，牢固树立目标理念、助力依法治国推进顶层设计、突出制度建设、驱动各项改革并夯实社会基础，[①] 着力建设社会主义国家治理体系现代化。社会保障是社会"安全网"与经济调节"稳定器"，享受社会保障是宪法规定的公民基本权利。民生问题事关和谐社会建设的必要条件，民生整合重在社会保障，以"保基本、兜底线、补短板与促公平"的治理理念着力推进保障与改善民生，推进"全覆盖、多层次"的城乡社会一体化，以增强"公平性、适应流动性、保证可持续"为重点，以消除权利差别并均等公正的资源分配与劳动就业制度，以及统一且完备的社会保障制度，这样社会矛盾就会化解于无形。

（三）不懈探索和增促社会整合制度科学化

转型期，我国社会整合逻辑思路是，运用自下而上的以最大化效益规避风险和成本方式，从1979年开始基于外生输入型驱动，选择重点且孤立领域然后单刀切入标志改革正式开启，以"摸着石头过河"的探索精神，通过"大胆建设、小心求证"的技术路线，先进行改革试点，然后总结经验逐步达成共识，再拓展、延伸和全面实践。从农村改革到城市推广，其间通过试错、纠错和调适机制不断校正整合方向与目标，同时结合改革状况和国家发展战略需要于1992年开启经济市场化取向改革，改革成效立竿见影，随后在保持政治稳定和社会进步的前提下，以政府高度干预之手，强力推进经济社会转型发展与快速提升，并于2001年加入世界贸易组织，全面融入全球化的深度上层层递进，循

---

① 许耀桐、刘祺：《当代中国国家治理体系分析》，《理论探索》2014年第1期。

环往复的社会整合历程,在实践中孕育生成的"中国模式"① 尽显社会整合正能量,一步步驱动我国从1978年的国民经济濒临崩溃,到如今"一不小心"一跃而成为世界第二大经济体的波澜壮阔的生动图景,充分展示了转型期我国所遭遇的"立体型困惑"及其与之相适应的"立体式改革运作",此时应着力于化解"中等收入陷阱"和避免陷入"修昔底德陷阱"② 是转型期我国社会整合不期而遇的新课题。

总之,我国的社会主义建设是在承继旧中国留下的"一穷二白"基础上起家的,为了尽快实现"国家富强、民族自强和人民福祉"中国梦,我国开始社会主义建设不懈探索。1956年党的八大确立了正确的社会主义建设路线,未曾料想的是,苏共二十大的"去斯大林化"运动和波匈事件,出奇意外地彻底扭转了社会主义建设的正常轨迹。使党的八大报告做出关于我国现阶段的主要矛盾是人民日益增长的物质文化需要与落后的社会生产力之间的矛盾转变为"阶级斗争为纲",由此使社会主义建设正确路线发生了偏转。历史孕育着真理,过往的经验升华为后世的鉴诫。党的第一代领导集体整合社会矛盾过程中走过的弯路

---

① "中国模式"也叫"北京共识",最早由美国人雷默于2004年提出。学者们从上下五千年来理解中国模式的文化根基与民族底蕴。美籍日裔学者福山在其《现代政治秩序的起源》中指出,秦汉时期的中国是世界上第一个现代国家。中华文明复兴是实现中华文明从传统农耕文明向工业信息文明转型、从内陆文明向海洋文明转型、从地域性文明向全球性文明的复兴、转型与创新的"三位一体"。因此,法国启蒙运动领袖伏尔泰曾将中国描绘为"世界上治理得最好和最智慧的国家"。可见,中国模式的内涵结构展现为,经济发展层面的"五个统一":这就是看得见的手与看不见的手的有机统一,效率与公平有机统一,改革与开放有机统一,快速发展与可持续发展有机统一,短期目标与长期目标、局部目标与全局目标有机统一。国家治理层面的"四个统一":民主与集中有机统一,摸着石头过河与顶层设计有机统一,循序渐进与跨越式发展有机统一。以及文明复兴层面的"四个统一":传承与复兴有机统一,开放与包容有机统一,追赶与超越有机统一。有鲜明特色的中国模式也呈现出确定性与开放性的世界性意义,还原了世界多样性,启迪了西方发展模式,激励发展中国家不断赶超。从实践中看,中国模式是既发展中国又造福世界的和平发展模式。王义桅:《中国模式既发展中国又造福世界》,《人民日报》2014年11月11日。

② "修昔底德陷阱",源出于古希腊历史学家修昔底德的代表作《伯罗奔尼撒战争史》中讲述了作为新兴强国的雅典和既有强国的斯巴达之间争夺霸权而兵戎相见的典故。有学者统计,人类近代历史上总共有过15次新兴大国的崛起,其中11次最终引发了战争。2014年1月22日,习近平主席在中美专访中基于哲学层面上引用该典故,旨在强调中国没有霸权基因,昭示了和平共荣道路与中国梦的光明前景。百度百科:《修昔底德陷阱》(http://baike.baidu.com/view/10758176.htm?fr=aladdin.2014-04-10)。

和教训为党的第二代领导集体开创改革开放新时代的社会整合奠定了坚实基础。

二 党的第二代、第三代领导集体在改革中的社会整合探索与实践

随着新中国成立初期"三大运动"的顺利推进和我国第一个"五年计划"的提前完成,标志着国民经济步入正轨。1956年开始进入社会主义建设时期,由于种种原因,我国的社会主义建设实践一度偏离了正确轨道,并且走上了一条以"阶级斗争为纲"的左倾路线,给党和国家的社会主义建设事业造成了难以挽回的损失,当然这也许是我国进行社会主义建设探索本应付出的代价,这种情况一直持续到20世纪70年代末,终于吹来了改革开放的春风。以邓小平同志为核心的党的第二代领导集体以改革作为社会整合契机不断调整社会关系,走上了一条建设有中国特色的社会主义道路。

(一) 改革是对社会利益再调整

市场经济理论奠基人斯密在其代表作《国富论》中提出,追求利益是人类的天然禀性,个体都在努力为自己所能支配的资本利益找到最有利的前途。但他对自身利益的研究注定会引导他选择最有利的社会用途。[①]改革是把被遮蔽与被扭曲的、落后不合理的、影响生产力和经济基础发展的生产关系及其上层建筑予以重新梳理和改善,使之恢复到本真面貌并趋于合理的具有历史性进步意义的改良行为,其唯物史观阐释是对生产力与生产关系、经济基础与上层建筑不相适应的调整。改革不同于革命,改革是执政者主动实施旨在维护和巩固既定统治秩序的一种自上而下的相对平缓与和平的社会整合方式;而革命一般是由群众发动的旨在建立新制度自下而上的相对动荡与暴力的社会整合方式。从社会学范畴来说,社会整合水平表征化解社会冲突,调解社会矛盾,促进社会良性运行,并据此产生推动社会有序发展强大聚合力的一种能力体现。

改革映射主体间"利益"博弈,以及权利逐步调整和制度变迁的

---

① [英]亚当·斯密:《国民财富的性质和原因的研究》(下卷),郭大力、王亚南译,商务印书馆1974年版。

政治发展过程。改革的拖延与突破是体制变革的主要动力和阻力角逐的结果，而危机与冲击下利益集团之间的妥协是改革推进的主要诱因。在中国 30 多年来渐进式的体制转型中，既有顺利的、快速推进的成功范例，也有因无法解决日益严重的利益和冲突而引致改革延迟、搁浅抑或陷入僵局状态。危机和体制转型之间不存在一种决定性的关系，但危机加快改革却是不争的社会事实。作为原始型创新逻辑起点的直觉式创新源自个体的天赋特长。对个体权利的本能尊重是原始创新的根本动力。除此以外，还需要全新的知识架构与创新发展新理念、创新人力资本发展战略、维护个体竞争间的合作关系、新资源配置观以及良好的法治环境。① 我们知道，世间万物，唯有科学乃是"我们自主的源泉"。② 除此，没有其他获得自主的手段。习近平同志指出，我们的"人民热爱生活，期盼有更好的教育、更稳定的工作、更满意的收入、更可靠的社会保障、更高水平的医疗卫生服务、更舒适的居住条件、更优美的环境，期盼孩子们能成长得更好、工作得更好、生活得更好"。可见，加大"定向降准"有利于调结构、突出重点、控风险与综合施策稳增长。并在深化改革增动力、精准聚焦惠民生、依法治国优环境与从严治党强保障的协同推进中实现社会整合科学化。

（二）改革是全方位的社会整合实践与探索

改革旨在发展社会生产力、增强社会活力、促进人的全面发展上显示社会主义比资本主义制度更有效率，更能激发全体人民的积极性、主动性和创造性，更能为社会发展创造有利条件，更能在竞争中赢得比较优势，把中国特色社会主义制度的优越性充分释放出来。改革就是要提升治理能力和治理体系的现代化，使其与改革开放和发展同步。社会治理是国家制度及其执行力的集中展现。治理国家中制度具有根本性、全局性和长远性作用。国家治理体系和治理能力的现代化是马克思主义国家学说的重要创新与持续发展，是中国特色社会主义政治发展现代化的必然要求。

---

① 方竹兰:《原始型创新需要社会自治》（http://city.ifeng.com/special/cssl05/20140324//40624-40.shtml. 2014-03-24）。

② Emile Durkheim, Moral Education. New York: The Free Press 1961. p. 24.

为此，必须把国家治理体系和治理能力现代化置于广阔世界背景中、放在近代以来我国社会变革的历史进程中去思考，解决好制度模式选择路径，同时要以社会主义核心价值体系为基础的国家先进文化为指导，进一步解放思想，努力冲破不合时宜的旧观念束缚；在依法治国基础上加强顶层设计，从战略上谋划国家治理体系的现代化；要以经济体制改革为引擎，正确处理政府、市场和社会的关系；要着力加强民主政治和法治化建设进程，积极推进人民代表大会制度的与时俱进；要认真总结地方治理改革创新经验，及时将优秀的地方治理创新经验和做法上升为国家制度；要结合我国具体国情，积极学习借鉴国外政府治理和社会整合的先进经验等多维向度基本思路。总之，社会整合就是要着力于通过推进国家治理能力和治理体系的现代化，发展和完善中国特色社会主义制度，适应国家社会整合现代化总进程，实现党、国家和社会治理制度化、规范化与程序化，不断提高运用中国特色社会主义制度有效推进社会整合的能力，为党和国家事业发展、为人民幸福安康、为社会和谐稳定、为国家长治久安设计更完备、稳定而又管用的社会整合制度体系。正如费孝通先生在其《差序格局》中认为，传统社会道德是以己为中心与别人所联系而生成的有亲疏远近的社会关系。我国传统社会作为典型农业大国，在小农主导经济模式下，社会结构简单，主要表征为地主阶级和农民阶级。五四运动以后，我国社会结构布局升级为工人阶级、农民阶级、民族资产阶级和城市小资产阶级。新中国成立后阶级结构逐步演变为"两个阶级、一个阶层"，到改革开放后，阶级结构快速更新。转型期着力优化社会结构，培育以中产阶层和中等收入为主的"纺锤形"社会结构，促进作为社会缓冲器的公民意识和社会组织发育，促进社会保障和公共服务体制的建立与完善。

（三）改革开放新时期社会整合机制的发展和完善

古希腊哲学家苏格拉底（Socrates）认为思维着的人是"万物的尺度"。而历史不是把主体视作达成目的的工具来利用的特殊人格，历史"不过是追求着自己目的的人的活动而已"[①]。而管理学大师德鲁克（Peter Drucker）指出，社会转型期"最大的风险在于按照惯常的逻辑

---

① 《马克思恩格斯全集》（第2卷），人民出版社1960年版，第118—119页。

行事"。转型期以"经济建设为中心",价值目标导向"利字当头",盲目依赖利益驱动和竞争机制、过分功利化、利益化的价值引领导致人心混乱以及社会溃败。由于我国长期以来对户口严格管理惯性,折射户口在我国社会生活中的极为重要性。各级管理主体借助户口信息进行宏观和微观的社会整合与治理,以及个体的公民权利和福利保障,在客观上制约农民市民化和城乡发展一体化发展。① 转型期,有中国特色社会整合需要处理好解放思想与实事求是、整体推进与重点突破、顶层设计与摸着石头过河、胆子要大与步子要稳以及改革发展稳定等五大辩证关系,着力推进科学设计和完善社会整合机制。党的十八大报告科学设定了完善"体制改革协调机制,统筹规划和协调重大改革"再出发的逻辑起点,其指向改革最终目标的科学诠释和权威界定,旨在坚决破除妨碍科学发展的思想观念与体制机制弊端,构设"系统完备、科学规范和运行有效"的社会整合机制体系,使各方面体制更加定型更加成熟且更加清晰的社会整合"中国模式"。

1. 着力构建覆盖城乡且惠及全体国民的兜底性基本社会保障体系

经济新常态下,我国处于转型期的增长速度换挡期、结构调整阵痛期和前期刺激政策消化期这"三期叠加"的重要历史关口,存在"利益、制度、文化及价值"等四个深层次的"社会结构性张力",传统体制性障碍犹存、渐进改革历史局限、利益分割格局的形成以及牵一发而动全身的复杂社会生态,使得我国社会保障制度事实上又面临着日益扩张的社会风险、制度风险与信用风险,同时社会公平正义性不足导致矛盾与冲突加剧的社会风险在不断积累,表征我国已进入风险社会。均衡责任与增强互济性,以确保我国社会基本保障机制的可持续性。加快顶层设计与法制建设,让社会保障真正为全体人民提供稳定的安全预期。构建覆盖全民城乡一体化的统一基本医疗保险制度,对城乡居民申请社会救助给予平等赋权,以消解城乡分割二元体制。分类分层推进养老保险,统筹社会福利事业的公共资源与服务设施,真正实现社会化发展。

---

① 党的十八大以来,以习近平同志为总书记的党中央高度重视户籍制度改革,积极推进基本公共服务均等化建设,目前正着手全面实行居住证制度,除了特大城市以外取消落户限制,以逐步消解附着在户口上的城乡二元分割和不平等待遇。

深化行政体制与机构改革，优化调整资源配置方式与路径。实现社会保障体系从选择型追求普惠制度安排走向全面公平普惠型制度安排的重大转变，进一步强化制度的激励、预防和保障功能，使城乡居民都能够同等程度地享有公平、可持续以及法制化且多层次全覆盖的社会基本保障体系。① 切实增促民生持续改善、居民消费良性扩张②以及就业持续增长、社会安定和谐与经济社会协调发展。

2. 着力打造权力运行的制度化与规范化机制

要求政府、市场和社会治理有完善的制度安排和规范的公共秩序。毕竟，良好的国家治理，制度是决定性的关键。为此，党的十八届三中全会《决定》首次提出了"国家治理体系和治理能力现代化"的实践着力点，进一步解放思想，努力冲破不合时宜旧观念的束缚，认真总结国内外治理改革创新经验和优秀做法并及时上升为国家制度以利于推而广之。同时，加强顶层设计，根据社会发展和人民群众新要求，从战略全局统筹谋划建立和完善与中国特色社会主义现代化要求相适应的国家治理体系现代化体制机制，切实将公权力装进制度的笼子，实现权力的制度化和规范化运作。

3. 着力推进社会主义核心价值观为核心基础的国家先进文化引领价值重建

马克思主义认为一切划时代体系的"真正内容都是由于产生这些体系的那个时期的需要而形成起来的。所有这些体系都是以本国过去的整个发展为基础的"③ 历史和实践的产物。价值观是强基固本的灵魂，是中国精神和中国力量的基石。价值取舍决定治理模式选择，发展理念决定改革成败得失。现代高等教育哲学理论奠基人布鲁贝克④（John Seiler Brubacher）认为，教育是实现人类平等的伟大工具，其作用比任

---

① 郑功成：《中国社会保障制度变革取向》（http://theory.people.com.cn/n/2014/0219/c40531-24400516-4.html.2014-02-19）。

② 郑功成：《公平、可持续：社会保障制度发展目标》，《光明日报》2014年1月31日第3版。

③ 《马克思恩格斯选集》（第3卷），人民出版社1995年版，第544页。

④ ［美］约翰·S. 布鲁贝克：《高等教育哲学》，王承绪、郑继伟、张维平等译，浙江教育出版社1987年版，第156页。

何其他人类发明都伟大得多，通过教育增强价值判断力，关乎全面深化改革以及推进国家治理现代化目标的顺利实现。以"富强、民主、文明、和谐"的国家目标推进全面深化改革，"自由、平等、公正、法治"的社会理想凝聚共识的"最大公约数"，"爱国、敬业、诚信、友善"的公民准则检视个体行为，才能为社会整合树立正确的价值引领、营造良好的思想氛围、提供不竭的精神动力。而文化是不断演变与逐渐丰富融合交流交汇的过程，文化的精神重在包容，其核心是价值观，体现的是个体的精神世界，直接指向弘扬真善美，贬斥假恶丑，礼赞高尚道德情操和激发崇德向善正能量。因此，需要大力培育和弘扬以当代中国社会主义实践为基石的社会主义核心价值观，并融入日常生活与社会治理全过程。通过深化文化体制创新，注重系统推进、精准推进、重点推进，释放文化发展蓬勃活力，提高文化软实力，着力为实现"两个一百年"中国梦提供坚实经济和政治思想保障。

三 新时期新阶段的和谐社会整合探索与实践

当前，全球化指向人类命运共同体意识，世界所有国家和民族已经被纳入这一个休戚与共、互依伴生的"风险共同体"[①]。全球化的扩张，蕴含现代化浪潮在全世界的迅速蔓延。伴随我国市场化改革与城市化深入推进，利益格局调整、价值观念冲突、贫富差距扩大等问题凸显，社会公平正义进而演绎为转型期理论与实践中非常重要而现实的命题。如美国当代政治学者亨廷顿所言，致力于现代化转型国家，其首要问题是构筑一个"合法的公共秩序"。而转型期孕育的我国社会问题，在本质上呈现为农业文明尚未达顶点，工业文明尚在征程，以及信息文明迅速推进等"三维向度"的分化、整合与冲突状态，由此导致以"城市剥夺农村、工业剥夺农业"为要素的二元社会结构特征明显，这种势位差距嵌入新常态下政治、经济、文化、社会与生态等诸层面深层次变革上。并内在诠释了社会整合的实践要求、结构体系、价值准则、基本功能、维度管窥、高度凝练以及集中表达，展现了社会整合的重点突破、

[①] [德]乌尔里希·贝克、约翰内斯·威尔姆斯：《自由与资本主义：与著名社会学家乌尔里希·贝克对话》，路国林译，浙江人民出版社2001年版，第104页。

组团发展、追求卓越与实现跨越。选择性地借鉴西方成熟的社会整合理论需要转换社会整合话语体系和概念模式，不断开拓社会整合机制、载体与阵地，构建情感化、通俗化与生活化的社会整合平台，构建能够体现时代性、把握规律性、赋予创造性的有中国特色社会整合绩效科学化。新时期我国社会整合具有政府主导改革的循序渐进过程，为经济先行打下良好基础，发展方式面临多样整合与转变，以及城镇化与农民权利的价值重塑与传统回归是其重要领域等基本特点。[1]

（一）社会和谐蕴含社会主义内在特征和价值规定性

"和谐"思想本源于我国古典哲学。"和"映射宇宙中有机体并存共生与交往交融的存在状态，"谐"是自然界中协调有序的规则。"和谐"作为宇宙生命和秩序氛围的哲学象征，是世界的精神与灵魂的最高体现，表征普遍真理的倡导缔造与人类走向文明的序幕，彰显时代发展的必然，是从宏观宇宙空间到微观人类世界中不同层面与环节的协调共存的本真状态，其中，民生是和谐坚固的基础，道德是和谐内在的本根。可以说，和谐就是实现中华民族伟大复兴的根本保证。[2] 在源远流长的人类社会演进过程中，执着于"人人平等、生活幸福与社会正义"的和谐社会理想是人类永恒的希冀和美好愿景。

1. 和谐社会折射志士仁人引领社会发展的不懈追求

古希腊哲学家毕达哥拉斯（Pythagoras）的"和谐最美"和柏拉图《理想国》的"公正即和谐"思想、赫拉克利特（Heraclitus）的"对立和谐观"、莱布尼茨的"单子元素构成了宇宙的和谐"、彭加勒的"宇宙是有和谐结构的自然本体"、霍布斯的"生命就是整体的和谐运动"、魏特林的"未来的共产主义应实现全体和谐"，以及拉法兰的"21世纪思想的主流应当是和谐"等观点展现了不同时期的西方代表性思想家对"和谐"的诠释和解读。我国自古就有"以和为贵、和而不同、和实生物"的和谐社会思想。同时，建构和谐社会是中华民族的诉求主题和价值理想，在我国古典文献中有关于和谐社会的系统理论和实践举措。无论是上古尧舜禹三代社会中禅让制的王道之治，还是

---

[1] 蔡鑫：《中国的转型》，中国人民大学出版社2014年版。
[2] 巴湘：《和谐论》，世界知识出版社2010年版。

《尚书》中"百姓昭苏,协和万邦",都对"和谐"作了最早描述和规范界定。而《周易》中的"首出庶物,万国咸宁",《中庸》第三十章的"万物并育而不相害,道并行而不相悖",孔子的"和为贵",孟子的"老吾老以及人之老,幼吾幼以及人之幼",老子的"负阴而抱阳,冲气以为和;挫其锐,解其纷,和其光,同其尘"以及墨子的"兼相爱、爱无差"的美好愿景,程颐的"若致中和,则是达天理",还有《资治通鉴》中总结历代先贤治国理政经验记述,康有为的"惟人人皆公,人人皆平,故人与人大同也",以至孙中山"天下为公"的社会理想,都蕴含着建构和谐社会的理想和追求。资本主义生产关系的确立极大地释放了社会生产力,其不可避免的基本矛盾也带来社会混乱,为此空想社会主义大师相继提出了未来"和谐社会"的美好构想。法国傅里叶在其《全世界和谐》(1803)中提出了理想的"和谐制度",德国魏特林在其《和谐与自由的保证》(1842)中提出了"和谐与自由"的社会愿景,法国巴斯夏在其《和谐经济论》中提出了"所有合法的利益都是和谐的"、"一切正当的利益彼此都是和谐的"以及"社会的不和谐是掠夺与压迫的结果"的系列观点。马克思、恩格斯的"和谐社会"思想贯穿于其人道主义批判现存社会逻辑中并着力于探索实现个人自由可能性,其核心思想是其《共产党宣言》中昭示未来社会"自由人联合体"。

2. 科学发展观与"五大发展新理念"蕴含社会主义和谐社会价值指向

新常态下我国社会整合研究有助于促进社会稳定和持续发展,并着力服务于 2020 年决胜全面建成小康社会。而"小康"词源出自儒家经典《礼记·礼运篇》中极具文化象征意义,映射中国式社会传统理想。五千多年的中华历史文化与民族基因中内涵的和谐文化是中华民族的心和魂、根和体,是中华民族团结奋进的精神支柱和繁荣昌盛的智慧源泉,也是中华民族共有的精神家园。其"和"文化源远流长,深邃蕴含着"和实生物、天人合一"的宇宙观、以"和为贵"的价值观、"三不朽"的人生观、"协和万邦、天下之大道"的国际观、"和而不同"的社会观以及"人心和善、仁民爱物"的道德观。转型期始终坚持以"和"文化理念引领我国和平发展之路,实现"共谋和平、共护和平、共享和平"。① 胡锦涛同志指出，构建社会主义"和谐社会"② 是贯穿"中国特色社会主义事业全过程的长期历史任务，是在发展的基础上正确处理各种社会矛盾的历史过程和社会结果"，并从执政理念、奋斗目标、总体布局、原则旨趣、制度建设、精神支撑、国际战略和社会力量等若干向度提出我国和谐社会的构成要件是"科学发展为理念、改革开放为抉择、民主法制为基础、公平正义为核心、诚信友爱为灵魂、充满活力为机制、安定有序为条件、人与自然和谐相处"是最终状态。社会主义社会矛盾同和谐社会建设相伴始终，化解社会矛盾的过程就是社会整合不断深入推进过程，也是和谐社会的构建过程。积极培育和践行富强民主、文明和谐，自由平等、公正法治，爱国敬业与诚信友善的"和谐社会"③ 是内涵自由合理流动且良性运行的理想社会，是能够保障全体社会成员共享权益的公平与公正社会，是一个互动调适与重构社会控制机制完善的法治社会，也是能够及时消解不和谐因素的社会。转型期我国"和谐社会"思想根植于五千年深厚文化积淀，也彰显了社会主义本质特征。在科学发展观和"创新、协调、绿色、开放与共享"为核心的"五大发展新理念"指引下，加快完善社会主义市场经济体制为和谐社会提供物质基础、健全民主政治体制为和谐社会提供政治保障、加快文化体制建设为和谐社会提供精神支撑。和谐社会表征各种关系性存在的相互协调、利益的均衡与调整，其本质指向各种关系的和谐，④ 体现在经济形态上映射从商品到产品的过渡阶段，其最终目标旨在促进人的全面发展和构建"自由人共同体"。转型期我国和谐社会内在结构包含政党关系、民族关系、宗教关系、阶层关系与海内外同胞关系的和谐，具象化的策略建议是解决群众最直接的医疗、教育、就业、

---

① "和"文化理念引领中国和平发展之路（http://news.xinhuanet.com/politics/2014-05/16/c_1110731703_2.htm.2014-05-16）。

② 有学者认为，我国正在构建的和谐社会不同于哈贝马斯完全排除而来的工具与目的性活动的理想"生活世界"，而是一个生产力高度发达、社会关系极为完善和丰富的社会。韩冬梅：《西方协商民主理论研究——兼论比较视野中的中国协商民主理论构想》，中国社会科学出版社2008年版，第277页。

③ 郭轩宇：《构建和谐社会的五方面机制》，《光明日报》2010年11月4日。

④ 刘基、闫立超：《关系性存在的考察与和谐"社会"的理解》，《河南师范大学学报》（哲学社会科学版）2011年第4期。

社会保障等现实的基本公共服务问题,而社会整合科学化是简政放权释放改革红利和治国理政的重要基础,是建设和谐社会与实现科学发展的重要量度。

(二)"五个文明"建设格局的确定

"文明"① 是相较于蒙昧与野蛮的博弈中凸显地位,映射了人类基于现实性存在的价值理念追求,彰显了人类社会进步状况与发展趋势。

1. "文明"的内在价值规定性

法国历史学家基佐在其《欧洲文明史》中认为,文明是最普遍、最隐蔽且复杂的"很难描述、很难叙述的事实"②。文明不是靠单一要素支撑。文明的多彩与多样因为有交流互鉴更具显其价值。摩尔根曾经说过人类必须获得"文明的一切要素,然后才能进入文明状态"。德国哲学家雅斯贝尔斯(Karl Theodor Jaspers)在其《历史的起源与目标》(1949)中首先提出并完整诠释了文明的"轴心时代"范畴,在公元前500年前后,东西方几乎同时诞生了伟大思想家,他们表达了对人类关切的根本问题和独到见解,人类一直"靠轴心时代所产生的思考和创造的一切而生存,每一次新的飞跃都回顾这一时期,并被它重新燃起火焰"。而美国政治学家亨廷顿教授在其《文明的冲突与世界秩序的重建》中阐释的"文明冲突论"把全球划分为西方文明区、拉美文明区、东正教文明区、穆斯林文明区、中华文明区、印度教文明区、日本文明区、非洲文明以及佛教文明地带等在内的8个多样化文明区域。③ 可见,文明作为一种法政制度和公共文化,正如华东师范大学许纪霖教授所言,现代性是一种新的轴心文明,是一种价值中性的能力和秩序,它

---

① 有学者指出,"文明"区别于野蛮处在于文明人会"理解自己信念的相对正确性而又毫无畏惧地支持它",野蛮人则不然。[美]约瑟夫·熊彼特:《资本主义、社会主义与民主》,吴良健译,商务印书馆2000年版,第360页。

② [法]基佐:《欧洲文明史:自罗马帝国败落起到法国革命》,程洪逵等译,商务印书馆2005年版,第5页。

③ 余秋雨先生在其《出走十五年》文明的碎片(序)中指出,文明是对琐碎实利的超越,是对各个自圆其说的角落的总体协调,是对人类之所以成为人类的基元性原则的普及,是对处于日常迷顿状态的人们的提醒。也有学者认为,文明的多元多样性表征为事实价值、差异性存在的演变、文化伦理以及政治论辩。单世联:《文化多样性的内在结构和意义内涵》,《中国社会科学报》2014年6月18日。

可以孕育不同的轴心文明与意识形态，从而生成转型期多元多样的现代性文明。在全球化视域下，文明的交流与影响进一步加强，互动效应也更为明显。

2."五个文明"建设格局的逻辑生成与历史流变

马克思主义是我国社会主义的指导思想，从"五个文明"格局的历史流变可以清晰地看到，马克思主义与我国"传统文化"的结合已经渗透于党领导全国人民提升社会文明程度的奋斗目标，这既使每个人尽享人生出彩机会，又过上体面而有尊严的生活。党的十一届三中全会，实现了党和国家工作重心的战略转移。党的十一届六中全会决议表征党的文献中第一次明确提出社会主义精神文明科学概念，要逐步建设高度民主的社会主义政治制度和高度的精神文明。党的十二大报告第一次把"两个文明"一起抓，作为建设社会主义的战略方针提了出来。党的十二届六中全会第一次从社会主义现代化建设战略全局，全面部署"经济、政治和文化建设"的现代化事业总体布局。党的十三大报告第一次把"三个文明"纳入了党的基本路线范畴。党的十四大报告进一步把"三个文明"建设纳入了中国特色社会主义理论体系。党的十五大报告第一次把"三个文明"纳入了党的基本纲领，而且把"三个文明"作为一个相互统一和联系的有机整体进行部署。而社会主义政治文明的科学内涵，最初是江泽民同志在2001年全国宣传部长会议上首先提出的，并且在当年的"5·31"讲话中作了明确阐述，发展社会主义民主，建设社会主义政治文明，是社会主义现代化建设的重要目标。党的十六大报告第一次把政治文明作为现代化建设的基本目标之一并载入党的文献，这就是物质、政治和精神"三位一体"文明协调发展新观点。2005年，胡锦涛同志在省部级主要领导干部专题研讨班上提出，经济、政治、文化与社会建设"四位一体"文明新概念。党的十八大报告提出政治、经济、文化、社会与生态文明在内的"五位一体"文明新思想。党的十八届三中全会进一步提出，建设政治、经济、文化、社会、生态文明以及党的制度建设科学化水平的最新论述。从"五个文明"的内在结构审视其辩证逻辑关系，物质文明是基础、政治文明是保证、精神文明是动力、社会文明是条件、生态文明是前提。同时，五个文明的发展与演进轨迹是遵循一定顺序，并不是一蹴而就的，其中前一个文明是后一个文明的前提和基础，而后一个文明是前一个文明的展现与升华，二者生成双向互动关系。① 以社会主义核心价值体系引领"五个文明"建设，用理想的旗帜搭建价值创造体系并标注青春的高度，为实现"两个一百年"美好图景和中华民族伟大复兴中国梦贡献正能量。

3. 科学发展观、"五大发展"新理念与社会整合

"发展"概念初源于生物胚胎学范畴，表达生命演进轨迹。古今中外，发展问题始终是人类社会的永恒追求、包容性命题和时代主题。到了近代，随着社会经济总量扩大，作为经济增长代名词的"发展"概念得到普遍运用。而发展观是人类基于以往发展的经验总结和未来发展愿景的基本观点，表征发展道路、发展战略和发展模式，旨在促进科学技术进步、自然环境改善、社会环境完善和人文环境优化。发展观概念的演变折射人类社会生产力不断提升。其中发展是发展观的核心范畴，发展观是发展理论的深层架构和精神指向，为了达成社会整合目标，不同时代、不同地域、不同历史文化背景下孕育生成各具特色的"发展观"②。从时间轴纵向回顾发展观演变三阶段，从最初单纯经济增长的发展，到考量环境问题是人类社会发展重大问题，再到将环境与经济发展结合起来的以人为本可持续发展观，展示了人和自然共同进化的世代伦理及效率与公平兼容思想。

第一，发展观的历史溯源与科学发展观的出场。发展观源自人类对自身反思和基于摆脱经济停滞，执着于以人为本、保护资源和全面进步的结果，主要有经济增长发展观、社会综合发展观、可持续发展观、科学发展观以及"创新、协调、绿色、开放与共享"为核心的"五大发展"新理念。其中可持续发展观表征发展观嬗变的新视界，最早由罗马俱乐部在《增长的极限》中明确提出，并由1987年联合国环发委发布的《我们共同的未来》中正式提出了这一概念，直到1992年做出了科学界定并达成共识。一般认为，可持续发展就是既能满足当代人需

---

① 苏星鸿、刘基：《试论马克思主义文明观及其方法论意义》，《党政论坛》2014年第5期。

② 颜晓峰、谈万强主编：《发展观的历史进程》（上下卷），人民出版社2007年版。

求，又不对后代人满足要求能力构成威胁的发展。如郑杭生教授所言，可持续发展的追求与坚守是整体的，彰显其发展过程为均衡性和非均衡性的辩证统一。① 我国历史上具有国家形态的社会发展阶段肇始于先秦时期夏商周三代。到 19 世纪西方坚船利炮重开天朝大门的传统社会崇尚宗法血缘制度、重农抑商政策、儒家的"为政以德、天人合一"、以刑去刑、无为而民自化的"民为贵、社稷次之、君为轻"等内圣外王思想，意识形态上的中央集权制，以及选人用人的举荐制、九品中正制和科举制是推动和创造历史发展的直接动力。西方古代社会是人类理性与法治文明的发祥地，古希腊罗马社会更是诞生了像毕达哥拉斯、色诺芬、苏格拉底、柏拉图、亚里士多德等一批人类启蒙思想大师。他们心中理想的发展观展示为，美德就是知识、强调劳动分工对于个体全面发展的重要性、社会建设的"理想国"，以及中产阶级占主导的法治思想。其中以英国的科学理性、自由民主和市场竞争，法国的自由、平等和博爱，以及德国的精神演进，美国的新教伦理等为代表。第二次工业革命极大地推动了资本主义发展，随着资本主义基本矛盾接踵爆发，促使人们开始反思既往发展模式，遂在思想领域宣扬重建人文理性和自由秩序以及改良主义；在经济政治领域，主张追求经济增长的发展观，并强调国家对经济给予必要干涉的凯恩斯主义，尤其是法国著名经济社会学家佩鲁（Francc – edilois Perroux）在其《新发展观》（1983）中奠定了新综合发展观的理论基础。该理论认为，社会是一个由人口、环境、政治、经济、文化及其相关关系组成的有机整体，而发展应该是具有整体的、内生原发与综合的发展。新综合发展观的出炉标志着人类发展理念的重要跃迁。马克思主义认为，社会生产是人类全部历史和活动的基础，生产力是推动社会发展的最终决定力量，社会基本矛盾运动是社会发展的基本动力，人民群众是社会发展的主体，而社会发展表现为社会形态的更替。同时还认为，社会主义是资本主义发展的归宿，并提出了以"和谐发展"为实质的协调社会发展观，其核心是以人的自由全面发展为价值取向。苏联的发展理论相继经历了从列宁的社会发展和谐统

---

① 郑杭生：《从传统向现代快速转型过程中的中国社会》，人民出版社 1996 年版，第 10 页。

一观，斯大林高度集权的社会主义发展模式，一直到戈尔巴乔夫的"新思维"发展观画上了句号。我国的社会主义革命和建设坚持马克思主义发展观指导和引领。以毛泽东同志为核心的第一代中央领导集体探索了我国社会主义建设规律，并提出依据本国国情自力更生，走自己的路，以及正确处理人民内部矛盾、统筹兼顾各方利益关系的重要思想。党的十一届三中全会后形成的以邓小平同志为核心的第二代中央领导集体为了加速推进我国现代化进程，提出建设有中国特色社会主义发展理论，并强调社会主义根本任务就是解放和发展生产力，坚持以经济建设为中心、发展是硬道理、计划和市场都是资源配置手段等思想，为建立有中国特色社会主义市场经济体制奠定了坚实基础。党的十三届四中全会确立以江泽民同志为核心的第三代中央领导集体着眼于国内外格局深刻变化，提出了发展是党执政兴国的第一要务思想。党的十六大以来，以胡锦涛同志为核心的党中央领导集体，在科学研判和正确把握当代中国发展时代性背景和阶段性基础上，通过深刻总结和不断反思社会主义建设与发展的实践经验和科学价值基础上，在批判性借鉴古今中外有关发展文明成果的基础上，科学提炼、梳理归纳出用以指导发展世界观和方法论的"科学发展观"思想，而党的十八届五中全会提出以"创新、协调、绿色、开放与共享"为核心的"五大发展"新理念进一步开阔了发展视野、丰富了发展内涵、拓展了发展路径、创新了发展模式，是马克思主义发展理论研究和创新建设的最新标志性成果，其内涵博大精深，是实现"两个一百年"宏伟蓝图，旨在中华民族伟大复兴中国梦的根本指导思想。

第二，科学发展观和"五大发展"新理念助推转型期社会整合科学化。发展的主体和动力指向人，人才是发展的永恒目的和最终目标。科学发展观映射执政党社会整合根本理念的转型与变迁，符合人类社会从旧式现代性到新型现代性的发展潮流，以增促社会进步，减缩社会代价的发展趋势，落实的关键策略是调整资源配置方向、强调互利双赢。科学发展观是走向更加公平、安全、和谐、富裕与开放的小康社会重要着力点。我们党为了实现国家富强、民族复兴和人民福祉的中国梦，对发展观做了不懈探索和实践，以毛泽东同志为代表的中国共产党人提出了走中国人自己的道路、同时保持国民经济平稳协调发展以及建设

"四个现代化"社会主义强国为发展总目标。以邓小平同志为代表的中国共产党人提出了"发展是硬道理"。以江泽民同志为代表的中国共产党人提出了发展是"党执政兴国的第一要务"。以胡锦涛同志为代表的中国共产党人提出了"科学发展观",其核心是坚持"以人为本,树立全面、协调、可持续的发展观,促进经济社会和人的全面发展",按照"统筹城乡发展、统筹区域发展、统筹经济社会发展、统筹人与自然和谐发展、统筹国内发展和对外开放"的要求推进各项事业改革和发展的科学方法论,也是中国共产党的重大战略思想。科学发展观坚持"以人为本"的发展宗旨,并将"以人为本"作为发展的本质和核心内容。而以习近平同志为代表的中国共产党人提出以"创新、协调、绿色、开放与共享"为核心的"五大发展"新理念助推"发展内涵"更加丰富,涵盖范围更加广泛。在"发展的结构"上,确立"五位一体"的发展格局和模式。可见,中国共产党人坚持的发展是追求提高质量效益、推进转型升级与改善人民生活的全方位深层次且行稳致远的实实在在的发展,是有益于改善人民生活的发展。

总而言之,马克思主义认为,作为意识形态的生产者统治和调节着社会的"思想的生产和分配"[①]。科学发展观和"五大发展"新理念是今后一段时期党的指导思想,映射了党对人类社会发展规律、社会主义建设规律、共产党执政规律和当代中国发展规律的最新认识成果。因此,转型期社会整合只有与我国国情相结合,与时代发展同进步,与人民群众共命运,才能焕发出强大的生命力、创造力与感召力。回顾人类文明与全球现代化进程,自16世纪以降,全球科技界孕育了"五次科技革命",由此驱动世界经济演绎了"三次产业革命"。当前,转型期"第六次科技革命"[②]将是一次"新生物学和再生革命",我们只有超前布局、抢占制高点、掌握核心技术,才能赢得主动立于不败之地,才能加速中华民族伟大复兴。现代化在发展,转型依旧。改革没有休止符,社会整合前路正常而任重道远。基于社会和谐与公平正义之上,构建国家富强、民族复兴和人民幸福是转型期我国社会整合的永恒主题和

---

① 《马克思恩格斯文集》(第1卷),人民出版社2009年版,第551页。
② 何传启:《第六次科技革命的三大"猜想"》,《科技日报》2014年5月3日。

基本理念。坚持"中体西用",积极扬弃的马克思主义方法论,着力熨平西方社会整合学术话语霸权,以此打造有中国特色社会整合机制体系主动权,着力探寻其机制渊源和内在机理,以把握彼时之治理架构及其所形成的秩序,依靠改革创新,越过结构调整的坎,攀爬转型升级的坡,旨在形成有中国特色社会整合生态"风景这边独好"。同时,直面经济下行压力,坚持和发展中国特色社会主义,构设多层次社会整合机制体系,作为化解我国现代化和转型陷阱的重要抓手,助推社会整合模式从一元到多元、从单一到复合、从管理到治理、从控制到服务、从单向到双向、从单功能到多功能、从改造式到总体式的多集群转型升级更新版,以驱动国家治理体系和治理能力现代化的科学有效性维度发挥独特作用,为实现"两个一百年"奋斗目标和重建中华民族伟大复兴"中国梦"的宏伟蓝图征程中提供公序良序保证,同时着力避免"修昔底德陷阱",以此回应与消解"中国威胁论"和"中国失去动力论",最终指向马克思主义关于人的全面和谐发展与"自由人联合体"与合理社会结构美好愿景。

第五章 转型期我国社会整合目标、任务与基本原则

目标映射个人、部门或组织所期望达到的境界或目的。恩格斯说在社会历史领域内进行活动的，全是"有意识、经过思虑或凭激情行动的、追求某种目的的人，任何事情的发生都不是没有自觉的意图，没有预期的目的的"。① 原则不是"研究的出发点，而是它的最终结果；这些原则不是被应用于自然界和人类历史，而是从它们中抽象出来的；不是自然界和人类去适应的原则，而是原则只有在符合自然界和历史的情况下才是正确的"。② 面对新形势、新任务和新要求，转型期我国社会整合要"敢于啃硬骨头"，应着力反映社会呼声、回应社会诉求、解决社会期盼，着力提高社会整合绩效，进一步形成公平竞争的社会大环境，进一步解放社会生产力和释放经济社会发展活力，进一步优化政府效能、推进社会治理、提升政治文明，进一步实现社会公平正义，促进社会和谐稳定和推进生态文明持续发展，不断提升转型期党的制度建设科学化水平。党的十一届三中全会30多年以来，伴随着改革开放步伐迅速加快，我国社会整合直面中西古今问题，而解释中国现实问题不应简单套用西方社会整合理论框架，应着力于发展中国社会整合理论自信，始终面向经济与社会发展中遭遇的各类问题，为国家的改革与发展作出力所能及的贡献。同时，接现实中国的地气、接历史中国的地气、接中国立场观点的地气。坚持马克思主义的基本观点，与时俱进地推进我国社会整合发展。并选择性借鉴西方社会整合研究成果，通过再评判、再认识、再提炼，

---

① 《马克思恩格斯选集》（第4卷），人民出版社1995年版。
② 《马克思恩格斯选集》（第3卷），人民出版社1995年版，第374页。

转化为对构建有鲜明中国特色社会整合的"理论自觉"。

第一节 转型期我国社会整合目标

一般而言,社会整合蕴含"国家整合、市场整合、民间整合和文化整合"等四种基本整合方式。社会流动是社会成员在阶层内和阶层间的横向与纵向流动,表征"社会变迁的指示器"[①]。合理公正与流畅的社会流动能够化解阶层矛盾,促进社会和谐。相反,阶层固化,则会造成社会不同阶层之间紧张关系,产生阶层摩擦与冲突,甚至可能引发社会震荡。在向工业化、信息化、城镇化、农业现代化以及国家治理体系和治理能力现代化的"新五化"运动迈进征程中,执政党的社会整合功能的高效发挥是党执政能力的重要体现,是巩固党的执政地位,实现党长期执政的重要基础。当前社会结构等一系列因素和条件的深刻变动给中国共产党主导的社会整合带来了诸多压力和挑战,要着力于从思想价值观念、组织动员、方针政策、法律制度和体制机制等诸多方面推进改革创新,着力提高新形势下党的社会整合能力,以期顺利达成转型期我国社会整合目标。

一 理顺社会关系,彰显社会公平正义[②]

以理性和法治为核心精神的西方文明对社会公正的思考源远流长,

[①] 李拓:《新时期中国阶级阶层结构问题研究》,中国财政经济出版社2002年版,第30—31页。

[②] 有学者认为,社会公正理念源起于人类劳动实践发展,最早见于古希腊经典《荷马史诗》,由柏拉图在《理想国》中首先提出了该命题,古希腊的正义意味着城邦共同体的成员应该遵守城邦法律规范,并使之稳定有序。在这个意义上,正义表达了一种社会秩序原则,它本身显示了一种价值取向。正因如此,柏拉图在《普罗泰戈拉篇》中隐含地表达出,敬畏与正义成为城市的秩序原理和友谊的连接纽带。从而在人类思想史上第一次系统探寻社会公正理论问题脉络。社会公正问题研究的集大成者是美国政治学家罗尔斯在其代表作《正义论》中提出的,公平是社会正义原则的核心内容,公正是社会的最高价值,也是社会制度的首要美德的著名观点。社会公正是社会存在与发展的必要条件和基本保障,其核心价值和物质前提是"人民本位"即全体社会成员平等拥有对资源和财富的合理分配与享用,彰显"资源共享、普遍受益"原则。柏拉图说,公正的社会才是和谐的社会,于是公平正义就成了社会和谐稳定的"晴雨表"与"测温计",按劳分配是社会公正的实现方式,权利平等是其根本要求,诚实守信是其道德诉求,法治是其政治根基,民主是其重要途径,社会主义是其制度选择,社会进步是其衡量标准,分配公平是其制度设计,机会均等是其规则体系,社会保障是其理性诉求,政策调节是其路径选择,依法治国是其保障机制,国际正义是其区域拓展,社会建设是其有力举措,社会公平保障体系是其长效机制等共同建构了社会公正的结构框架。任映红、戴海东:《中国共产党的社会公正观研究》,人民出版社2009年版。

第五章 转型期我国社会整合目标、任务与基本原则

早在古希腊时期，以毕达哥拉斯、柏拉图和亚里士多德为代表的学者探讨和解剖城邦公正命题，并认为社会公正是社会秩序与社会和谐之源。我国古代汉语讲"大道之行也，天下为公"①。可见，古往今来的社会秩序与公平正义是社会整合的生命线、永恒主题与核心价值追求，映射了社会整合本质的宏观和微观旨趣，也彰显了社会整合文明基因。毕竟，正义是撑起"整座社会建筑的主要栋梁。"② 公平蕴含和谐，正义体现善德，那么公平正义就是社会稳定的"解压阀"与"减震器"，缺失公平正义理念的社会注定无法正常运行。公平正义作为中国特色社会主义的内在要求、核心价值与生命线，充分体现了中国共产党人的政治立场、理想追求和思想风范。诺贝尔经济学奖得主卡内曼（Daniel Kahneman）研究发现，人在"不确定条件下、不安全状态下进行的判断和决策常常是非理性的。"由此可以发现，转型期的思想解放、利益多元和价值取向多样化，既展现了社会进步，释放了发展活力，同时出现道德与信仰底线缺失、社会基本共识失范以及共同价值观扭曲，所以就凸显了社会整合理顺关系、彰显公平正义的必要性。

基于学者研究立场和学术旨趣差异，社会共同体多数人价值观决定的社会公正内涵在不同的历史时期，其内涵理解众说纷纭。转型期我国社会价值观念多元化，表征学者解析社会公正范畴的以下五种面相结构，③ 其核心是基于收入和财富在内的经济平等，在本质上呈现为"给同样的人同等的待遇，给不同的人以不同的待遇"为内容的个体生活需要平等，其指标为"按劳分配"和"按实际收益分配"相结合的多元分配生态，社会公正以法律面前人人平等为基础，旨在维护社会团结和谐与良序稳定，不同于以配置效率为基础的市场公平。由此可以归纳，社会公正是指以共同价值观为基础，涉及财富、收入、权利和权力、声望和社会地位、教育和职业等社会福利资源的配置，包含主体对公民基本人身权利的共识，关涉稀缺社会资源保证群体生活、免受社会

---

① 白坤编注：《礼记选读（礼记·大同）》，浙江古籍出版社2013年版。
② ［英］亚当·斯密：《道德情操论》，蒋自强、钦北愚等译，商务印书馆1997年版。
③ 李培林、［俄］戈尔什科夫（M. K. Gorshkov）、［巴］斯坎隆（C. Scalon）、［印］莎尔玛（K. L. Sharma）等主编：《金砖国家社会分层：变迁与比较》，社会科学文献出版社2011年版。

冲突破坏瓦解的生活原则。公正社会的社会制度和秩序赖以存在的道德基础，不仅规定经济平等，更指向发展机会平等。社会公正视野下的社会整合结构坚持党委的方向管理、坚持全面推进与重点突破相结合、坚持以群众权益保障为重点、坚持自上而下推行和自下而上创新相结合等四个要素。其主要任务有健全基本公共服务体制、构建新型社区管理体制、建立现代社会组织体制、完善公共安全管理体制和健全社会诚信机制，其基本指向社会进步的核心是人的发展，实质在于个体自由而全面发展和人向自身复归。当然，自由也不能仅停留于口号，在很大程度上指向个体权利的实现、维护与发展。作为人们有理由珍视的"那种生活的可行能力的实质的或实持的"自由，① 才是体现社会发展的价值目标和工具手段的统一。

二　发展和完善有中国特色社会主义制度

"治天下也，必先公，公则天下平矣。"社会公平正义是转型期我国社会整合的最大共识和价值诉求，是有中国特色社会主义制度的内在规定和本质要求，被视为"舟车所至、人力所通、天之所覆、地之所载、日月所照、霜露所坠"，可见，要实现社会的公平正义就离不开一系列具体制度支撑。② 而发展和完善中国特色社会主义制度也可以为实现社会公平正义提供强有力保证。其中政治平等是社会平等的前提和条件，经济平等是基础、分配不公则是最突出的社会不平等问题。在新常态下践行平等价值观，就是要深化经济、政治、文化、社会、生态等诸领域体制机制的整体性改革，着力推进科学立法、严格执法、公正司法与全民守法，通过大力发展社会生产力，积极推进和完善以保障人民基本福利为核心内容的有中国特色兜底性社会保障制度，建立基本社会公共服务公平保障体系和公共文化服务体系建设，重点向农村地区、边远地区、贫困地区和民族地区倾斜，旨在缩小城乡和区域发展差距。③ 毕

---

① 杨宜勇:《不抄西方模式，不搞花拳绣腿，中国社会体制改革的战略与路径》，《人民论坛》2013年第30期。
② 林进平:《试析十八届三中全会的公平正义理念》，《当代世界与社会主义》2014年第1期。
③ 朱海风:《为实现平等创造更好的制度土壤》，《河南日报》2014年4月9日。

竟，平等指向是构建有中国特色社会主义和谐社会的基本前提。而制度构建政治，制度又为历史所构建。① 所以，要决胜2020年全面建成小康社会和实现中华民族伟大复兴"中国梦"，激励中华儿女砥砺前行，充分显示社会主义优越性，必须不断发展和继续完善中国特色社会主义制度。

三 增进民族团结的稳固发展

民族是近现代主权国家普遍存在的社会实体。学术界大多认为，"民族"术语最早源于西方，体现了个体自然的身份认同。当然也有学者研究认为，我国古汉语最早使用"民族"称谓的例证是南朝宋齐时代的道士顾欢在其《夏夷论》中有："今诸华士女，民族弗革，……，国有旧风，法不可变"②的表述，意指为区别"蛮、夷、戎、狄、华夏等"的范畴。就其含义考虑，民族既指"宗族之属，又指华夷之别"③，展现为完全不同于我国现代意义上的"民族"概念。作为历史范畴的民族有其自身的发生、发展和消亡的特定历史轨迹。也许是由于"民族"的天生复杂性，至今国内外也没有生成权威公认的"民族"概念。正因为如此，从"多元"维度诠释"民族"可以是客观性实体，也可以是主观性群体，既可以是生物学意义，也可以是文化人类社会学概念。④ 将学者们各具特色的"民族"认知和界定综合起来，一般认为，"民族"是在近现代社会发展过程中形成的有共同历史渊源、共同语言、共同地域、共同经济生活、共同的生产方式、共同的风俗习惯、共同的体质类型以及基于共同宗教与文化之上的共同心理归属和情感素质等若干客观特质的稳定族群共同体。梳理学者们的研究成果脉络，更多是将"民族"从政治学术语考虑和审视。尤其是近现代民族国家纷纷出场后，出现了民族界限与国家建构疆界呈现"一体两面、互为表

---

① ［英］罗伯特·D. 帕特南：《使民主运转起来》，王列、赖海榕等译，江西人民出版社2001年版，第7页。
② ［梁］萧子显：《南齐书》（卷五十四），中华书局1972年版，第934页。
③ 郝时远：《中文"民族"一词源流考辨》，《民族研究》2004年第6期。
④ 王宗礼：《论多族群背景下的国家建构》，兰州大学博士学位论文，2005年。

里"，以及重叠断裂与错位嵌入格局，① 由此凸显统一的多民族主权国家内部推动民族团结是各族人民命运共同体的至关重要性。览阅世界各大文明体系，唯独中华文明是唯一未曾中断的多民族共同缔造且延续至今的文明。我国自古拥有众多民族，从第一个大一统的秦汉国家直到封建后期的清代约两千多年的历史长河里，各民族共同缔造了族群间的共生互补模式和中华民族大家庭的"多元一体格局"②，协同孕育生成了统一的"多民族共同体"主权国家。我国幅员辽阔的版图就是长期以来"各民族共同团结奋斗、共同繁荣发展"的成果和体现，借用民族学专家杨建新教授的观点就是"各民族共创中华"③。当前，我国960万平方公里的陆地国土面积中，55个少数民族人口约占全国总人口的8.5%，而155个民族自治地方组成的民族地区占到全国国土总面积的64%。新疆、西藏和内蒙古3个自治区的面积之和就达到398万平方公里，占到全国总面积的41%。民族地区森林资源蓄积量占全国的47%，草原面积占全国的75%，水力资源蕴藏量占全国的66%。矿藏资源也大多集中于民族地区，其中钾盐储量占全国的97%、稀土占96%、锂占84%、铬矿占73.8%、天然气占41%、煤炭占36%、石油占20.5%等。除此以外，民族地区旅游资源也十分丰富，诸如桂林山水甲天下、张家界、九寨沟、香格里拉以及天堂草原等等。④ 所以说，增进民族团结的稳固发展，对于实现中华民族大家庭内各族群"和睦相处、和衷共济、和谐发展与心心相印"的重要性不言而喻，同时对于构建多民族主权国家的统一强大也具有深远意义。

时空斗转，古今幽思，千年穿越忽悠。自盘古开天辟地女娲造人到大禹治水、从伏羲文明到精卫填海、从三皇五帝到夏商与西周、从秦汉雄风到唐宋盛世、再从繁华明清到构建有中国特色社会主义和谐社会。观照中华民族5000多年文明史的进化与嬗变，"合久必分、分久必合、

---

① 王宗礼：《论多族群背景下的国家建构》，兰州大学博士学位论文，2005年。
② 费孝通主编：《中华民族多元一体格局》（修订本），中央民族大学出版社1999年版，第3—43页。
③ 杨建新主编：《各民族共创中华》（西南卷上），甘肃文化出版社2011年版。
④ 国家民族事务委员会研究室：《统一多民族的中国和中华民族的多元一体》，民族出版社2009年版。

分合均衡"是"天地之常经、古今之通义",统一始终是大势所趋,是社会发展主导旋律和永恒主题。正如阿根廷杰出思想家何塞·埃尔南德斯(José Hernandez)在其长篇英雄史诗《马丁·菲耶罗》中提出"兄弟之道是团结同心"的著名思想。团结也是我国各民族的共同语言和精神基因,旨在谱写"56个民族,就是56个星座、56朵花,56族兄弟姐妹是一家"的历史壮歌和美好图景。

(一)我国应对民族团结问题的原则指向

作为一个统一的多民族国家,民族地区地域辽阔、地缘政治位置重要,也是我国资源富集区、水系源头区、生态屏障区、文化特色区,还是边疆地区和贫困地区。基于共同的历史发展,各民族地域分布交错杂居、经济上相互依存、文化上兼收并蓄、情感上相互亲近。所以,着力于"民族团结"不仅是我国民族工作的根本原则,更是其核心内容和最高价值。自新中国成立以来,有效推进"民族团结"始终是党和政府的一项重大工作,并得到了历届党和国家领导人的高度重视。以毛泽东同志为核心的第一代中央领导集体,确立了以"民族平等、民族团结、民族区域自治和各民族共同繁荣"为核心的中国化马克思主义民族观,开创了我国民族团结史上最广泛与深刻的社会变迁。以邓小平同志为核心的第二代中央领导集体,重塑民族工作重心旨在为"经济建设服务"的正确导向,助推我国民族团结工作蓬勃发展的新局面。以江泽民同志为核心的第三代中央领导集体,致力于深化和提升"民族团结、社会稳定和国家统一"的主旋律,把我国民族团结进步事业全面推向了21世纪。党的十六大以来,以胡锦涛同志为总书记的新一届中央领导集体确立了"各民族共同团结奋斗、共同繁荣发展"的民族工作主题,进一步驱动我国民族团结进步事业焕发出新活力。党的十八大以来,以习近平同志为总书记的中央领导集体视"民族团结"为各族同胞生命线,着力于巩固党的民族政策与民族区域自治制度的连续性、稳定性,并不断与时俱进,同时高举"民主与团结"旗帜,牢固树立"国家意识、公民意识和中华民族共同体意识",从战略全局高度,"谋长远之策、行固本之举,建久安之势、成长治之业",以全面助推我国民族地区"治理体系和治理能力现代化"为引领,以促进"经济发展和民生改善"为着力点,以提升"民族团结"为旨归,依法维护民族团结，积极引导各民族宗教信仰与社会主义社会相适应，通过构建各民族相互"嵌入式"的社会结构和社区环境，以开展形式多样的共建工作和"双语"教育为载体，践行社会主义核心价值观为精神内核，努力促进各民族兄弟间"尊重包容与欣赏互助"，大力推动各民族间交往交流交汇与交融，旨在围绕"祖国统一、社会稳定和长治久安"总目标，最大限度地团结和依靠各族群众，以共享祖国繁荣发展成果，努力构设"和谐繁荣、文明进步、安居乐业"的社会主义民族团结新格局，并为实现中华民族伟大复兴中国梦贡献正能量。

1. 坚持民族平等和多民族国家共同体实际

结合党的群众路线教育实践活动和以"察民情、访民意、惠民生与聚民心"为宗旨的"联村联户、为民富民"行动，"1+17"精准扶贫脱贫行动，以及"1414"① 对口支持与帮扶工程为平台，以人文化、实体化、大众化地深入持久开展"民族团结进步宣传月创建活动"为契机，积极开展民族团结主题教育活动，推动建立相互嵌入式社会结构和社区环境，促进民族交往交流交融。着力于从畅通利益表达和政治沟通渠道、鼓励政治参与热情和服务积极性、不断完善制度路径，助推民族地区经济结构、产业结构、区域结构、城乡结构、动力结构和生态结构的转型升级，辅之以政策引导等多维向度促进"各民族团结奋斗、共同繁荣发展"的良好局面。

2. 着力以活动为载体引领民族团结教育

牢固树立"两个同心""三个离不开"和"四个坚持"思想，深入开展"五个认同"② 主题教育活动。认真培育和践行社会主义核心价

---

① 2010 年以来，甘肃省认真贯彻落实国务院办公厅《关于进一步支持甘肃经济社会发展的若干意见》（国办发〔2010〕29 号）文件精神，着力于把全省建成"促进各民族共同团结奋斗、共同繁荣发展"示范区，为此制定出台了《关于建设各民族共同团结奋斗共同繁荣发展示范县（市、区）的意见》，在民族工作较为完善和成熟的 10 个示范县（市、区）开展"两个共同"建设试点，充分发挥示范县（市、区）"以点带面、辐射带动"正能量，旨在决胜 2020 年民族地区与全国同步建成全面小康社会奋斗目标。"1414"对口支持工程内涵结构是 1 名省级领导牵头负责，4 个地厅级单位共同参与，对口支持 1 个示范县（市、区），每年至少办成 4 件实事。

② "五个认同"表达对祖国的认同、对中华民族的认同、对中华文化的认同、对中国特色社会主义道路的认同以及对中国共产党领导执政的认同。巩刚军、马进等编著：《西北地区高校"五个认同"教育研究》，民族出版社 2013 年版。

值观，打造国家先进文化的重要基础，着力促进族群"融合"①，不断巩固和发展"平等团结、互助和谐"的社会主义新型民族关系。

3. 坚持和完善民族区域自治制度

切实践行民族区域自治法等民族政策法律和法规，认真维护各族同胞合法权益，大力弘扬社会主义核心价值观，唱响各民族"大团结、大发展与大繁荣"的主旋律，维护民族团结与社会稳定，一体坚持、一体贯彻"创新、协调、绿色、开放与共享"为核心的"五大发展新理念"，实现"参与式、包容性与融合式"发展，以助推2020年决胜民族地区与全国同步建成总体全面小康社会。

（二）具有中国特色民族团结稳固发展的政策支撑与路径选择

在漫长的历史长河中，中华各民族共同缔造了统一的多民族国家，形成了："你中有我、我中有你，休戚与共、相互依存，和衷共济、和谐发展与共生共荣"的民族大团结关系格局。② 中华民族史，就是一部各族群相互学习、通商通婚与协同融合推进史。实践证明我国民族团结政策成功地走出了一条有中国特色符合自己国情的解决民族问题和实现各民族共同发展的科学和谐与可行路径。新时期，各民族平等互助的"大团结、大联合、大发展"的社会主义民族关系必将得到进一步巩固和发展。

1. 积极培育"中华民族共同体意识"

坚持"民族平等与团结"，坚决反对大汉族主义和狭隘民族主义。平等团结是我国民族政策的"识别码"和最高准则。发展是团结的基石和依托，平等是团结的前提和条件，也是宪法原则，而团结则是平等的必然结果和重要保障，更是我国民族政策的根本原则与核心内容。各民族不论人口多少，经济社会发展程度高低，风俗习惯和宗教信仰异同，都是中华民族共同体不可分割的有机组成部分，都具有同等的法律

---

① 朱雷：《民族融合是历史给我们的宝贵遗产》（http：//www.xjass.com/ls/content/2013-11/25/ content_ 304892. htm. 2013-12-05）。

② 有学者认为，56个民族平等是和谐民族关系的基石。在社会主义建设中，各民族都是国家主人，平等参与国家治理，没有主体民族与非主体民族之分，各民族同为治理主体，又同为治理对象，我国民族政策并不是对少数民族无原则的照顾。刘宝明：《推进民族事务治理现代化的途径》，《中国民族报》2014年3月28日第5版。

地位。

2. 着力践行"民族区域自治制度",在民族地区实行区域差别化政策

民族区域自治是在尊重"族群多样性"的时代背景下,马克思列宁主义民族观与我国历史资源、文化传承以及民族分布格局"大杂居、小聚居"的制度自信和现实国情相结合并被实践验证的消解我国民族问题的基本政策和政治制度,其核心要素展现为"国家统一领导,区域自治,设立自治机关,行使自治权"。民族区域自治制度是以"中华民族多元一体格局"为前提,强调各族群"多样性与混杂性"的统一,民族区域自治不是某个民族独享的自治,更不是某个民族独有的地方,彰显了社会主义经济、政治、文化、社会与生态等"五位一体文明"在民族问题上集中投射的我国基本政治制度。"民族+区域"的有中国鲜明特色的民族区域自治制度作为我国一项基本政治制度,因其符合"公平与正义"理念,并且结合民族因素和区域因素、政治因素和经济因素、历史因素和现实因素,尊重历史、合乎国情、顺应民心,被证明是开启了我国民族团结与稳固发展的成功实践。民族区域自治法汇集了"政策、制度和法律"的"三位一体"要素,巩固了"平等团结、互助和谐、守望相助、同呼吸、共命运、心连心"的社会主义民族关系,提升了中华民族的凝聚力和向心力。历史教育过去,历史也启迪未来。要实现民族团结,必须坚定不移地坚持人民代表大会制度,深入挖掘民族区域自治制度的优越性和独特性,始终恪守"平等团结、互助和谐"的时代主题,切实做到"排忧解困见举措、群众利益记心头",扎实开展民族团结宣传教育活动,助推各民族"共同团结奋斗、共同繁荣发展",不断提升民族地区经济转型跨越发展,社会和谐稳定发展,民族团结繁荣发展及生态绿色可持续发展。

3. 新时期我国民族工作主旋律和根本立场为促进"两个共同"科学发展

以"各民族共同团结奋斗、共同繁荣发展"提升民族地区基本公共服务均等化水平和改善与保障民生为首要指向,规划建设一批特色村镇,旨在民族团结,表征各民族在社会生活和交往联系中的和睦相处、互相合作的友好关系状态,彰显社会主义民族关系的基本特征和核心内

容，映射党和政府民族政策的根本出发点和价值归宿，其内涵展现为共同反对民族压迫与歧视，维护和提升民族间和民族内部大团结，共同助推国家发展繁荣，共同反对民族分裂、共同促进祖国统一和社会稳定。

4. 着力保护和发展少数民族文化，构筑各民族共有的精神家园

中华民族56个族群就如同金刚石的不同棱角，从不同的侧面呈现出各自独有的色彩、语言与文化，集中折射出了中华民族大家庭不可分割的组成元素。不断创新民族团结的载体和方式，着力培育中华民族共同体意识，努力用法律来保障民族团结，加强民族交往交流交融，始终坚持中国特色社会主义道路是解决我国民族问题的根本出路和最大福祉。

5. 着力以为民富民举措，增进民族团结

坚持以民族团结进步宣传月创建和表彰活动为契机，以"双联"行动为平台，以维护稳定、为民与富民为目的。以贯彻践行《国务院关于加快发展民族教育的决定》和全国第六次民族教育工作会议〔2015〕精神为指导，大力构建民族团结教育常态化工作和保障机制，逐步深化民汉混班教学和混合住宿模式，着力推动"小手拉大手"以提升民族团结教育水平。认真落实"宣传政策、反映民意、促进发展、疏导情绪、强基固本与推广典型"等"六大任务"，高举发展与团结旗帜，坚持科学发展、创新思路，丰富形式、增强实效，以工促农、瞄准靶向，同频共振、协调联动，多措并举、密切协同的工作原则，秉持"属地管理、分级负责，源头治理、预防为主，调解优先与综合施策"的治理思路，通过"入农户、听民声、解民困、理民事"活动，广泛深入而持久地宣传党和国家的民族政策和法律法规，认真贯彻落实《民族区域自治法》，整合资源，跨越式推动民族地区经济社会持续快速发展，积极探索族群融合长效机制，科学把握新形势下民族工作的特点与规律，不断提高做好民族工作的能力和水平，[①] 着力提升发展合力、民族凝聚力和现实感召力，汇聚中华民族大团结的磅礴力量，不断发展和巩固"平等、团结、互助、和谐"的社会主义新型民族关系。

---

① 《中央时隔9年再次召开民族工作会议》（http://news.sohu.com/20140930/404777410.shtml. 2014-09-30）。

总之，民族团结是社会发展进步的基石，是国家兴旺发达的重要保证，也是我们这个民族的深沉禀赋，而发展是解决民族问题的总钥匙和"牛鼻子"。群众工作是社会稳定、民族团结与宗教和谐的根基，党的群众路线是践行中国梦的思想武器、强大动力和精神支撑，① 也是社会和谐的生命线。只有群众基础牢固，整个社会大厦就会坚如磐石。所谓"天山雪松根连根，各族人民心连心"彰显了民族团结的凝聚力与向心力。民族团结则政通人和、百业兴旺，必须着力实现各民族"同呼吸、共命运、心连心"，着力加强民族地区基础设施、扶贫开发、新型城镇化和生态建设，积极采取国家帮扶、发达地区支持和民族地区自力更生相结合的路径和方式，不断集聚和释放民族地区发展活力和潜力，以共同维护社会稳定、民族团结和国家统一，实现民族地区经济社会发展的历史性进步。可以说，一部中华民族的孕育生成与发展演进史，就是一部各民族之间的文化交流融合与族群认同整合史。华夏文明自先秦起就不断开放包容与辐射吸纳，终为秦汉"天下为一、万里同风"的"中华文化多元大一统"格局奠定了坚实基础。此后，儒、释、道、法、墨、农及阴阳等各派学说百家争鸣且稀释荟萃于"华夷一家"。由此可见，多民族国家政治架构下的"理念和精神文化的融合"②，以及族际文化共享与族群通婚是推动"社会全面进步与中华民族伟大复兴"③ 的重要保证，更是指向民族团结和中华民族"两个一百年"中国梦的可行实践路径与现实选择。

四 实现国家富强、民族振兴与人民幸福"中国梦"

实现宇观维度的"人类和平与发展"，宏观维度的"国家富强、民族振兴、人民福祉"，中观社会层面的"民主法治、自由平等与文明和谐"，以及微观个体层面的"爱国敬业、诚信友善与个体人生出彩"等价值诉求始终是中国共产党百年来的奋斗旨趣和不懈追求，也是坚持和

---

① 林尚立：《贯彻群众路线是实现中国梦的重要支撑》，《人民日报》2014年6月6日。
② 王宗礼：《论多族群背景下的国家建构》，兰州大学博士学位论文，2005年。
③ 同上。

第五章　转型期我国社会整合目标、任务与基本原则

平发展与共赢"中国梦"①的历史缘起、基本结构、本质属性和内在真谛，蕴含我国综合实力跃升的实力指标、社会和谐的幸福指标、中华文化复兴的文明指标，以及促进全体中国人民全面发展的价值指标等时代性特征。从通俗视角和文学化语言赋予了中国特色社会主义共同理想的大众化表述，增进了人民群众对共同理想的整体把握，并最大限度地凝聚了社会正能量，着力指向决定和引领社会发展正确航向，以凝聚力量、鼓舞人心。转型期我国社会整合"一体六翼"社会建设总体目标，旨在经济富强、民主政治、先进文化与文明时尚、社会与生态良序和谐，也就是实现"富强、民主、文明、和谐与和美中国"的理想诉求，彰显了全体中国人民在近代百年来遭遇重重挫折后重启强国梦的共同理想，折射了当代中华民族和中国人民的共同价值愿景。

问题映射时代的呐喊，及时关切和回应时代提出的诉求，是转型期我国社会整合的基本目标与根本任务，也是社会整合展现自身优势、迸发正能量的客观要求。理顺社会关系、彰显社会公平正义，发展和完善中国特色社会主义制度，促进民族团结的巩固发展，以及国家富强、民族振兴和人民幸福的中国梦等社会整合目标是社会组织、团体或者个体通过一定的路径过程的实践活动所期望达到的目的和成果。恩格斯说，在社会历史领域内活动的，全是"有意识、经过思虑或凭激情行动的、追求某种目的的人，任何事情的发生都不是没有自觉的意图，没有预期

---

① "中国梦"彰显了中国人民致力于和平发展的决心和价值，也折射了中华民族追求团结奋斗的"最大公约数和同心圆"，是实现从文化强国到科技强国、从富强中国到美丽中国乃至于和谐中国的拓展与深化，再现了中华民族伟大复兴的宏伟构想和人民对美好生活的向往，深入描绘了国强民富的壮阔实践。其要点是社会建设和经济发展为主旨，它承载了公平正义和民族团结的社会主义共同理想，其本质是建构在"底层结构"之上的中国梦，依托于每一位中国人梦想的实现，是基于不同"个体"的深层关怀。"中国梦"所勾勒出的"和美中国"图景，无论是以"两个一百年"奋斗目标为主要内容的"复兴梦"，以"国家富强"为核心的"国家梦"，还是以"民族振兴"为核心的"民族梦"，抑或是以"人民幸福"为核心的"人民梦"，都实实在在地凸显了"以人为本"的核心价值追求和人生意义体认。习近平总书记魂牵梦萦"让人民过上好日子"的豪言壮语是贯穿中国梦的出发点和落脚点，而"保障和改善民生"是其重要着力点。毕竟"中国梦"是实现中华民族伟大复兴的灯塔，而"人民至上"理念则是实现中国梦的现实载体和根本支撑。相比之下，美国梦追求的是个人富裕，其目的旨在个人成功。总而言之，正如习近平总书记精辟总结的，中国梦是"和平、发展、合作与共赢"的梦。

的目的的"。① 可见，终极价值或最高目标表征主体价值诉求目标中的总体目的、根本目标和最高愿景。转型期我国社会整合的终极价值和根本指向，旨在人的自由全面发展。马克思主义的终极关怀是人，构建"自由人的联合体"是马克思的毕生奋斗目标指向和最高价值追求。在这个联合体里，生产力高度发达，物质产品极大丰富，旧式分工消灭，异化劳动消除，生产劳动"就不再是奴役人的手段，而成了解放人的手段，因此，生产劳动就从一种负担变成了一种快乐"。② 人最终成为自己社会的主人，成为自由的人，实现自由平等与全面发展即人的"真、善、美"的辩证统一，并指向马克思预设"理性标准"社会模型，构设人的全面发展与"自由人联合体"经典哲学命题是其实践路径、最终归宿和根本价值追求。

第二节 转型期我国社会整合任务

作为社会学术语的社会整合与社会分化相对应。群众工作属于当代中国政治学范畴，两者在现代化进程中有机融合。新时期，群众工作是推进我国社会整合的重要手段和抓手。转型期我国社会整合总任务，旨在完善和发展中国特色社会主义制度、全面推进国家治理体系和治理能力现代化以及实现中国梦。在当代中国，正发生着自鸦片战争以来最为深刻的社会转型之一。而社会结构作为社会主体"人的生存"③ 活动、社会活动和社会关系的存在方式，其现代性趋势在复杂的冲突性震荡中需要借助于社会整合得以不断增强。社会整合指向实现现代化，而现代性问题映射为工具理性僭越与价值理性失落，生态伦理缺席与社会关系危机，④ 破解处方正是当前"中国梦"的科学内涵和基本基调，表征为

---

① 《马克思恩格斯选集》（第4卷），人民出版社1995年版，第247页。
② 《马克思恩格斯选集》（第3卷），人民出版社1995年版，第644页。
③ 有学者认为，人的生存"永远为各种矛盾所困扰，人必须去解决那些永远无法解决的问题，这就是人的命运"。［美］埃利希·弗洛姆：《健全的社会》，欧阳谦译，中国文联出版社1988年版，第373页。
④ 时寒冰：《中国最大的危机：人性危机》（http：//www.ql18.com.cn/News/Stock/mj-zl/20160204/4947.html.2016-02-04）。

政治维度的国家富强、历史维度的民族振兴、生活维度的人民福祉。最终归结为对德性生活的崇尚、对和谐生活的向往、对自在生活的眷恋以及对心灵生活的自觉，旨在类生命意识的觉醒。① 社会科学研究任务涉及价值判断。正如英国著名中国问题专家乔纳森·芬比（Jonathan Fenby）所说，努力创造更大财富、着力提高"生活质量"是转型期中国唯物主义的最重要课题。社会整合价值任务元素的多层次、扁平化以及多彩平等与包容性，就体现为国家层面的富强民主与文明和谐，社会层面的自由平等与公正法治，个人层面的爱国敬业与诚信友善，就是要实现理论自信、道路自信与制度自信的统一，以及思想自信和实践自觉的有机统一，同时，借助历史启迪理智，彰显高度的社会整合价值自觉。社会整合要着力于进一步健全和完善有中国特色社会主义社会，坚持以人为本的制度构建理念，使城乡居民公平享受基本公共服务，着力以政社分开为核心加强政府与社会组织的分工与合作，实现德治和法治相结合的善治格局。总之，转型期我国社会整合最紧迫任务，是建立有效的调节性元价值来克服和弥补目标性元价值所留下的社会真空，② 以重建公平正义树立社会公信力，提升文化软实力，大力弘扬中国精神，谱写中国故事，倾心打造西部华夏文明传承创新实验区，以利于把跨越时空与国度、富有永恒魅力、具有当代价值的中华优秀传统文化和时代精神弘扬起来，把立足本国而又面向世界的当代中华文化创新成果传播出去，不断提升国际社会对中国发展前景的判断和解读，从而构设社会主义核心价值观的精神信仰，以此走出价值迷失困境。到2030年全面形成与中国特色社会主义发展要求相适应，与社会主义经济政治与文化体制相一致的社会构想，全面实现基本公共服务均等化，不断健全和完善社会管理体制机制，促进社会整合高效而有序发展。

一　依法治国基础上的公民有序政治参与扩大

"公民"是源于现代社会的法律概念，发端于对个体权利的回应、

---

① 漆思：《中国梦：现代性文明批判与当代生活理想建构》，《南京社会科学》2013年第9期。
② 王宁：《社会元价值的危机与超越——从目标性元价值到调节性元价值》，《学术前沿》2013年第13期。

关切、尊重与维护。公民社会是基于共同利益和价值诉求之上,以协商与契约为主要载体,以平等、自由和自治为核心精神,具有非政府性、非营利性、相对独立性、公开性、开放性、参与性、自愿性以及人本主义多元主义和法治原则等内在规定性,并介于"公共权力"与"私人权利"之间的非强制性空间存在和社会形态。而公民社会得以实现的根本保证大多指向依法治国。① 现代社会的政治学意蕴是功能专门化且高度差异的一体化组织结构,表征公民有序政治参与的理性化与世俗化并存的决策制定程序。

（一）公民意识崛起的基本指标之一就是考量公民政治参与有序扩大情况

尽管在马克思主义经典著作中,没有明确提出公民"政治参与"的概念,这并不妨碍其中蕴含着丰富的民主政治参与思想,但是在他们的文献论述中仍然较为系统地浸润了公民"政治参与"观点,充分体现马克思主义民主政治参与的独特优势。利益分化有利于公民有序政治参与扩大,是现代政治发展的大趋势。② 政治参与是现代民主政治制度生成的一种普遍行为,是现代民主价值的重要表征之一。公民政治参与有序扩大对于服务型政府建设以及推进社会主义政治文明都具有十分重要的理论和实践意义。为此,党的十五大报告指出,社会主义民主政治的"本质是人民当家作主"③。党的十六大报告接续强调,要着力健全

---

① 有学者认为,依法治国的核心指向是依宪治国,为此必须坚持党的领导与人民主体地位,维护宪法的权威和尊严,弘扬宪法精神,完善宪法监督制度,健全宪法解释程序机制。王宗礼：《依法治国的根本在于依宪治国》,《甘肃日报》2014 年 11 月 17 日第 11 版。党的十八届五中全会提出到 2020 年,依法治国基本方略"全面落实,法治政府基本建成,司法公信力不断提高,人权得到切实尊重和保障"。为此,清华大学王振民教授认为,"十三五"期间,我国全面依法治国具有成立宪法实施机构以保障宪法实施、改革和推进人大常委会专职化立法体制、促进依法行政、建设法治政府,全国划分司法区域并提高法院检察院待遇,落实领导干部学法用法制度与推进全民守法,推进法律共同体建设与端正法律从业理念,坚持党对依法治国的领导与确保党依法执政,坚定依法治国态度和决心与严格各项任务落实等八大任务。王振民：《未来五年全面依法治国的八大任务》(http://theory.rmlt.com.cn/2015/1221/412183.Shtml.2016 - 01 - 09)。

② ［美］塞缪尔·P. 亨廷顿：《变化社会中的政治秩序》,王冠华等译,上海世纪出版集团 1989 年版,第 7 页。

③ 《江泽民文选》(第 2 卷),人民出版社 2006 年版,第 28 页。

民主制度，丰富民主形式，不断"扩大公民有序的政治参与，保证人民依法实行民主选举、民主决策、民主管理和民主监督"。可见，公民政治参与目的旨在人民当家作主，使人民通过自己的"国家权力机关参加制定宪法、法律和各项政策，保障人民当前和长远的根本利益"①，维护公民的基本民主政治权利。因为，有效保障公民政治参与有序扩大的人民民主制度"是社会主义的生命"。② 而"没有民主，就没有社会主义，就没有社会主义现代化"③，激发和扩大公民有序政治参与热情，保证人民"依法实行民主选举、民主决策、民主管理和民主监督，享有广泛的权利和自由，尊重和保障人权"④，能够卓有成效地增促民主政治的有序推进与科学发展。

（二）公民政治参与意愿有序扩大是政治现代化发展的重要指标和有力表征

有学者认为，如果社会要维系紧密共同体，政治参与的有序扩大必然伴随着"更强大的、更复杂的和更自治的政治制度的成长"⑤。同时，公民政治参与扩大要和政治体制改革相适应，大力发展经济、文化和社会事业，健全工作机制，着力疏通和拓宽政治参与渠道，加强民主政治程序建设，广泛动员人民参加公共事务和社会事务管理，提高公民在公共决策领域的参与度，充分发挥民主党派和社会组织在公民政治参与中的积极作用，大力保障普通党员的民主政治参与权，大力发展基层民主与党内民主，⑥ 有效整合各种资源，以扩大公民有序政治参与的能力和

---

① 《毛泽东思想辞典》，中共中央党校出版社1989年版，第69页。
② 胡锦涛：《高举中国特色社会主义伟大旗帜 为夺取全面建设小康社会新胜利而奋斗》，《人民日报》2009年10月25日。
③ 《邓小平文选》（第2卷），人民出版社1994年版，第322页。
④ 《江泽民文选》（第3卷），人民出版社2006年版，第554页。
⑤ ［美］塞缪尔·P. 亨廷顿：《变化社会中的政治秩序》，王冠华译，上海人民出版社2008年版，第65页。
⑥ 有学者认为，党内民主关乎党的生命。新时期，发展党内民主须坚持和完善党的民主集中制原则，改革选举制度，确立规范的领导干部任期制，实行和完善党代表大会常任制，以及健全和强化党内监督机制。张新平、王展：《关于推进党内民主建设的思考》，《甘肃理论学刊》2009年第1期。

水平。① 政治参与的实质是政治资源的有效分配，旨在通过合法化途径表达公民自由和意志，尽可能最大限度地分享民主政治权利。

（三）依法规范公民基本民主权利是实现公民政治参与有序扩大的重要保障

民主是与专制相对立的政治范畴，民主在东西方文化中源远流长且截然不同。作为一种现实的政治制度，民主彰显了社会交往与决策的基本准则与社会治理新范式。在我国，民主一词最早见于《尚书》中的"天惟时求民主，乃大降显休命于成汤……简代夏作民主"，其意为作民之主，而非让民作主。孟子的"民为贵，社稷次之，君为轻"就是这种思想的集中体现。在我国古代，民主意指"人民的主人"。在西方，古希腊历史学家希罗多德在其《历史》一书中最早指出，"民主"是由"人民"和"统治"两词构成，指代人民统治及其政权或者权力。古希腊哲学家亚里士多德（Aristotélēs）认为，民主是映射多数人执政的政体形式。从17世纪英国哲学家洛克（John Locke）到18世纪法国启蒙思想家卢梭（Jean–Jacques Rousseau）等资产阶级思想家不断发扬光大民主内涵，并设定民主就是按照人民意志实施统治和管理。奥地利经济学家熊彼特（Joseph Alois Schumpeter）认为，民主很好地体现了人民通过投票决定其权利归属问题。20世纪美国政治学家罗伯特·达尔（Robert Alan Dahl）认为，民主是多元利益集团的互动博弈和妥协。英国社会主义政治学家柯尔认为民主是人民参与政治决策。而马克思主义则认为，归属于上层建筑范畴的民主，彰显的是一种国家形态和基本制度，其本质在于强调人民是国家主体，并映射人民自我规定性，意在用制度形式保障公民基本权利。同时，民主政治参与主体外延从人民扩大到公民，彰显了公民意识觉醒不断趋向理性和成熟。公民政治参与核心内容是着力保护其民主政治权利，充分发扬"人民民主，保证全体人民真正享有通过有效形式管理国家、特别是管理基层地方政权和各项企业事业的权力，享有各项公民权利"。② 公民政治参与有序扩大基于

---

① 杨平：《对西北乡村农牧民政治参与的思考》，《兰州大学学报》（社科版）2011年第6期。

② 《邓小平文选》（第1卷），人民出版社1989年版，第322页。

"社会稳定"为基础，创造有利的体制机制和社会条件，保障参与条件不断优化，参与意识不断提升，以实现政治参与方式的多样化和参与效果的科学化、并保障公民政治参与有效扩大契合于国家经济社会文化的现代化发展程度。

由此可见，实现科学而高效的社会整合，离不开公民政治参与意愿的积极扩大和自主意愿的正确表达，因为作为"确定的人、现实的人，你就有规定，就有使命，就有任务"[①]。在现代社会，民主政治的前提和基础指向公民社会，其价值取向就是公共之善治。民主更是现实中关涉政体的工具性问题。协商民主作为近年来兴起的新型民主范式，展示了社会主义民主政治的优越性，是较先前的选举民主更为契合现代社会要求的理想型民主制度之一。公民政治参与热情和意愿作为一个变量，展现为对政治的制度性参与，使国家政治体系和治理结构更加合理，政治关系更加民主，政治制度更加完善，旨在优化和提升社会整合效力。当今任何一个国家，如果它的国民"不经历这样一种心理上和人格上向现代性的转变，仅仅依赖于外国的援助、先进技术和民主制度的引进，都不能成功地使其从一个落后的国家跨入自身拥有持续发展动力和发展能力的现代化国家的行列"。[②] 作为公民维护其政治权利重要手段的政治参与，表征政体民主化程度的重要指标。为此，学者施芝鸿认为，伴随社会公众价值和利益诉求多元化，以及公民意识的觉醒，一元化指导思想在扩容中能应对多元化社会，加快构建充分反映中国特色、民族特性与时代特征的价值体系，以彰显社会整合凝魂聚气、强基固本的正能量。利益多元化是政治参与有序扩大的前提，制度建设必须有足够空间容纳政治参与的扩大和出路设计。新常态下，借助于移动"互联网+"媒体优化政治参与机制，同时，互联网的便捷、高效与透明供给了公民政治参与的技术保障、有效载体和重要平台，极大地提升了公民的政治参与热情。当然，我国宪法赋予了公民依法享有以合法路径自主分享政治生活并试图影响政治决策的平等和行为。总之，要构造有

---

① 《马克思恩格斯全集》（第3卷），人民出版社1972年版，第329页。
② ［美］英格尔斯：《人的现代化：心理·思想·态度和行为》，殷陆君编译，四川人民出版社1985年版，第7页。

中国特色的公共领域，建设现代国家制度体系，改革和完善决策体制，实现话语民主和协商民主，生成合理的利益均衡和权力制约机制，构设多元化的利益诉求与表达渠道，并有效提升公民政治社会化水平，着力扩大和积极推进依法治国基础上的公民政治参与意愿能力和水平。

二 有效调节国家和个体的利益分配与再分配关系

转型期，伴随市场化取向改革和新型城镇化进程的快速推进，我国社会利益结构持续分化主要表征为，从利益平均化到利益多极化、从利益依赖性到利益独立性、从利益稳定性到利益多变性，其实质是利益主体多元化、利益实现途径多样化和利益观念不断更新。

（一）着力构建符合国家和个体需求的利益与价值观协调机制

基于国家和个体的利益希冀与价值诉求在社会生活实践中的客观差异性，构建一种能够有效促进各方利益分配和价值观念的协调机制就成为维持社会有序运转的必然选择。古希腊哲学家亚里士多德认为，许多"公有的东西总是被珍惜得最少的。因为所有人对自己东西的关心都大于与其他人共同拥有的东西"。当前我国城乡、行业和个体间的利益收入分配和再分配失衡，探求其原因为，资源和要素的管理失序且分配不公，垄断资本利益未及时转化为国民收入红利，城乡二元分割体制和政策等诸多制约因素使农民增收缓慢，收入分配与再分配体制改革不到位，以及经济体制改革不到位致使产生大量不合理收入。针对这种情况的化解对策为通过合理的利益分配与再分配制度安排平衡利益博弈，其核心策略是"提低、扩中与控高"总体思路，同时，大力限制垄断鼓励竞争并解决行业进入管制，着力维护农民权益以缩小城乡收入差距，建立最低和最高工资制度的区间调控法，酌情提高国有企业的利润上缴比例。[①] 为此，党的十八届三中全会在其《中共中央关于全面深化改革若干重大问题的决定》中强调指出，要着力于积极推动和不断健全城乡一体化的协调发展体制机制并促进农民工市民化，不断提升社会主义新农村发展水平，着力打造城乡一体化的利益协调机制是其前提和条

---

① 黄君宝：《和谐社会视域下深化初次分配改革的思考》，《商业时代》2014年第10期。

件，构建完善民意表达公共决策机制是其根本，而建立多元开放公民社会的流动机制是其关键，旨在努力构建"以工促农、以城带乡、工农互惠、城乡一体"的新型城乡与工农之间的利益分配和再分配关系。

（二）着力构建有效调节利益分配与再分配关系的长效传导机制

基于阶层与财富的全新观点深入考量我国民生多维镜像，努力勾勒出一幅有效国家和个体的利益分配与再分配关系更加公平而均衡的高福利且低成本社会图景，[1] 是我国未来利益均衡长效传导机制的理想模型。相比较而言，国有行政事业单位的体制内优势，更多表现为社会主导性的工作稳定与福利优厚。而体制外则更多展现出灵活性、风险性、低福利性，以及对社会或所在单位的弱影响力。学界普遍认为，转型期我国社会整合期待畅通流动渠道，打破体制壁垒。新常态下，我国社会结构转型与调整的重要指标是"中产阶层"规模。为此，党的十六大报告首次提出"扩大中等收入者在全社会的比例"，党的十六届六中全会进一步具体化为，着力"提高低收入者收入水平，逐步扩大中等收入者比重"。党的十八大报告根据新的情况又接续提出，中等收入群体要持续扩大，旨在尽快使我国社会结构从"倒丁字型"转型为"橄榄型"的理想范式。当务之急是要着力于分类推进户籍制度改革，以破除孕育城乡二元体制分割之源头，同时要淡化户籍，统一城乡户籍一体化，不再划分为农村户口和城市户口，而是总称为"居民身份"。从而需要不断健全和完善流动人口有序融入新型城镇化政策，将附着在户籍制度上的教育、社保、医疗等公共福利服务职能渐次剥离。总的思路是，坚持以人为本，着力把提高基本公共服务均等化水平与满足人民群众基本需求作为出发点和落脚点。不仅突出民生为重，而且要通过积极有效的社会整合来推进深层次利益结构调整。

第一，着力推进以完善工资收入的初次分配激励约束机制为核心，健全符合单位实际和特点、又能体现岗位绩效和分级分类管理要求的个体收入分配与再分配制度。

第二，根据不同类别单位性质，实施分类指导改革和管理，破除影

---

[1] 高连奎：《中国人的民生：全新视角观察中国民生揭示经济问题背后的原因》，湖北科学技术出版社2014年版。

响发展的体制机制障碍，鼓励进行多种形式的探索实践与开拓创新。

第三，充分发挥党委和政府主导、社会力量参与并充分发挥市场机制的决定性作用，实现公益服务提供主体多元化和提供方式多样化。

第四，充分利用好国际和国内"两个市场"，发挥中央和地方"两个积极性"，统筹兼顾与行业体制改革、政府机构改革等相衔接，妥善处理改革发展稳定关系。

总之，转型期我国收入分配制度改革没有能够直接"为我所用"的具有可操作性的现成"示标体系"模板可供借鉴。所以，要着力于在深化经济市场化改革的同时，秉持"保稳定、抓改革与促民生"协同推进发展新理念，锐意"改革创新、与时俱进、不断探索"与我国国情和实际情况相匹配的，可以有效化解"收入分配不公平和不平等"割裂的新型收入分配管理体制。诚如学者马小丽提出的"部际联席会议制度"① 无疑是现阶段熨平我国收入分配领域核心困境与经济发展瓶颈的一个可以借鉴的体制路径突破口。

三 发展和完善中国特色社会主义市场经济

人类社会发展史已经反复证明，计划和市场作为实现资源有效配置的天然机制和重要抓手，各有优势与利弊，就像世间的任何事物都有两面性一样，原本没有孰优孰劣之分，也不会依附于任何一种性质的社会制度。正如20世纪著名的奥裔英国政治哲学家哈耶克（Friedrich August von Hayek）认为的，市场经济体制是社会走向文明和富裕的根本制度。②

新民主主义革命胜利后，新生的人民共和国按照苏联的计划体制打造了社会主义经济、政治、文化等体制生态诸系统，其意识形态为首的导向惯性培育了国家对计划经济的完全依赖和全面信任的合法性。就这样新中国开始了社会主义建设的探索和实践阶段，其间也经历了成功的喜悦和无尽的心酸。直到党的十一届三中全会开启的改革开放，使我国

---

① 马小丽：《收入分配部际联席会议制度利于形成改革共识》（http：//theory. people. com. cn/n/2014/0516/c40531－25024112. html. 2014－05－16）。

② ［英］哈耶克：《自由秩序原理》（上下册），邓正来译，生活·读书·新知三联书店1997年版。

社会主义制度重新焕发出勃勃生机和青春活力。尤其是党的十四大报告提出构建社会主义市场经济体制是我国未来发展社会结构和战略方向后，市场化取向改革和新型城镇化建设极大地促进了公民社会培育进程。现代产权经济学创始人阿尔钦（Armen Albert Alchian）博士指出，除了市场经济体制和法制这些正式制度以外，还有诸如传统习俗、惯例、道德以及声誉等非正式制度也在社会经济生活中扮演了非常重要的角色。[1] 转型期的我国社会主义发展客观上要求着力于处理好政府、市场、社会和公民"四位一体"关系，打造有效市场和有为政府，既坚持市场机制在资源配置中的决定性作用，又充分发挥"职能科学、结构优化、廉洁高效、人民满意"的服务型政府作用，协同发力共同助推我国社会整合绩效科学化。当然，市场是政府和社会之间的"联结纽带"，经济市场化取向割裂了政府和社会的直接联系。就如十个指头也有长短一样，市场机制本身无法自动实现经济和社会地位的平等，而是由社会稳定度决定于社会公平度，其根本在于平等问题才是"制度与道路之争"的关键，也是影响经济社会发展模式选择的关键。[2] 所以，要着力于健全和完善工资决定与正常增长机制、最低工资和工资支付保障机制、工资集体协商机制。同时，着力于改革机关事业单位工资和津贴补贴制度，完善艰苦边远地区津贴正常增长长效机制，健全资本、知识、技术、管理等由要素市场决定的报酬机制，加大税收调节力度、多渠道增加居民财产性收入，以缩小收入实质性差距，促进市场经济条件下的社会公正与平等。

另外，我国正着力于构建的社会主义市场经济，蕴含市场机制在资源配置中起决定性作用的经济机制之一，是人类文明发展至今的较优制度选择。而发展和完善有中国特色社会主义市场经济就是积极扬弃市场机制的主动优势与历史选择，是无限走向真理的伟大迈进，表征党和政府始终把市场机制下的公平正义与社会和谐作为全面建成共同富裕的矢志不渝的追求。市场机制原是一把"双刃剑"，具有源自商品经济文明

---

[1] Alchian, Armen 1965. "Some Economics of Property Rights", in A. Alchian, 1977, Economics Forces at Work, Liberty Press.
[2] 公方彬、公泽：《平等问题是"制度与道路之争"的关键：中国怎样才能走出精神沼泽》，《人民论坛》2014年第2期。

基因优秀遗传密码和基因缺陷的自发调节市场的"神奇"力量与主动修复市场"诡秘"力量的"双重神秘性"作用力。市场机制传承和弘扬的是商品经济文明基因的优秀遗传密码，依据我国基本国情，坚持科学发展和"五大发展"新理念，选择性借鉴市场经济发达国家成熟经验和做法，秉持经济市场化取向改革，熟练驾驭市场机制的神秘力量，用计划机制遏制或消解市场机制天然缺陷，以彰显对其积极扬弃是市场经济发展的内在动力，展现了人类文明发展的普遍共同规律，所以，着力于将社会主义市场经济伟大实践不断推向前进。① 同时，基于市场机制不是万能性和先天缺陷，着力通过制度优化财富分配，培育我国经济新常态，以创新宏观调控思路和方式，向改革要动力，向结构调整要助力，向民生改善要潜力，积极培育经济发展持久动力，以不断发展和完善中国特色社会主义市场经济。

四 积极推进国家治理体系和治理能力的现代化

"治理"一词是20世纪90年代开始流行起来的公共管理术语。2013年，党的十八届三中全会《决定》提出，全面推进"国家治理体系和治理能力现代化"，彰显新一届党中央领导集体以宽广的世界历史视野，反思近现代百年以来的社会变革轨迹而做出的治国理政新韬略，是对中国特色社会主义理论宝库的丰富和发展，体现了党对人类社会发展规律、社会主义建设规律和共产党执政规律这"三大规律"的认识达到新的高度、新的境界，从而为推进转型期我国社会整合，把握正确方向、汇集强大正能量。

（一）社会治理模式的积极推进和不断创新

词源学意义上的"治理"源于希腊语"掌舵"，表征为柏拉图在其《理想国》中驾驶船只的隐喻。② 从我国传统道家老子的"小国寡民、极小政府"思想的"天道"理论到杨朱学派的"贵己、轻物与重生"论，以及法家韩非子的绝对君主集权的"霸道"理论。从西方马基雅

---

① 王维平：《商品经济文明基因与对市场机制的积极扬弃》，《科学·经济·社会》2008年第1期。
② ［美］马克·普莱特纳：《反思"治理"》，宋阳旨译，《国外理论动态》2014年第5期。

第五章　转型期我国社会整合目标、任务与基本原则

维利的"君主论"到黑格尔的绝对国家与孱弱社会理论,再从洛克到托克维尔的最小限度国家与放任社会理论,以及马克思和恩格斯的"国家与社会"融合理论,都蕴含了极为丰富而广博的社会治理思想。伴随新公共管理运动兴起,20世纪八九十年代以"政府机构、社会组织和普通公民"为主体的社会治理理论粉墨登场。1992年世界银行发布《治理和发展》报告中的"治理"界定为,通过"管理一国用于发展的经济和社会资源来行使权力的方式"。英国学者怀特海（Mark Whitehead）认为,治理是作为"一种凭借正式治理结构进行的治理过程,它不再主要集中于公共部门治理形式的政治领域,而是不断吸纳从私人部门到公民社会的一系列利益关联者"。[1] 2013年初,日裔美籍学者福山（Francis Fukuyama）在其《什么是治理?》中阐述了"国家中心"的治理概念。从以上学者论述可以总结为,现代"治理"是相对于传统"统治"模式而孕育生成。"统治"的主体是一元的,而"治理"的主体是多元且法制化的。在治理过程中,治理主体与治理客体的地位是平等且可以互相转化,而统治场域下的主体与客体是有不平等的且有严格等级界限。这样,"治理"理论就为普通公民参与治理过程提供了充足理论支持。俞可平教授认为,"治理"与"统治"既有相通之处,也不乏实质性区别。其实质性区别在于,"统治"的主体只能是"政府权力机关,而治理的主体可以是政府组织本身,也可以是非政府的其他组织,或政府与民间的联合组织。统治的着眼点是政府自身,而治理的着眼点则是整个社会"。[2] 这是对于"统治"与"治理"异同的权威界定。另外,在社会治理视角上,农业社会的传统"统治型"社会治理已经成为遥远的过去,工业社会的"协作治理"也正在失去其历史价值和存在合理性,那么随着我们走进即将到来的"合作社会",与"合作社会"相适应的将是一种"合作治理模式"。这是因为社会治理主体多元化和复合化而使合作治理获得了产生的土壤和条件,同样,也是因为合作治理作为一种新型的社会治理模式的生成而使社会治理主

---

[1] Mark Whitehead, "'In the shadow of hierarchy': meta-governance, policy reform and urban regeneration in the West Midlands", Area, Vol. 24, no. 3 (March 2003): 6-14.

[2] 俞可平:《中国治理变迁30年（1978—2008）》,社会科学文献出版社2008年版。

体呈现出多元化发展趋势。

(二) 有中国特色社会治理机制的内涵结构和价值功能①

党的十八届三中全会提出"治理"科学概念和权威界定，彰显社会整合的理念更新。从"统治、管理到治理"涌动的是国家、社会和公民关系的历史性变革和治理思想境界进一步深化，表征三者边界更加清晰化。新常态下，从"社会管理升级为社会治理"的创新突破，"管"变身为"治"的一字之差撬动和折射出的是我国社会治理逻辑与范式的内涵之变，彰显的是系统治理、依法治理、源头治理和综合治理。

1. 社会管理和社会治理在新常态下的优势均衡与比较

第一，理念不同。统治和管理重在一个"管"，强调的是无条件地服从。而社会治理的关键在于体制积极创新，从"善政"迈向"善治"的社会治理，重心在城乡社区，核心是人与人之间的和谐相处。

第二，主体不同。管理主体单一只是政府；治理主体多元化，既包括政府，还覆盖社会组织及个体等多元共治理念。

第三，权力来源不同。管理源于权力机关授权，而治理则有相当一部分由人民直接行使，即自治、共治。

第四，运作机制不同。管理是单向度的、复合的、合作的、包容的。同时，治理具有较管理更为丰富的内在规定性和价值目标，更易激发经济、社会和制度活力，彰显理论、制度、道路自信和中国制度的巨大优越性，有助扩大人民民主，解放和发展社会生产力，建设社会主义市场经济、社会主义民主政治、社会主义先进文化、社会主义和谐社会、社会主义生态文明，构建系统完备、科学规范、运行有效的社会公平正义制度体系，促进人的全面发展，逐步实现全体人民共同富裕，民主文明和谐的现代化国家。治理体现非对抗性和柔性"软法"，表征契

---

① 因为历史、文化与传统等的先天差异性决定了每个国家的治理模式只要有利于人民，而不必追求完全相同，就像鞋子是否合适，只有脚才知道一样，这就是所谓的"治不必同，期于利民"。为此，汉代贾谊在《过秦论》中总结道，治理国家要"观之上古，验之当世，参之人事，察盛衰之理，审权势之宜，去就有序，变化因时"，是故旷日长久而社稷安定也。由此可见，在依宪治国的基础上，我国转型期的社会治理切实做到顶层设计要缜密，政策统筹要到位，工作部署要稳妥，以此全面推进我国治理体系和治理能力的现代化。

约化和合作规则，更多为协商、指导，而非命令、指挥，管理走向治理即监管走向服务，强制走向利导，更多包含为提供服务和福利。① 多元社会是时代发展的必然趋势。当前我国社会各阶层利益诉求的多元化，基层社会治理网络化、信息化建设与网络舆情管理，已经对我国政府公共管理和公共服务职能提出了新的更高要求。治理作为新常态下的改革思路对于重构服务型政府职能具有重要参考价值和导向意义。如何结合我国现实国情和历史文化传统来克服多元治理模式可能遭遇的困境，如何更好地发挥政府在多元治理结构中的主导作用，以及如何培育公民社会的健康发展，都是研究者在构建由我国特色本土化社会治理过程中要面对的重要课题。

2. 坚持"三个自信"，弘扬优秀传统文化，增促社会治理现代化

中国特色国家治理体系和治理能力现代化是一个整体而系统性的概念，其重要基点和重要支撑是坚定中国特色社会主义理论、道路和制度"三个自信"，弘扬中华文明五千年的优秀传统历史文化，同时坚守社会主义核心价值体系为基础的国家先进文化。当然，有中国特色社会治理现代化既不能原样仿照西方资本主义国家走过的"旧路"，也不能再重复走过去经典社会主义模式的"老路"，而是要坚持从我国实际国情出发，从现实的生产力水平和社会发展的实际出发来统筹进行，唯有继续发展和完善"中国特色社会主义制度与社会治理现代化"，其中坚持中国共产党领导是最根本的特色和最根本的社会治理原则。推进国家治理体系和治理能力现代化内含治理主体多层化、治理结构网络化、治理方式民主化、治理手段法治化、治理制度理性化以及治理技术现代化等六个时代化要素和集合全民意志的目标凝聚能力、推进全面进步的领导发展能力、确立善治格局的制度创新能力、保障公平正义的社会平衡能力、回应公众诉求的公共服务能力、有效化解社会危机的应急处置能力等六个能力体系架构。② 可以综合概括为制度建构、科学发展以及改革创新等三种能力。创新社会治理机制，改进社会治理方式，提升社会治

---

① 江必新：《推进国家治理体系和治理能力现代化》，《光明日报》2013年11月15日第1版。

② 肖文涛：《国家治理现代化的时代意蕴》，《福建日报》2014年2月17日第11版。

理现代化水平，关键在于正确处理好政府、国家、社会组织和公民的辩证关系，着力增强和激发社会组织活力，充分调动广大人民群众有序参与社会治理的积极性和主动性。切实发挥党委、政府、社会组织和公民个人作为主体在社会治理中的多元化和独特性作用，着力创新化解社会矛盾体制机制，努力构建畅通有序的诉求表达、心理干预、矛盾调处和权益保障机制，努力建设法治化社会治理格局。在全球化时代，社会治理主体多元是必由之路，旨在充分发挥社会自我调适功效，将碎片化和局域化的创新经验集中上升为社会治理制度设计并服务于个体的自由全面成长，并参与到社会共治中来。社会治理结构的核心主体是人，始终把"以人为本"放在最重要的位置，充分重视人的因素，才能有效协调社会各方力量，辅之以法治保障下的多元共治，以及坚持用"党建做纽带"，助推从单位人到社会人，再到组织人的转型这一社会治理创举，协同发力实现社会长治久安。

3. 我国社会治理体系和治理能力现代化科学内涵

一般认为，法治中国、共治社会、自治基层与德治公民是我国社会治理的四个层面，具象化为国家层面的法治、社会层面的共治、基层层面的自治、公民层面的德治，着力推动中国特色社会主义制度更加发展和完善，努力调动国家、社会和公民全方位和方方面面的积极性，把我们的国家治理得更好。这样，我们就能从价值观念、社会共识的层面推动国家治理体系和治理能力现代化，从而在我国持续健康发展过程中，加快建成不断给人民群众带来公平正义、增进人民群众福祉的社会主义和谐社会。

总之，新型城镇化是 2020 年决胜全面建成小康社会的重要抓手和有效平台。转型期我国社会问题部分源于城市化"双刃剑"困境，集中映射为社会与自然环境冲突、道德文化冲突、阶层冲突以及官民冲突等。为此，房宁教授（2014）认为，[①] 推进国家治理体系和治理能力现代化，必须坚持马克思主义政治立场，坚持改革开放的正确政治方向，始终坚持中国特色社会主义"三个自信"不动摇，善于借鉴古今中外治国理政经验与教训，解放思想、大胆探索，以反映中国特色、民族特

---

① 房宁：《如何推进国家治理体系和治理能力现代化》，《人民日报》2014 年 1 月 28 日。

性与时代特征的社会主义核心价值体系构筑中华民族的精神支柱，在实践中着力探索推进和拓展深化公共投入高效化、服务管理科学化、资源分配公平化和参与主体多元化的社会治理新机制，为全面深化改革、实现"两个一百年"奋斗目标和中华民族伟大复兴中国梦提供强大精神动力和理论支撑。

第三节 转型期我国社会整合基本原则

原则涵摄事物"是其所是"的内在逻辑缘由，彰显事物发展的约束性目标和始终不渝指向，涵盖其发展目标、发展路径与发展绩效评价等内在结构体系。基本原则具有稳定性、普遍性和实质性，也是转型期我国社会整合路向选择科学性的重要依托。一般情况下，社会分工导致竞争生成，竞争诱发社会分化，继而引起垄断，垄断终结竞争，竞争孕育出优胜劣汰法则，从而实现有效社会整合，这是社会兴衰循环惯常轨迹。转型期面对前所未有的发展机遇，面对世界格局多变与多元价值观冲击、转型阵痛，生态废、道德弛、腐败行、信仰失等综合征候并出的时代。我国社会转型发展之路经历了从计划经济向建立和完善社会主义市场经济体制转变，以及从传统农业向现代工业社会发展转型结合与重叠的双重转轨，旨在构建具有鲜明中国特色的社会整合机制体系，坚持以马克思主义为指导，秉持"古为今用、洋为中用，去粗取精、去伪存真，科学扬弃、为我所用"的灵活方针，恪守创造性转化与创新性发展为抓手，坚守诚恳朴实、古典深厚、具体实用，不华丽、不跟风且不空泛的社会整合最基本原理蕴含跨越时空意义，以服务中国特色社会主义为旨归，呼唤创新秩序与尊重并行的社会整合新时代，强化"明制度"以铲除"潜规则"，着力打破西方社会整合中心主义的制度话语霸权，增强我国社会整合学术话语主导权为追求，以利于巩固中国特色社会主义理论体系指导地位，推动社会整合理论创新，打造社会整合的中国话语体系，有利于中国社会整合学术走向世界，在国际学术话语体系中，高扬中国声音、中国因素、中国特色、中国风格、中国气派、中国立场和中国态度，彰显中国思想、中国经验、中国智慧、中国精神、中国水平、中国表达、中国影响力和中国最强音，以及民族特性与时代特征，指向建设"新五化"社会，旨在促进人的发展与社会发展的一致性，激发社会活力，使社会主义民主政治的制度优势充分展现，着力使全国人民走向富裕，构建社会主义和谐社会。

一 促进人的发展与社会发展的一致性①

转型是社会结构从传统向现代的转化与变迁。从哲学层次的社会形态理论视角和社会学层次的现代化理论视角的多元比照来研究当代中国社会转型本质是社会主义模式和社会主义现代化模式的双重转轨。② 社会整合实质基于利益格局调整促进个体发展，毕竟一个人的发展取决于和他直接或间接进行交往的其他一切人的发展。近现代百年来，中国共产党人矢志不渝追求的执政信任是助推公众基于理性思考、实践感知、心理预期对执政者政治行为及相关活动而产生和形成的社会信任，主要表现为对执政者执政目标的信心与理念的认同、政策的支持、行为的认可和效果的满意。这种特定的社会信任是公众主观估判与客观评测的统一，而贯穿其中的一条核心要素就是坚持以人为本，促进人的发展和社会发展的一致性。

可见，转型期的社会整合旨在 2020 年决胜全国同步进入全面小康社会、建设"美好幸福中国"为共同目标，把维护社会良序与和谐稳定，以及助推人的发展与社会发展的一致性作为共同责任和行动，全面提升个体素质，达成人的自由全面发展，促进人的发展与社会发展的一致性。以社会整合实现社会秩序的良性变革，彰显人的主体地位，恪守以人为本，秉持一切从实际出发、解放思想、实事求是、与时俱进，全面协调、可持续发展的社会整合基本原则。

二 激发社会活力，增进社会团结，实现社会稳定

实现"两个一百年"奋斗目标，全面建成小康社会和实现中华民族伟大复兴中国梦，必须坚持走中国特色社会主义道路，坚持"富强民主、文明和谐、自由民主、公正法治和爱国敬业、诚信友善"的社

---

① 金建萍：《人的发展和社会发展的一致性研究》，中国社会科学出版社 2013 年版。
② 魏广志：《当代中国社会转型的基本视角与实质》，《青海社会科学》2013 年第 6 期。

会主义核心价值观，弘扬中国精神，凝聚中国力量，夯实物质文明、全面建成小康，推进精神文明、提供动力支持，加强政治文明、大力践行依法治国，以及重视生态文明、探索"两型"道路，着力主张和而不同，旨在实现国家富强、民族复兴、人民福祉，和平发展与合作共赢的社会整合总体目标。

（一）着力坚持在动态均衡中整合社会矛盾

事物发展的动力源于其差异性，而事物发展的状态源于其整体性，差异性和整体性建构了物质世界的无限多样与丰富多彩。转型期，积极而有效地化解社会矛盾需着力于在依法治国基础上基于社会公正为基本依据的政策层面顶层设计是根本途径，现实操作层面的初级民生保障体系和法治社会建设是基本保障，这样才能在动态均衡中整合社会矛盾，以激发社会活力，增进社会团结。

（二）着力坚持"以人民为中心"，一切从最广大社会成员根本利益出发

社会整合指向以利益为核心，转型期我国社会整合根本主体是执政党，而执政党代表最广大人民的根本利益、生产力的发展方向和先进文化的前进方向，而要着力实现社会整合目标，只有一切从最广大社会成员利益入手，坚持中国道路、最大凝聚人心、创新体制机制、营造稳定环境，激发社会活力，增进社会团结，实现社会稳定。

三 坚持最广泛的人民民主

"民主"一词源于古希腊，16世纪由法语的"Democratie"引进入英语的民主并由人民和统治演变而来，意即"人民的统治"。民主是人类社会政治文明发展的重要成果，是表达和实现公民基本权利的一种制度化形式，是现代国家治理体系的本质特征，也是区别于传统国家治理体系的根本所在。民主的核心价值指向对公权的制约和对民权的保障。正因为如此，政治学家也将现代国家治理称之为民主治理。我国社会主义人民民主是选举民主与协商民主结合的有机统一，是社会主义的价值诉求和生命体现。从政治哲学维度看，社会主义的核心价值就是"公正、民主、民生、和谐"所呈现的"公正价值及其制度"的社会，就是主体意识或个体意识的崛起。美国斯坦福大学政治学荣休教授施密特

(Philippe C. Schmitter) 认为,现代民主制度是一个"局部体制"的混合物,而非"单一的体制",是现代国家治理的惯常范式。可见,民主就是公共治理和制度安排都必须保障主权在民或人民当家作主,所有公共政策要从根本上体现人民的意志和人民的主体地位。作为人类共同价值需求和共同话语权的民主是现代公共治理和政治参与的有效实现载体,是现代人以社会理性存在为前提的政治制度过程的共同体整合机制,表征现代国家建构的制度路径选择,折射了公民权利从"天意"走向"民意"的转型过程,蕴含民主需要参与和责任,其核心彰显人民意志,旨在实现良好社会治理。

(一) 民主机制孕育生成的历史语境及其价值合理性旨趣

民主逻辑指向政治民主、经济民主和社会民主等内在规定性。民主的实质蕴含否定专制、改善民生以及平等参与。民主机制的真谛在于以制度化的名义设计了听取不同意见的合法渠道,也就是作为一种纠错机制,旨在保证社会治理的正确方向。

1. 民主生成的历史必然性及其发展轨迹源流

发轫于古希腊城邦的民主,[①] 表征全体公民包括平民共同参与统治或治理,尊崇整体意志最高、强调人人平等且承认个体差别以及多数决定、直接参与原则的原初古典民主是本源于西方特定政治历史文化条件下的衍生物,基于个人主义的契约社会土壤,是西方政治制度和具有强烈地域色彩的地方主义民主,是人类文明史中传承至今的政治形态之一。从古希腊、罗马的直接民主,发展到近现代的代议制民主,以及当今的新型审议民主、代表制民主。民主模式的多元流变展现为从共和主义到自由主义,再到当代参与协商型民主理论,反映了民主价值意义转型的从无序到有序演化过程。马克思主义视野的近代民主为"资产阶级的民主"。而著名的民主理论家熊彼特在其代表作《资本主义、社会主义与民主》一书中指出,民主是"精英之间的竞争"。可见,民主实质是公民对政府的积极制约与利益表达。尽管如此,民主从根本上是

---

① 何斐:《西方民主的本质是一种地方主义文化》(http://www.qstheory.cn/zz/wwtj/201402/t20140-210_319278.htm.2014-02-10)。

"一个本质上存在争议的概念",① 民主是一种理论,更是一种实践。民主的制度化是保证民主政治健康发展的基本前提和"牛鼻子"。人民代表大会作为我国根本政治制度和展现中国制度优势的法宝,是象征我国人民民主的重要标志,也是完善社会主义民主政治和实现国家现代化的政治平台。现代民主是个具有多元性、开放性和复杂性特点的多选命题,民主没有原生态版本,主权国家可以参考自己的历史文化与经济社会条件等综合因素来自主发展自己特色的民主政治。② 同时,民主又体现为"一个连续体,一段旅程,一个正在进行着的过程"③。全球化及其产业结构转型诱发社会流动性提升,为当代民主政治发展带来严峻挑战。民主政体要求政府对其政治上视为平等民众的偏好持续做出回应和关切。所以说,民主是实现阶级统治的工具,根本没有超阶级的抽象化民主。

2. 民主价值存在的合理性旨趣

民主昭示人类自信,指向社会公平与正义的理性政治选择,表征修复社会不公、尊重公民自由平等与有限理性的基础机制、智慧性发明与政治保障。民主是以承认"差异"为前提的政治形态,包容是民主政治的存在基础,其真正本质乃是我们迄今为止发现的能够以"和平方式更换政府的唯一一种方法。"④ 人性之"正义与不正义"的双重倾向性,使民主的出场成为必要与可能。民主的普遍铁律映射"集体领导、民主集中、个别酝酿、少数服从多数、会议决定"的民主集中制基本原则。民主从诞生之日起就是作为与"专制"相生相克且颇具争议性的多义相概念而存在。马克思指出专制的唯一原则就是"轻视人类,使人不成其为人。"⑤ 作为现代国家公平配置公共权力追求的核心价值与使其合法化并成为可接受正义型的政治体制治理范式,民主彰显个性

---

① [美] 欧博文、韩荣斌:《民主之路:中国村民选举评析》,云南师范大学哲学与政法学院译,《国外理论动态》2011年第7期。

② 郑永年:《中国模式:经验与困局》,浙江人民出版社2010年版,第88页。

③ [美] 霍华德·威亚尔达主编:《民主与民主比较化研究——比较政府与政治译丛》,榕远译,北京大学出版社2004年版,第182页。

④ [英] 哈耶克:《法律、立法与自由》(第2卷),邓正来译,中国大百科全书出版社2002年版,第471页。

⑤ 《马克思恩格斯全集》(第1卷),人民出版社1956年版,第411页。

解放的内在要求与政治表达。众所周知，政治涵摄价值的权威性分配。而民主的理性价值在于把政治权威建立在"社会成员的同意和认同的基础之上"①，其政治价值在于把"强力转化为权利，把服从转化为义务。"② 可见，民主的最大优势就是以"法律的名义"消除权力分配的垄断与独占性，保持政治体系的开放性，给"政治过程中的失败者理由，使失败者不诉诸武力。"③ 从而保障公民拥有平等机会能够"管理权力关系，以便减少支配。"④ 也为现代国家的对内对外政策提供了合法性依据，毕竟民主蕴含"多元利益之间的社会整合的内在需要"⑤。

与此同时，现代民主作为人类向城市社会转型的副产品和解决社会矛盾的好办法，以社会共识为基础的代议民主机制由于其决策于"少数服从多数"原则，内涵"劫富济贫与重新分配财富"倾向。所以，现代民主必须是法治基础上的民主，因为只有法治框架内才能保证民主的真实性和有效性，也就孕育了民主存在价值的合理性。

（二）有中国鲜明特色的民主政治展现了社会主义制度巨大优势⑥

人民民主是社会主义的生命，作为国家制度的民主体现了政治发展的价值归宿，而法制营造了民主实现的政治保障。

1. 现代社会民主发展本质指向政治合法性

政治合法性来源于形式不断扩充变迁的历史轨迹和过程考量⑦，彰显了民主发展本质指向。作为民主制的合法性范畴，其早期表征为投票

---

① 周光辉：《论公共权力的合法性》，吉林出版集团有限责任公司2007年版，第121页。
② [法]卢梭：《社会契约论》，何兆武译，商务印书馆1997年版，第12页。
③ Ian Shapiro and Casiano Hacker – Cordón, Democracy's Value, Cambridge University Press, 1999, p. 10.
④ Ian Shapiro, The State of Democratic Theory, Princeton University Press, 2003, p. 42.
⑤ 萧功秦：《新权威主义如何走向民主》（http://history.sina.com.cn/his/zl/2014-02-13/155782-227.shtml. 2014-02-13）。
⑥ 西方民主逻辑内含资本独占性、制度设计片面性、社会政治生态变化以及非西方民主模式挑战等诸多因素，使得西方代议制民主陷入重重困境。由此可见，有中国特色人民代表大会制度及其中国共产党领导的多党合作和政治协商制度更能体现当今人类民主发展大趋势。柴尚金：《西方代议制民主陷入重重困境》（http://www.qstheory.cn/freely/2015-11/19/c_1117193776.htm. 2015-11-19）。
⑦ 张林廷：《重构民主合法性：来源、路径与形式——评罗森瓦龙的"民主的合法性"》，《国外理论动态》2013年第9期。

选举，现代则展现为重新建构政党政治社会普遍性。一般认为，民主的发展与演变相继经历了从"阶级民主"到"人民民主"、从资产阶级民主到社会主义民主、从自由代议的选举制民主到"代表型民主"与"代议型民主"，再到现代"协商民主"有机统一的嬗变历程。在社会新常态下，扩大民主的有效路径和可行策略是公民协商，积极推进社会主义协商民主这种既展现完整制度程序、又实现完整参与实践的民主形式，也是党的十八届三中全会的明确号召和全新展望，彰显了我国政治制度的时代创造和独特、独有与独到的优势，辉映中国特色社会主义民主政治的重要范式。

2. 人民代表大会制度彰显我国鲜明特色人民民主

我国作为人民当家作主的社会主义国家，人民代表大会制度是实现人民当家作主的根本政治保障，而"中国式民主"[①]的优越性体现为秉持正确政治方向、重视社会稳定以及高度的政治自信。[②] 在现代民主场域，人民是具体的而不是抽象的。人民概念的多元性呈现为选举人民、社会人民、原则人民，表征由一个"包容性的政治体所暗含的普遍平等所构成"[③]和跨代际的人民。发展广泛充分而又健全的人民民主，是执政党的永恒理念和崇高价值追求。人民民主制度是"国家形态民主与非国家形态民主的有机结合"[④]，而有中国特色的人民民主是基于秩序效率和协同共进的民主新范式。在制度特征上，展示党的领导、人民当家作主和依法治国的有机统一，为转型期我国经济社会发展和全面进步，提供了可靠的动力源泉和政治保障。[⑤] 也开启了人类有史以来第一个通过共产党领导的多党合作和政治协商机制实现民主政治的先河，彰

---

① 黄相怀、李向军：《"中国式民主"的现实逻辑与内在理路》，《中国特色社会主义研究》2013 年第 4 期。

② 有学者认为，我国社会主义民主的优越性展现为形式上的协商民主与选举民主的二元有机统一，共产党领导下的多党合作和政治协商制度营造了高效和谐的政党关系，人民代表大会制度保障了民主的真实性，以及党的领导与人民当家作主、依法治国有机统一，充分体现了社会主义民主人民当家作主的本质要求。

③ 张林廷：《重构民主合法性：来源、路径与形式：评罗森瓦龙的"民主的合法性"》，《国外理论动态》2013 年第 9 期。

④ 王宗礼：《论健全人民民主的制度体系》，《西北成人教育学报》2013 年第 2 期。

⑤ 周少来：《中国特色社会主义民主发展的特征与功能》，《红旗文稿》2013 年第 22 期。

显民主主体的广泛性和民主保障的真实性等显著特点而优越于西方资产阶级民主，因为民主机制失灵始终是美国政治体系的固有缺陷。①

3. 民主作为政治发展载体旨在保证社会整合有效性和可持续性

1945年，毛泽东同志和黄炎培参政员在著名的延安"窑洞对白"中，就如何跨越"其兴也勃焉、其亡也忽焉"历史周期律的熨平处方是"民主"这一法宝，同时他指出就是要"让人民来监督政府，政府才不会松懈。只有人人起来负责，才不会人亡政息。"② 可见，毛泽东同志自信共产党人一定能够成功跨越历朝历代的"颓败周期律"③。在社会主义建设的艰难探索和实践过程中，由于我国建设社会主义人民民主没有现成的经验和模式可供借鉴，致使人民民主建设走了一些不可避免的弯路和曲折。直到党的十一届三中全会后，我国民主制度建设才步入快车道，逐步形成了比较完善的有中国鲜明特色的人民代表大会制度、中国共产党领导的多党合作和政治协商制度、民族区域自治制度以及基层群众自治制度等基本政治制度生态系统。由于我国人民民主政治制度发育不够成熟，制度体系有待完善，体制建设比较滞后，其内在制度优势还没有完全涌现，主要表现在人民民主建设的完善进步指数、实现机制途径与我国社会主义人民当家作主的国体优越性相比还有差距。为此，有学者认为，④ 在公民政治参与制度化，畅通利益表达与民权诉求机制，干部选拔任用制度，决策程序化、民主化制度建设，权力监督制约机制，以及民主监督制度等若干方面有待进一步健全和完善。作为代议制民主基石的选举制度，是现代民主发育程度的重要指标。由于我国的独特国情，在扩大选举范围、完善候选人提名和宣介方式、健全代表监督机制、完善差额选举等制度化建设还需要进一步改革和发展。⑤新中国成立60多年来的民主政治探索与建设实践一再表明，试图借推行西式民主实现中华民族崛起是不可行的。只有坚定不移地坚持党的领

---

① 孔根红：《从"驴""象"之争看美国政治制度缺陷》，《党建》2013年第11期。
② 转引自薄一波《若干重大决策与事件的回顾》（上卷），中共中央党校出版社1991年版，第156—157页。
③ 王凡、东平：《红墙童话：我家住在中南海》，中国青年出版社2011年版。
④ 王宗礼：《论健全人民民主的制度体系》，《西北成人教育学报》2013年第2期。
⑤ 王宗礼：《论发展人民民主与完善选举制度》，《人大研究》2013年第4期。

导、人民当家作主、依法治国和推进民主实践的融合与统一,坚持孕育于中国社会土壤并由我国特殊国情和政治传统决定的符合我国民主政治逻辑的有中国特色社会主义民主制度新样本,以充分迸发人民代表大会制度的根本政治制度正能量,彰显中国民主政治制度更具优越性。① 当然,作为一个政治哲学命题,民主的现代转型不是一个单向线性进程。选举民主和协商民主是有互补关系的民主政治的两个基本环节。转型期的协商民主已成为继代议制民主后,有中国鲜明特色民主政治的重要内容,而其本质与核心精神是人民主权,表征价值理念和制度文化存在的辩证统一体。

4. 民主诉求不仅是现代时尚,更具有现实规定性

追求民主虽已成为现代社会世界性潮流,然而民主的生成和实现从来就离不开国际环境和地缘政治的内在规定性。为此,东亚问题研究专家郑永年教授(2014)认为,"乌克兰悲剧"就以现身说法折射出了国际政治中现代民主的潜在相对性。而要实现德国先哲康德(Immanuel Kant)在其经典代表作《永久和平论》中提出的"现代民主国家之间不发生战争"的"民主和平论"美好愿景任重道远。正如美国著名幽默大师马克·吐温(Mark Twain)所说,对于"一个手中只有榔头的人,他所看到的都是钉子",这颗钉子就是民主。哈佛大学亨廷顿教授在其《第三波:世界范围内的民主浪潮》中阐述了西方民主从价值维度向制度维度转变的过渡历程。同时,有学者指出,"民主是个好东西"②。而英国历史学家丘吉尔(Winston Churchill)则认为,"民主是最不坏的制度"。因为,民主具有共同价值性,但是西方的民主制度却不是唯一的普世价值模式。在市场化的"交换机制"渗透到传统的统治秩序,继而由经济民主和社会民主最终推动政治民主,所谓"政之所兴在顺民心"。可见,民主是多数人的政治,是一种天然要求和党执政合法性的重要来源,彰显精英与平民有效互动。民主的价值追求是公共之善,公民社会是民主政治的前提和基础,民主有利于族群融合。

---

① 田文林:《中国为何不需要西式民主》(http://opinion.haiwainet.cn/nc353596-20489564.html.2014-04-03)。

② 闫健:《民主是个好东西:俞可平访谈录》,社会科学文献出版社2006年版。

5. 有中国特色社会主义民主是决胜 2020 年全面建成小康社会重要政治保证

　　社会主义是迄今为止最适合促进人的全面发展的制度，社会主义内含民主，没有民主就没有社会主义，民主与社会主义的契合在此实现了历史与逻辑的辩证统一。1940 年，毛泽东同志在延安各界宪政促进会讲话中分析了欧美式民主政治、资产阶级专政式民主政治、苏联无产阶级专政式民主政治、新民主主义式民主政治等宪政模式，最后指出"民主要适合国情"。而马克思在《1844 年经济学哲学手稿》中在展望未来社会时就首次探讨了"人的全面发展"课题。其后，在马克思、恩格斯合著的《德意志意识形态》中完整阐述了人的全面发展理论并正式使用了"个人的全面发展"命题是人的价值实现的最高境界，是作为完整的人并以完全的方式，占有自己全面的本质。可见，民主的精髓契合了人的发展旨趣。民主是人类文明史中传承至今的政治形态之一，从古希腊、罗马的直接民主，近现代的代议制民主，一直进化到当今的新型审议民主与代表制民主。民主作为世界潮流，也必须坚持与时俱进的理论品质。香港中文大学王绍光教授认为，中国人更注重实质民主而非仅形式，经过新中国成立 67 年来，在理论和实践中生发出一种有别于西方代议型民主且具有中国特色的代表型民主话语体系。① 同时以公民民主权利平等为基点推动社会整合。为此，萧功秦教授认为，真正有意义的民主是"多元利益之间的社会整合的内在需要"。当市场经济发育比较完善后，经济与社会利益多元化以及多元利益主体之间的相互协调与共生整合，需要民主制度，当民主制度成为社会整合与协商的必要治理工具，当民主不仅仅是一种美好价值，而且是社会整合与利益协调所必需的总钥匙和"牛鼻子"时，如果民主政治建设滞后，社会整合问题就难以从根本上得以解决。按照问题倒逼整合，整合在化解问

---

① 有学者认为，转型期我国社会公众对民主存在着普遍的若干误解：民主映射政治哲学命题，转型表征单向线性进程，政体要么民主要么不民主的非此即彼思维，不民主就是因为不民主，民主搞不好是因为民主本身不好，民主重在选举竞争与权力制衡而政府效能无关紧要，以及不同国家的民主模式都是相似的。结论是民主制度具有多样性模式，因此我们需要思考全球化背景下真实的民主经验与转型逻辑。包刚升：《民主崩溃的政治学——选民分裂、政治制度与民主崩溃》，《公共行政评论》2013 年第 5 期。

题中深化,社会整合永无止境的务实经验主义原则,制度民主化的时代就来临了。民主孕育和诞生在西方,也是基于历史过程中演化出来的东西,是多元化社会演进到一定阶段,水到渠成的结果。民主化也不应该是简单地按图施工的成果。民主是一种好的价值取向,通过积极培育社会组织和公民意识为发展民主政治创造"三大共识"条件,第一是"中道理性"为基础的共识,第二是"法治与政治"游戏规则的共识,第三是"多元各派"之间的妥协共识。只有这"三大共识"为基础的民主,而不是斗争出来的民主,才是真正有效的民主,否则,民主就是灾难。① 这已经为泰国和缅甸等东南亚国家的民主发展实践所证实。

基于以上分析,党的十八大报告强调指出,要把人民民主制度建设摆在突出而首要位置充分体现了社会主义的本质要求,展示了推进我国经济发展的基础要件、政治建设的价值目标和社会稳定的动力之源,也充分彰显了有中国特色社会主义民主政治制度的优越性和正能量。以利于着力推进转型期社会整合科学化,从而使人类能够借助于民主机制实现协调关系、规范行为、化解问题、促进公正、应对风险与保持稳定为重要旨趣。转型期在全面深化改革进程中,以与时俱进的精神状态,着力于完善和发展中国特色社会主义制度、积极推进"国家治理体系和治理能力现代化",② 着力创设全体人民共享"民主富强、文明和谐、仁爱诚信、生态文明"的富有满意且有尊严体面的幸福生活。

四 坚持以"发展"为第一要务,着力遏制两极分化,实现共同富裕

社会主义的价值追求和指向目标在"社会公正"旗帜下,解放和发展社会生产力,消灭社会对立,消除两极分化,最终实现全社会共同富裕,这是马克思主义理论价值目标。只有坚持以"发展"为第一要务,促进社会财富充分涌流,同时千方百计遏制两极分化,实现共同富

---

① 萧功秦:《新权威主义如何走向民主》(http://history.sina.com.cn/his/zl/2014-02-13/1557822-27.shtml.2014-02-13)。
② 本社编:《中共中央关于全面深化改革若干重大问题的决定》,人民出版社2013年版,第3页。

裕，最终指向"自由人的联合体"。而"先富至共富"① 的利益分配格局是消解两极分化的现实理路和实践路径选择。现代社会学和政治学认为，利益关系不协调、社会不公平是诱发社会矛盾与群体冲突产生的根源，也是社会秩序紊乱的主要原因。所以，要着力完善利益关系协调机制。而唯有发展才能自强，科学发展才能永续发展，才能实现创新、协调、绿色、开放和共享的新型发展。实现共同富裕是社会主义的本质规定、价值诉求和精神内核，也是社会主义作为制度优越存在的必然合理性，更是共产党人始终不渝的奋斗目标。社会整合旨在国家富强、民族振兴和人民福祉，就是要构建人文精神，以充分发扬个体的无限追求精神价值方式追求人的存在状态，以此促进全体社会成员共同富裕。

---

① 任映红、戴海东：《中国共产党的社会公正观研究》，人民出版社2009年版，第274页。

第六章　转型期推进我国社会整合实践路径选择

社会整合是指组成社会系统各个部分之间在时间和空间场域下的"信息与能量交换"能够互相兼容且顺畅有序，而不是充满障碍与冲突。新常态下，伴随全面推进国家治理体系和治理能力现代化的持续深化，实现社会整合的现实路径和实践手段选择日益丰富多样。为此，中国社会科学院社会问题研究中心主任于建嵘教授（2009）期待"建立制度性的社会减压方式"①，以不断提升社会整合水平。一是要着力调整公平公正的社会利益关系，大力改善和保障民生建构社会整合基础。二是要着力改善和优化政治上的增压机制，让基层政府真正成为社会整合的主力军和桥头堡。三是要着力改变公民权利救济状况，让司法成为社会的"稳压器"和"减压阀"。四是要着力改善民意表达状况，让民意成为社会的"压力表"和"温度计"。五是要着力改变社会管理模式，让民间组织成为社会稳定的守护者和捍卫者。同时，着力构建有中国特色社会整合生态机制体系要以博大胸怀、宽广视野借鉴和吸纳人类一切优秀文明成果、并嵌入我国优秀传统文化基因相结合为一，从制度、经济、政治、文化、价值观、民生以及法律等若干代表性领域切入，通过打造和完善"体现时代性、把握规律性、凸显差异性、赋予创新性"的利益与收入分配机制、政治参与机制、社会沟通与流动机制、区域联动均衡与矛盾协调机制以及生态治理长效机制等社会整合机制多元生态体系，充分体现了我国社会整合发展鲜明特色，着力于发挥社会分工积极功能，以分化与整合的互动博弈推动有中国特色社会整合

---

① 于建嵘：《期待建立制度性的社会减压方式》，《人民论坛》2009年第15期。

正能量的扬弃生成。

第一节　转型期我国社会整合内在结构和着力点

社会系统由经济、政治、文化和生态等若干子系统构成，社会整合就是要充分发挥这些个子系统的整合功效，其中市场经济是社会整合根本，民主政治是社会整合保证，先进文化是社会整合前提和关键，生态文明是社会整合基础，这样社会整合才有可靠依托。社会整合内在结构和着力点是指社会整合要指向的对象，协调或优化的社会关系范围，即社会整合的外延。转型期我国社会整合要处理好国家与社会、政府组织与非政府组织、社会整合的主体与客体以及西方社会整合理论与社会整合中国化等多种关系。作为社会整合的一支重要力量，国家可以运用超强制力量实现社会整合目的，但有效的社会整合一定是国家、政府与自发的民间社会组织力量有机协同推动的结果。社会整合是现代工业化的产物，经过近170多年的发展，现代社会整合已经形成了关于现代化社会发展变迁的丰富内容。而政府组织是国家权力的载体和表现形式，非政府组织是社会民间力量的载体和表现形式，只有充分发挥制度、经济、政治、文化、价值观、民生和法律的协同作用，在社会整合中各负其责、相辅相成，不可缺一，共同推动有中国特色社会整合生态体系建设。

一　制度是社会整合的基础和保证

制度作为人类社会的政治组织形式和结构存在状态，是基于主流意识形态和共同价值观念认同的基础之上以强制力规范个体间利益关系的相对稳定行为规范和规则体系，旨在调整社会关系，满足社会需求。[①]我国宋代词论专著《词源》认为，制度是法令礼俗的总称，也指政治规模法度。可见，制度更多是在规程准则与组织中的行为程序等诸多意

---

① 李强主编：《中国社会变迁 30 年（1978—2008）》，社会科学文献出版社 2008 年版，第 181 页。

义上使用,是"运行中的机构",① 是组织程序获得价值和稳定性的过程,表征集体确定的信仰和具有稳定性与周期性的行为模式与规则。②一言以概之,制度在本质上是价值观和政治理念的固化和载体化。

(一) 社会整合的核心指向制度创新,以此释放改革开放新动能

制度映像正式规则、程序与规则,涵摄象征体系、认知路径与道德模式等导引个体行为的"一个框架"。一般而言,创新是制度的动力源,制度创新包括体制和机制两个向度,体制表征结构,蕴含社会运行和发展的基本机制,及其具体制度性安排,体制的正义和公正属性是社会公平正义的基石。所以,有学者认为体制是"稳定受重视和反复出现的行为模式"③,而机制更多具象化为过程或程序。转型期,我国社会整合体现为自上而下、量力而行、循序渐进、路径依赖等特色,从体制结构和机制程序维度协同着手,以有效确保我国社会整合能力和水平取得预期效果。同时,着力深化社会整合要科学处理好法治和人治、公平和效率、政府和市场、集权和分权等四对矛盾的内在辩证关系。④ 唯物史观认为,作为社会整合基本规则的制度是由生产方式和生活方式的历史塑造,是社会系统正常运转、发挥效能的基础性架构和根本保障。制度问题关系到"党和国家是否改变颜色,必须引起全党的高度重视。"⑤ 公平作为制度逻辑的最主要特征,其内涵结构体现为,在经济层面上基于平均原则、按劳分配原则和人道原则的有机结合实现利益的均衡分配。所以,邓小平同志指出,制度好可以使"坏人无法任意横行,制度不好可以使好人无法充分做好事,甚至会走向反面。"可见,对于提升社会整合以全新的角度思考国家治理体系问题,制度领域是基础和保证。

(二) 现代化制度体系有利于助推社会整合科学和高效

制度是决定社会现代化发展与文明进步的关键性因素,只有不断推

---

① [美] 康芒斯 (Commons J. R.):《制度经济学》(上),于树生译,商务印书馆1962年版,第86页。
② [美] 塞缪尔·P. 亨廷顿:《变化社会的政治秩序》,王冠华等译,上海译文出版社1989年版,第12页。
③ 同上书,第13页。
④ 张维迎主编:《改革》,上海人民出版社2013年版。
⑤ 《邓小平文选》(第2卷),人民出版社1994年版,第333页。

进制度现代化变革,才能推进社会整合体系的完善,从而打破旧的社会局面,给社会生活以新方向,给现代化进程以新突破。制度建设的首要目的是解放和发展生产力。制度的有效运行需要良好的体制机制做保障。制度文明的核心是制度要体现公正性与正义性。文明的制度,必然是更为公正的制度。建设制度文明,就是要不断改革制度,使其更为公平和公正。好的制度是历史和现实自然选择的结果。正如我国的政治体制是一个威权性的政治架构,执政党居于社会最高层是历史的选择。为此,清华大学汪晖教授认为,中国政治新趋势是政党体制的与众不同,执政党既是政党,又直接进入国家体系,是有中国特色社会整合事业的领导核心和坚强堡垒,同时正确处理市场和集权的辩证逻辑关系。以此推动制度体系的现代化和社会整合科学高效。

　　古人云,"凡将立国,制度不可不察也"。作为人类社会重要现象的制度,一般是由法律法规、规程习惯以及道德戒律等构成的为全社会所普遍通行或采纳的一种约束个体行为、调节个体之间利益关系的社会机制,① 完善而科学的制度建设是社会良序运行的基础和保证。只有完善的制度体制才是促进经济增长的内在动因,其他如技术、教育等因素,不过是增长本身而已。② 人类社会发展史一再证实了,有效制度体系和健全国家机制是助推经济社会转型跨越发展的重要基础和关键因素。美国制度经济学鼻祖凡勃伦(Thorstein B Veblen)认为,制度是一种流行的精神态度或生活理论,及其思想习惯。③ 而诺贝尔经济学奖得主诺斯(Douglass North)认为,制度是被设计出来的一系列规则、守法程序和行为的道德伦理规范。④ 而马克思主义认为,制度是具有"规定和管理一切特殊物的、带有普遍意义的'特殊物'"⑤。制度具有客观

---

　　① 张康之:《公共管理导论》,经济科学出版社2003年版,第77页。
　　② 曾毅红:《增强制度竞争力是提升国家竞争力的关键》(http://www.szass.com/newsinfo_302_8215.html.2005-12-14)。
　　③ [美]托斯丹·邦德·凡勃伦:《有闲阶级论:关于制度的经济研究》,蔡受百译,商务印书馆1964年版,第189页。
　　④ [美]道格拉斯·C.诺斯:《经济史中的结构与变迁》,陈郁译,上海人民出版社1994年版,第225—226页。
　　⑤ 《马克思恩格斯列宁斯大林论政治和政治制度》(上),群众出版社1983年版,第15页。

实在性，是经济社会发展的产物。我国改革开放的总设计师邓小平同志认为，制度范畴"更带有根本性、全局性、稳定性和长期性"[①]。制度创新蕴含经济可持续增长的内在机制与强劲动力。[②] 为此，党的十八大报告强调指出，要着力构建"系统完备、科学规范、运行有效的制度体系，使各方面制度更加成熟更加定型"。[③] 制度建设作为转型期我国社会整合的基础和保证，是治国理政和抓好各项工作的根本，关系党和国家的前途命运。因为，良善而正义制度的本质逻辑上须不具有"排他性"，不能因为某些群体占有更多社会资源，就可以"刑不上大夫"；也不能因为怜悯，就可以对草根"网开一面"。[④] 而是要着力坚持以规则和制度统筹协调各方利益关系，以中国特色社会主义制度体系为根本制度保障，以良好制度机制凝聚实现"中国梦"强大力量。所以，要把握好时机、考虑长期性、注重整体设计，毕竟，制度建设是社会整合最具成本优势和最有效的资源，制度建设前进一小步，社会整合前进一大步。

二 经济是社会整合的"源代码"与核心前提

经济领域是转型期推进我国全面深化社会整合的重点和总钥匙，经济发展不均衡始终列为中国社会面临的首要挑战，其症结点就是科学处理好政府和市场关系，确保市场机制在资源配置中起决定性作用和更好发挥政府作用。中国特色社会整合应立足于我国处于并将长期处于社会主义初级阶段最大实际，坚持社会主义市场经济改革方向，充分认识深化经济体制改革的重要性和紧迫性，深刻理解其科学内涵和本质要求，充分发挥经济整合牵引作用，协同推进其他领域整合，形成强大的社会整合力。新常态下，我国钢铁、水泥等行业产能过剩、房地产泡沫和地方债务等经济社会发展困境，以及推进供给侧结构性改革清除障碍的举措，表征我国经济处于转型换挡期。

---

① 《邓小平文选》（第2卷），人民出版社1994年版，第333页。
② 张润君：《试论制度创新与西部大开发》，《兰州大学学报》2001年第2期。
③ 胡锦涛：《坚定不移沿着中国特色社会主义道路前进，为全面建成小康社会而奋斗：在中国共产党第十八次全国代表大会上的报告》，人民出版社2012年版，第18页。
④ 樊纲：《制度改变中国：制度变革与社会转型》，中信出版社2014年版。

为此，2014年全国经济体制改革工作会议给出的应对策略是①：第一，着力深化投资审批"精简化"制度改革，推进投资领域法制化建设，改善民间投资环境；第二，着力推进主要基于市场决定资源性产品价格机制改革；第三，着力实施全面规范、公开透明的预算制度，继续深化财税金融改革，推进利率汇率市场化改革；第四，着力深入推进国有企业改革，完善基本经济制度，发展混合所有制经济；第五，着力构建公平开放透明的市场规则；第六，着力构设以"人的城镇化"为核心的新型城镇化，有序推进农业转移人口市民化；第七，着力扩大服务业领域对外开放，推进投资贸易便利化，完善支持企业"走出去"体制机制；第八，着力深化推进教育、医药卫生、文化、社会保障、住房保障、收入分配等社会事业领域改革，统筹基本公共服务体制机制改革，努力实现发展成果更多更公平惠及全体人民；第九，着力抓好生态文明体制改革，健全资源节约环境保护体制，推进环境治理体制创新，将"环境承载力"作为宏观经济指标的先决性约束条件，建立完善跨区域生态补偿模式和机制，加快建设生态文明制度体系等若干举措，旨在经济增长与环境保护实现"双赢"，坚持"稳中求进、稳中有为、稳中提质、稳中增效"思路，更加尊重经济规律，着力于在效率和盈利性提高、附加值提高和科技创新上下功夫，重新定位发展模式与目标，推进从粗放式发展到内涵"集约增长"经济发展方式和理念的升级转型与改革。通过经济市场化和民主政治法治化改革，构建公平正义和廉洁有为的服务型政府，充分发挥市场在资源配置中的决定性作用，着力提高生产效率培育经济发展新动力，加快发展现代农业、培育壮大战略性新兴产业、推动传统优势产业整合升级、大力发展现代服务业、支持非公经济发展、大力促进大众创新和万众创业，真正实现可经济社会持续发展。着力指向马克思认为人的发展要经历三个历史阶段②，"人的依赖"的自然经济、"物的依赖"的商品经济和"人的自由全面发展"的产品经济。

---

① 胡建辉：《全国经济体制改革工作会议在京召开》，《法制日报》2014年5月18日。
② 《马克思恩格斯全集》（第30卷），人民出版社1972年版，第107—108页。

三 政治是社会整合的"阿莉阿德尼线"①

我国古代丝绸之路经济带辐射欧亚大陆，在促进和活跃东西方商贸互联互通与优势互补的同时，也提升了多样文化的广泛交流与深度融合。13世纪《马可·波罗游记》的广泛传播，加之宗教崇拜和对财富的本能渴望激发了欧洲冒险家对神秘东方的倾慕探求与向往之心。14世纪欧洲最准确完备的"加塔兰地图"②问世。伴随生产工具和科学技术的日新月异，以及文艺复兴和宗教改革的内在推动，终于引发了15世纪到17世纪的探险家们开辟新航路和地理大发现。历史与现实的合力作用极大地提升了生产力的飞跃发展。随着社会交往和世界联系的普遍扩大以及启蒙思潮开启了科学革命与理性进步的"人间正道"。18世纪西欧资本主义率先完成了从工场手工业向机器大工业的转型跨越，其标志符号是"机器时代"的到来。这场以"蒸汽机"的使用与推广为先导的史无前见的工业革命，以摧枯拉朽之势引领和主宰了世界的全球化和近现代化轨迹，并深刻影响和建构了全球政治经济格局直到现在，其表征为以葡萄牙、西班牙、荷兰、英国、法国、德国、日本、俄罗斯、美国等9个国家沿着不同的现实理路和实践坐标，以风云激荡之势相继演绎了大国登上世界政治舞台的精彩一幕与崛起图景。而那些对现代化的憧憬与期待孕育起"满怀希望的革命"③心理改变了人类政治价

---

① "阿莉阿德尼线"典故出自古希腊神话传说，古希腊克里特国王米诺斯的迷宫内藏怪物米诺陶洛斯，米诺斯强迫雅典每九年进贡七对童男童女作为牺牲。雅典王子提修斯决心为民除害，扮作男童来到克里特岛，并自告奋勇进入迷宫试图去杀掉怪物。但是迷宫的构造十分复杂，很难找到怪物，并且即使杀了怪物，自己也走不出来。克里特国王米诺斯的公主阿莉阿德尼对提修斯一见钟情，见此情景，便给了提修斯一个小线团，一头系在迷宫的大门上。提修斯将线团的另一端系在身后边找怪物边拉线，终于找到了怪物的藏身之处，并将其杀死，然后自己循原路返回便顺利逃出了迷宫。此后，阿莉阿德尼的线团就成了西方世界用以比喻走出宗教起源迷宫的生命线。参见《马克思恩格斯全集》（第30卷），人民出版社1974年版，第837页。

② "加塔兰地图"是犹太制图家贾·克雷斯奎父子在1375年绘制的当时欧洲最完备准确的世界航海图，由此指引葡萄牙成为15世纪的海上霸主。百度百科·加塔兰地图（http://baike.baidu.com/link?s8dBj9ns-TFQ7TRum2R_yQm86HU1zGnsFzXmY6GAJ6EJPabqurl=b-4vrEb4ph0-FRG24eny3jSxYJxCdW_oOBj-mvK）。

③ 金耀基：《从传统到现代》，中国人民大学出版社1999年版，第91页。

值系统取向的国家,体认现代化布满荆棘的艰辛历程,渴望摆脱"传统社会"藩篱束缚,试图以全新的现代化姿态跻身主流国家之列,① 同时,竞相将现代化转型作为一项全球趋势和国家政治战略来经营。然而现代化的愿景与现实的错位导致了传统与现代的此消彼长和"同步共振"效应,激发了转型期与现代性有关的社会整合命题。

其实,从现代性的缘起可以发现,现代性是工业革命和"政治革命的结果,是新制度和新价值观念的化身,同时它又是无穷变迁的一个新阶段。"② 现代性表征为多维政治参与和社会流动扩大。政治体制整合核心指向民主,当秉持"以人为本"理念。新中国成立以来的政治整合实践经验表明,高度重视社会主义政治制度建设,始终秉持"经济建设为中心"与"发展才是硬道理"的普遍理念,始终坚持政策的稳定性与连续性,始终坚持政治体制改革的社会主义方向,积极培育和践行社会主义核心价值体系,重视和加强党的建设,着力于不断提升党的制度建设科学化水平。③ 同时,要进一步简政放权,着力营造公平竞争市场环境,继续取消和下放行政审批事项,加快建立和完善政府权力清单制度,探索实行负面清单管理模式,继续推进财税、金融、价格、科技管理体制等方面改革。另外,西方国家的精神力量来自于国家意志、宗教信仰和职业精神。而我国主要是依靠党的创新理论武装和科学精神浇灌。转型期,我国存在社会结构断裂性元素,主要是缘于政治体制改革滞后导致权力运行无边界,以及过多干预微观经济活动,造成广泛寻租和贫富差距拉大,阻碍了创新动力和公民社会构造。一个强大的政党能够借助于一个制度化的公共利益平台来整合四分五裂的个人利益,能够为超越狭隘地方观念的忠诚和认同奠定基础,成为维系各种社会整合力量的纽带。为此,北京航空航天大学高全喜教授认为,当前我国有关民主政治理论内涵五种模式分别为,中国特色社会主义民主政治

---

① 北京大学世界现代化进程研究中心主编:《现代化研究》(第1辑),商务印书馆2002年版。

② [德]沃尔夫冈·查普夫:《现代化与社会转型》,陈黎、陆宏成等译,社会科学文献出版社1998年版,第63页。

③ 张新平等:《政治稳定视野下中国政治和谐稳定发展的基本经验》,《国家行政学院学报》2013年第3期。

理论、自由主义代议制民主理论或自由民主理论、左派激进主义民主理论、民主社会主义民主理论、新近流行的从西方移植过来的审议民主理论。而民主政治建构"公民社会"的前提和应有之义就是防范权力垄断导致社会专制,实现价值认同是"政治稳定的根本支撑"①。总之,我国政治领域改革是以坚持中国特色社会主义政治权力架构为前提,以行政体制为主要内容的政治管理体制革新,以助推政治制度完善,调整社会关系与缓解社会矛盾,提高政治整合效能,以推动"高度民主、法制完备、富有效率且充满活力"为目标的社会主义政治体制理想模型。

四 文化是社会整合的"强化剂"

源起于人类社会实践活动的文化,是文明的标志性符号和精神图腾,其本质展现为人类"人化"世界的全部经验和成果的凝结,② 是精神维度的深层积淀,承载着经济社会发展的道德力量。文化的核心是价值观,而价值观蕴含的国家软实力是一种综合性、整体性的有机力量。这份国家软实力源自国家的道路、理论和制度基础拓展的要素分析和高度自信。

(一) 文化的孕育生成及其演进流变离不开文化本身的历史存在感

诚如梁启超所言"凡文化发展之国,其国民于一时期中,因环境之变迁,与夫心理之感召,期而思想之进路同趋于一方向。"③ 可见,传统文化"并不是一种静态的文化'化石',而是动态的观念之流"④,传统文化具有的历史承继性,"不会随旧制度的湮灭而消失"⑤。文化作为一种生活方式和存在状态,不同民族、不同区域的思想文化各有千秋,只有姹紫嫣红之别,而无实质上的高低优劣之分。理论界认为,"人化"的"文化"是个很难严格进行科学界定的学术概念。著名文化

---

① 孔德永:《动态理解政治认同与政治稳定》,《中国社会科学报》2014年4月4日。
② 李德顺:《怎样科学对待传统文化》,《求是》2014年第22期。
③ 梁启超:《清代学术概论》,中国书籍出版社2006年版,第2页。
④ 姜涌:《政治文化简论》,山东大学出版社2002年版,第156页。
⑤ 邹谠:《二十世纪中国政治:从宏观历史和微观行动的角度看》,牛津大学出版社1994年版,第45页。

学者余秋雨教授从学理、生命、大地和古典等四个层面来解析和诠释文化的本源。他认为，文化是通过积累和引导，旨在创建集体人格的一种包含精神价值和生活方式的生态共同体，文化没有科学的定量指标，也没有科学的国际标准。① 可见，文化的定义古今中外莫衷一是。学者们从不同的学科和旨趣对于"文化"的解读有数百种之多，广义的文化是指人类在长期社会实践中创造的精神财富和物质财富的总和。在我国古汉语中的"文化"一词，发端于经典《周易·贡卦·象传》，曰："观乎人文，以化成天下"，意指从精神层面以文教化，以人伦仪则、道德秩序去规范和教化人民于蛮荒，并使之开化和文明化的实践活动。现代意义上的"文化"一词，来源于拉丁文"Colere"，表征对土壤、土地的耕耘和加工。文化在发展演进过程中发生了定义诠释的多维走向，古罗马著名政治哲学家西塞罗（Marcus Tullius Cicero）认为，智慧文化就是哲学。"文化"作为学术问题被研究和阐发，开始于近代欧洲。英国文化学奠基人泰勒（Brook Taylor）在其《人类早期历史与文化发展之研究》（1865）和《原始文化》（1871）中认为，文化是一个复杂的总体，是包含知识、信仰、艺术、道德、法律和习惯，以及其他人类作为社会成员而获得的种种能力、习性在内的一种复合整体。② 德裔美籍社会理论家法兰克福学派大将马尔库塞（Herbert Marcuse）认为，所谓文化就是"有条不紊地牺牲力比多，并把它强行转移到对社会有用的活动和表现上去。"③ 而美国人类学家霍尔（Hall，Charles Martin）认为，文化"决定了人的存在方式"。从狭义视角追问，文化作为人类精神活动的结果，表征人类对文明标识的不同方式的解读与诠释。文化复兴是自我救赎的最好方式。正如亨廷顿在其名著《文明的冲突与世界秩序的重建》中所言，在冷战后的世界体系中，"全球政治在历史上第一次成为多极的和多文明的"。我国宋代理学大儒朱熹在其《春日》诗中描述了文化多样性的理想状态，"等闲识得东风面，万紫

---

① 余秋雨：《何谓文化》，长江文艺出版社2012年版。
② ［英］布鲁克·泰勒：《多维视野中的文化理论》，庄锡昌、顾晓鸣等译，浙江人民出版社1987年版，第98页。
③ ［美］赫伯特·马尔库塞：《爱欲与文明》，黄勇、薛民等译，上海译文出版社1987年版，第18页。

千红总是春"。张岱年教授在其《中国文化概论》(1994)中认为,凡是超越人类本能的、有意识地作用于自然和社会的一切活动和结果,是"自然的人化",都属于文化的范畴。

(二)构建国家先进文化基础,打造社会主义精神文明遍地开花

着力推进以社会主义核心价值观为基础的国家先进文化,促进社会主义精神文明满园春色。在现代社会,文明更多体现为一种政治法律制度和公共文化,而现代性作为一种新的轴心文明,彰显了价值中性的能力和秩序,因此它可以与不同的轴心文明与意识形态相嫁接,从而生成当今世界上多元多样的现代性。文化建设是未来推进中国经济的最大动力。广义而言的文化包括精神文化、制度文化和物质文化等三个层面,其中宗教是文化的圆心。览阅我国5000年传统文化蕴含独创性和兼容性并存、悠久性和内聚性并存、统一性和多样性并存,以及世俗性强、宗教性弱,兼容性强、排他性弱,保守性强、进取性弱等多重特征。这也就决定了我国传统文化的勃勃生命活力。英国现代思想家艾瑞克·霍布斯鲍姆(Eric Hobsbawm)在其《断裂的年代:20世纪的文化与社会》中指出,文化"并不是人们根据各自的品味为自身提供需求的超市"。文化观念决定于生产、生活方式。文化传播从假定的自娱自乐中走出来,同时化身为产品和服务才能成为软实力,一句话"文化走向世界,首先要走向自己"。[①] 而社会主义核心价值观作为传统文化在现代社会的积淀和映射,集中凸显了国人对社会公正的内心追求、心灵仰慕和对美好生活的情感寄托。新时期,正确处理"一元统领"与"多样并存共生"关系、"市场驱动"与"政府引导"关系,采取有效措施,更加积极主动地推动社会主义先进文化大发展大繁荣。

五 价值观是社会整合的重点与难点

价值是基于特定属性的客体对于主体所蕴含的意义、效应或因果关系,涵摄事物存在的前提,表征时代问题的价值阐释、指向目标以及有

[①] 葛剑雄:《文化走向世界,首先要走向自己》,《湖北日报》2014年5月5日。

意义的秩序①,也是价值观反映社会分化与整合的重要变量和社会意识形态的"一面镜子"。

(一) 价值观是价值体系的核心元素

价值优化旨在重塑现代社会团结与社会统一性的精神基础,内在蕴含超越并扬弃特殊主义的普遍主义价值诉求。价值基于人类共同的良知和准则的意识形态范畴,是主体赋予客体、事件或者观念以积极意义的形而上命题。以市场化为导向的改革开放,使经济成分、社会组织、就业形式和分配方式日趋多样化,造成了社会阶层的分化和利益的多元化,并由此决定了反映不同利益关系的价值观多元化。学者们一般从三个维度诠释价值思想,在社会学意义上,价值表征人生中值得渴求的、终极的善观念;在经济学意义上,价值彰显事物被渴求的程度;而在现代结构主义语言学意义上,价值映射有意义的差别。

(二) 核心价值观对于社会整合的价值引领和行为规范

作为价值体系和意识形态的道德是社会秩序的符号化形式,表征软性社会整合,体现为个体内心对规范的认同和自律意识,旨在通过社会舆论、个人内心信念和价值观念,以及必要的行政手段,调节主体与客体之间关系的行为准则和规范的总和。② 道德作为主观与客观的有机统一体,分为日常生活层面和意识形态层面,而日常生活化的道德经常以价值尺度的形式出现,并具有终极性地规定自由、公正和平等性。道德的社会功能体现在维护、调节和批判等诸方面。为此,德国社会行动理论奠基人韦伯认为,我们正处于一个祛魅之后诸神不和的时代。③ 因此,道德的认同就很重要。而认同是基于人的心理、思想与信仰形成的,其逻辑起点源于人的自我认知。价值观引领的道德是"各种明确规范的总体,它们说明在某种既定的情境中,人们必须怎样去行动。"④ 其规范功能在于消除个体随意性,确定和规范行为,而达到一致性和相

---

① [德] 舍勒(Max Scheler):《舍勒选集:二十世纪思想家文库》,刘小枫编译,上海三联书店1999年版。
② 章海山、张建如:《伦理学引论》,高等教育出版社1999年版,第69—70页。
③ 王虎学:《多元社会的价值重建:论社会主义核心价值体系的历史生成与自觉建构》,《北京师范大学学报》(哲学社科版) 2011年第5期。
④ Emile Durkheim, Moral Education. New York: The Free Press 1961. p. 24.

似性为旨趣。所谓，"人无德不立，国无德不兴。"任何一种社会制度的背后，都有其核心价值观作为支撑。核心价值观指向一个国家的立国宗旨，并向世人昭示国家发展方向和理念。全面深化改革既是制度完善、治理推进的过程，也是价值彰显、精神构建的过程。践行社会主义核心价值观，为塑造良好社会风尚打造"主心骨"。价值都是具体的，文明没有普世价值，而价值观像空气一样无处不在。著名的美国民权运动领袖马丁·路德·金（Martin Luther King, Jr.）在其《我有一个梦想》的演讲中阐发了美国梦的价值诉求。2012年，习近平同志在参观《复兴之路》后用全新思路诠释了"中国梦"的科学内涵，其拓展要素和精髓实质凝练为，国家层面的富强民主与文明和谐，社会层面的自由平等与公正法治，以及个体层面的爱国敬业与诚信友善等三个维度为核心内容的社会主义核心价值观。伴随公众价值和利益诉求多元化，以及公民意识渐趋觉醒，促使一元化指导思想与多元化文明在扩容中积极应对多元化社会，以此着力构建充分反映中国特色、民族特性、时代特征的价值体系，以彰显凝魂聚气、强基固本的正能量。有学者归纳并提出了"国家至上、社会为先；家庭为根、社会为本；社会关怀、尊重个人；协商共识、避免冲突；以及种族和谐与宗教宽容"为丰富元素的五大共同价值观，① 毕竟，在全社会树立核心价值观自信是永葆中华民族精神独立性的重要支撑。

（三）社会主义核心价值观培育个体信仰取向

个体的价值观取向映射其信仰。信仰作为价值体系的核心，浓缩性地表达着社会结构整体变迁。为此，歌德认为，世界历史的唯一真正的"主题是信仰与不信仰的冲突。一方面，所有信仰占统治地位的时代，对当代人和后代人都是光辉灿烂、意气风发和硕果累累的，不管这信仰采取什么形式；另一方面，所有不信仰在其中占统治地位的时代，都只得到一点微弱的成就，即使它也暂时地夸耀一种虚荣的光荣，这种光荣也会飞快地逝去，因为没有人操心去取得一种对不信仰的东西的知

---

① 李立国：《创新社会治理体制主要应转变社会治理方式》（http：//politics. people. com. cn/n/2013/1205/c70731-23754843. html. 2013-12-05）。

识。"① 社会主义核心价值观的社会整合功能体现为示范引导、载体创新、内引外联、舆论宣传、文化熏陶、内化于心、外化于行、弘扬精神、政策制定、制度保障，增强认知认同、坚定理想信念、筑牢精神家园、整合"失序的链条"、推动人人实践，以彰显中国民族特色、中国传统精神、中国历史文化、中国发展元素，打通"断层"应是兼收并蓄，表征中国特色"共同价值观"，是养护民族精神的于丹式"心灵鸡汤"。新常态下，我国社会城镇化进程迅速推进的过程中，传统农村社会以"宗亲关系"为核心的社会结构正在逐渐瓦解，城市文明的消费文化对于传统熟人社会的伦理道德构成了冲击和消解，尤其是在经济发展带来的物质诱惑面前，传统社会的价值共识变得异常脆弱。而道德整合旨在培养健全人格，其基本逻辑滋养个体是目的而不是手段。

（四）以中华优秀传统文化滋养的社会主义核心价值观共筑"中国梦"

价值体系是特定生产方式决定下由社会崇尚和倡导的思想理论道德准则、理想信念等一系列价值观所构成的逻辑体系和精神动力。在人类文明进程中，每个社会都会有自己的特定价值体系，其中反映统治阶级和集团的基本价值准则，为制度所认定并有效地统摄社会各阶层的价值目标、规制社会心理和意识的理论学说，就是这一历史时期和社会时代的核心价值体系。② 作为价值体系高度凝练和集中表述的核心价值观，表征价值体系内核，蕴含价值体系的根本性质和基本特征，映射价值体系的丰富内涵和实践路向。从优秀传统文化中汲取营养的社会主义核心价值观旨在弘扬共同理想、凝聚精神力量、提升道德风尚，实现国家宏观层面的富强民主、文明和谐的价值目标，社会中观层面的自由平等、公正法治的价值取向，公民个体微观层面的爱国敬业、诚信友善的价值准则，从三维向度全面彰显了国家、集体与个人三者的辩证利益关系，诠释了社会主义基本目标和价值观要求，为追寻"中国梦"预设了出发点和落脚点，表征社会体认"最大公约数"，符合主流意识形态引领

---

① 歌德：《东西集注释》，转引自鲍尔生《伦理学体系》，中国社会科学出版社1988年版，第363页。

② 王立胜、聂家华：《论中国社会核心价值体系的演进逻辑与经验启示》，《当代世界与社会主义》2009年第1期。

传播的大众通俗时代化和日常生活隐性化的认知期盼与认同诉求，旨在为国家改革发展助力，为民族进步复兴铸魂。转型期我国主流价值观面临来自政治理论、思想道德和工作作风等领域的挑战。为此须立足中国国情，着眼于中国特色社会主义事业的长远发展，遵循人们思想观念形成和变化的客观规律，坚持以党的领导为价值基础，以社会主义核心价值体系为价值引领，以科学的政绩评价体系为价值标准，以思想政治工作创新为价值手段，以社会主义法治建设为价值保障。统筹兼顾、标本兼治，不断加强有中国特色社会主义核心价值观建设。① 因为只有当我们在"意识形态与现实之间感受不到任何对立时，这种意识形态才会真正地掌握我们。"② 而过去以"经济建设为中心"的机械发展观引领和过于关注GDP增长崇拜，导致社会信任缺失、社会价值多元化、价值理性边缘化与精神世界对象化等共同勾勒出当代社会的价值困境，展现为我国社会当前所面临的主要危机是元价值危机。③

因此，转型期我国社会最紧迫的任务是走出价值混乱危机，这就亟须超越神圣合法性的天道、历史文化合法性的地道和人心民意合法性的人道这"三重合法性"④，着力以寻求社会主义核心价值观合法性资源。并通过实施公平正义理念、树立政府公信力，来重塑人心良善、扭转社会风气，重建价值信仰需要，将每一个人的价值和尊严视为其最高目标指向。

六 民生是社会整合的落脚点和最终归宿

"民生"一词古已有之，目前可查到的文献显示最早见于《左传》中的记载："民生在勤，勤则不匮，是勤可以免饥寒也。"其意在着重强调勤劳，所谓"民为邦本、本固邦宁"。"民生"作为有中国特色社

---

① 夏东民、金朝晖：《我国主流价值观面临的挑战与对策》，《毛泽东邓小平理论研究》2013年第9期。

② ［斯洛文尼亚］斯拉沃热·齐泽克：《意识形态的崇高客体》，季广茂译，中央编译出版社2001年版，第69页。

③ 王宁：《社会元价值的危机与超越：从目标性元价值到调节性元价值》，《学术前沿》2013年第13期。

④ 《王道政治是儒家的治国之道——蒋庆先生再谈王道政治三重合法性问题》（http：//www.China - kongzi.org/rjwh/ddmj/jiangqing/200705/t20070523_ 2176672.htm.2014 - 04 - 12）。

会主义建设的着力点和落脚点,是社会整合的突破口与关键点。民生不仅是社会问题、经济问题,更是政治问题。只有始终关注民生,着力保障和改善民生,加强就业和精心推进惠民工程,加快统筹和发展各项社会事业诸方面,才能形成社会整合的强大凝聚力和向心力。就业、收入与社会保障是民生建设"三大"支撑结构。现阶段我国社会矛盾的本质集中展现为民生问题,其外在特征具有错综复杂性、较强关联性、惯性定式引发的较大生长空间性。而唯有坚持"创新、协调、绿色、开放和共享"为核心的"五大"发展新理念才是破解社会整合难题的"牛鼻子"和"总钥匙",也是解决一切社会问题的重要着力点。

(一)着力改善民生始终是转型期我国社会整合的基本出发点和最终落脚点

俗语说,天地之大,黎民为先。吃饭生活终究是大事。其中,就业是民生之本、教育是民生之基、收入是民生之源、社会保障是民生之依、健康是民生之所向。注重和改善民生是顺天应民之举。

1. 着力坚持以"创新发展"理念优先助推民生改善

创新是开启幸福生活梦想的"金钥匙"和原动力,改善民生要以"稳步扩大支出,尽快覆盖全民,着力均等机会,努力缩小差距,切实提高效率"为基本政策方向,不断完善和发展就业、教育、医疗、卫生、社会保障以及住房等各领域的基本公共服务均等化供给。

2. 着力坚持以"协调发展"理念推进城乡一体化发展和融合

协同推进区域协调大发展、城市农村比翼飞、"两个文明"两手硬,切实服务于保障和改善民生。总体而言,我国基本养老社会保障服务现状仍处于偏低水平。城乡居民特别是西部民族地区贫困人群收入低,公共服务水平不高,脱贫攻坚和保障改善民生的任务依然艰巨。

3. 着力坚持以"共享发展"理念推进民生建设

积极统筹谋划社会系统各方面、层次、要素,确保社会整合的系统性、整体性与协同性。社会整合只有进行时,没有完成时,民生改善仍然在路上,任重而道远。民生问题是目前我国社会衍生的诸多矛盾和社会问题的基本根源。从一定意义上讲,我国现阶段,在改善民生方面的努力程度同社会的安全程度成正比关系。注重和改善改善民生,不断增加基本社会公共服务的保障内容、扩大保障范围,向普惠型社会福利模式转变，着力塑造合理的社会阶层结构，让广大人民群众分享到我国改革开放与经济社会发展的辉煌成就，不断提升人民群众的幸福感和获得感。

（二）着力保障和改善民生是实现社会公平正义的重要基础

民生保障是市场经济运行必要条件、是社会秩序"稳定器"、是公民社会"保护神"和分配正义"调节阀"。转型期，构建多层次社会保障体系，需要处理好效率与公平关系、积极稳妥扩大保障覆盖面、理顺管理体制、健全保障基金统筹调节机制、加快立法进程，实现城乡居民基本养老保险制度全覆盖，以促进社会保障制度的规范化与科学化水平。① 因为，转型期的民生问题始终是我国社会保障关注的核心和要点，"为政之道，以顺民心为本，以厚民生为本，以安而不忧为本。"而社会保障机制是社会安定的"安全阀"和"减震器"，是维护社会公平正义的重要防线。所以，要着力坚持"保基本、兜底线与促公平"基本理念。平等是人类数千年来孜孜以求的美好梦想，教育日益成为使社会"贵族化和分层化的机器"②，教育不公平助推社会分化及其阶层地位的代际传递，并可能使这种趋势固化和永久化，以致形成"琥珀社会"。

（三）近年来党和政府高度重视以社会保障制度为核心的民生建设

目前，城乡低保等社会救助领域所做出的制度建设和资金投入上有了长足的进步，坚持"广覆盖、保基本、多层次、可持续"理念，体制完善且投入激增，切实做到"宏观政策稳、产业政策准、微观政策活、改革政策实与社会政策托底"的五大政策支柱，着力缩小地区和城乡差距以及养老、医疗和住房等社会保障建设。为此，李克强总理在政府工作报告中提出，要坚持"建机制、补短板、兜底线，保障群众基本生活，不断提高人民生活水平和质量。"为此政府出台了一系列社会政策，着力提升"保障范围越来越广、保障水平越来越高、保障体制越来越健全。"

1. 在缩小地区差距方面

2013年中央对各省财政转移支付的总量已达到近5万亿元的水平，

---

① 王维平：《推进中国特色社会保障体系建设的思考》，《理论月刊》2008年第10期。
② Sorokin, P, A., 1927, Social Mobility, New York：Harper.

是1994年的20倍，逐渐克服社会保障的"碎片化"和"短期行为"，基本实现社会基本养老保险制度的网络化、全覆盖与无缝隙。2015年，中央财政进一步加大了对革命老区、民族地区、边疆地区与贫困地区等的财政支持力度，全年转移支付共计1 263亿元，以帮助其加快发展。人社部最新数据显示，截至2015年底，全国参加基本养老保险的总人数达到8.58亿人，其中城乡居民参保6.66亿人，比2014年有较大幅度增加。我国已经或正在建成世界上最大的社会保障网。当前，我国不同地域和人群的财富差距急剧扩大，财富差距反过来会强化收入差距，强化代际之间收入差距的加剧，社会保障力度的公共开支大大增强，已告别低福利国家。未来要着力继续扩大社保覆盖面，稳步推进义务教育、就业服务、基本养老、基本医疗卫生、保障性住房等城镇基本公共服务覆盖全部常住人口，使居民的消费环境更加便利，生态环境明显改善，空气质量逐步好转，饮用水安全得到完全保障。

2. 完善的社会保障体系是全面建成小康社会的重要内容

着力完善的社会保障体系是构建有中国特色社会主义"五位一体文明"的有力保证，是构建和谐社会的重要内容。社会主义的最大价值就是保障社会成员平等享有国民待遇，公平获得最基本的生存权和发展权。在社会主义市场经济条件下，通过利益补偿和收入再分配调节的功能，形成基本健全的社会保障体系，以充分体现"民主法治、公平正义、诚信友爱、充满活力、安定有序"，以及人与自然和谐相处的社会主义价值内涵和实践逻辑。

为此，李克强总理多次强调指出，教育是民生之基，就业是民生之本，分配是民生之源，社保是民生之依，医疗是民生之急，而安定是民生之盾。民生建设要始终秉持公平公正理念，着力改革工资收入制度，深化分配体制改革，推进工资集体协商，健全职工工资决定和正常增长机制，加强和改进薪酬管理，逐步推行绩效工资，构建适应行业特点的薪酬制度和艰苦边远地区津贴增长机制。多渠道增加低收入者收入，大力提高务工者收入，巩固经营性收入，不断扩大中等收入者比重。着力使城乡居民收入与经济同步增长，使广大人民群众普遍感受得到实惠感和获得感。要着力缩小收入差距，从宏观层面构建"橄榄型"收入结构，在微观层面构建和谐劳动关系。着力加强和完善基本公共服务基础性制度建设，积极推进监测评估方式革新，助推区域和城乡基本公共服务均等化为目标，理顺政府与市场、社会和政府之间的多维关系，坚持政府主导，充分发挥市场作用，鼓励并规范民间和社会力量参与提供公共服务及其激励和约束机制，继续优化分税制财政管理体制改革。着力促进就业与构建和谐劳动关系，加快教育事业改革和发展，完善住房、医疗、养老等社会保障和配套政策体系，包括健全和完善最低生活保障制度，基本养老、医疗保险制度，社会保障法制建设，扩大社会保障覆盖面，完善保障管理体制，健全社会保障体系，基本实现全民老有所养、病有所医、工伤有保险、灾害有赔偿、失业有救济、残疾有安置、贫困有支援，以抵御未来生、老、病、死、伤、残等不可预测的人生风险，切实保障公民基本物质生活需要。同时，要着眼于解决人民群众最关心、最直接和最现实的利益问题，让群众获得看得见、摸得着的实惠，积极构建基本服务供给主体多元化机制，不断提升服务质量和效率，确保中低收入群体受益。为此，党的十八届五中全会《公报》提出一系列惠民举措，① 增加人民群众的获得感和幸福感，使民生建设真正成为社会保障的落脚点和价值归宿，切实维护社会稳定，促进社会全面进步。

七　法律是社会整合的依据和保障

古希腊哲学家亚里士多德说，法律就是秩序，有了好的法律才会有好的秩序。古罗马思想家西塞罗认为，"为了自由，我们做了法律的奴隶"，而英国政治哲学家洛克的经典论断是，法律的目的"不是废除或限制自由，而是扩大和保障自由。"美国法理学家博登海默（Edgar Bodenheimer）认为，法律是人类最大的发明，其他发明使人类学会如何驾驭自然，而唯独法律使人类学会了如何主宰自己。依法推进社会整合就是法治，主要表征现代社会秩序基本保障，映射现代社会治理基本准则和手段，涵摄构建有效利益协调机制的重要依据和保障因子。

---

① 为了不断提升人民群众的生活幸福指数，党的十八届五中全会提出2020年决胜全面建成小康社会，以及配套的扶贫攻坚工程，精准扶贫和精准脱贫；同时，着力于加强顶层设计、完善重大政策制度、及时科学综合应对老龄化，全面实施一对夫妇可生育两个孩子政策；并决定建设美丽中国、健康中国等一系列事关民生建设的重要举措。

(一) 法律是治国之重器，良法是善治之前提

法律是社会整合必不可少的硬整合工具，是社会治理的最佳方式。在转型期的"断裂"社会，法的社会整合作用体现在对社会秩序整体结构状态的重塑功能。法的整合作用是主体的行为结果，促进社会秩序的稳定与协调，使社会秩序一经生成就成为一种特殊的客观存在，成为实践和交往的特定社会环境，① 这就是法律的约束、导向及协调性对维护社会秩序的重要价值。英国哲学家洛克在《政府论》中提出，公民社会是有"共同的法律，可以申诉、有权判决纠纷的司法机关"的人群共同体。而德国哲学家黑格尔在《法哲学原理》中区分了"国家"和"公民社会"的区别，并指出公民社会和国家是两极的存在。法律作为道德的底线，以国家权威作为后盾，体现社会全体成员的共同价值取向。在现代社会，法律作为制度性社会规范整合的核心，在促进社会稳定，维持和巩固和谐社会关系，保证社会稳定发展和良好社会秩序具有重要意义。恩格斯说，在现代国家中，法律不仅必须"适应总的经济状况，不仅必须是它的表现，而且还必须是不因内在矛盾而自己推翻自己的内部和谐一致的表现。'法发展'的进程大部分只在于首先设法消除那些由于将经济关系直接翻译为法律原则而产生的矛盾，建立和谐的法律体系，然后是经济的进一步发展的影响和强制力又经常摧毁这个体系，并使它陷入新的矛盾。"② 所以说，法律作为制度性社会规范核心的社会整合功效重要而独特。

(二) 法律作为社会整合器的价值选择与内在优势

恩格斯指出，随着法律的产生，就必然产生出"以维护法律为职责的公共权力机关——国家。"③ 作为社会公认行为准则的法律价值，旨在保证社会秩序正常运转。深化社会整合亟须通过法律工具贯彻执行，以体现全民意志，以法令为后盾，深入推进社会整合。法律是由国家权力机关制定或认可的带有国家强制性的、彰显统治阶级意志和利益的、并由过国家强制力保证实施的，规定了主体权利义务关系为内容

---

① 宋宝安主编：《社会稳定与社会管理机制研究》，中国社会科学出版社 2011 年版，第 244—251 页。
② 《马克思恩格斯选集》（第 4 卷），人民出版社 1995 年版，第 484—485 页。
③ 《马克思恩格斯选集》（第 2 卷），人民出版社 1995 年版，第 539 页。

的,就有普遍约束力的特殊行为规范或社会规则,依据法律治理国家和管理社会事务的范式就是法治。古希腊哲学家亚里士多德指出,"法治比任何一个人的统治来得更好"。法的运作模式称之为法系,主要有大陆法系和英美法系。在现代政治文明架构中,法治优于人治,是人类社会发展的必然趋势,法律的价值追求是公平、正义和公正。法国作家阿纳托尔·法朗士说,在其"崇高的平等之下,法律同时禁止富人和穷人睡在桥下、在街上乞讨和偷一块面包"。法律具有明示、矫正、预防和最终整合等作用。法律整合作为一种刚性整合,旨在健全社会成员的他律意识,增强依法维护社会公正和社会权威意识,维持社会正常秩序。

(三) 有中国特色社会主义法治体系的演进与形成

纵观我国法治发展史,国家和社会治理相继经历了从"神治"到"人治"的演进形态,并最终走向"法治"治理方式,凸显了法治的必然性与其历史优越性,彰显了法治的激发活力与规范秩序,以共同推进国家治理体系和治理能力现代化的目标指向和最佳方式。党的十五大报告提出,实行依法治国是党领导人民治理国家的基本方略。党的十八大报告再次强调,要"全面推进依法治国"的新提法,因为"法治是治国理政的基本方式"。党的十八届三中全会《决定》强调提出,必须"坚持依法治国、依法执政、依法行政共同推进法治国家建设。"不久,习近平同志在2014年中央政法工作会议上再次强调指出,要强化"法律在化解矛盾中的权威地位"[1],充分发挥法律在社会整合中的保障作用,着力促进社会公平正义并保障人民安居乐业。党的十八届四中全会《决定》为依法治国逻辑结构赋予了科学内涵和全新阐释,[2] 这就是人大民主科学立法、执政党依宪执政、政府依法行政、社会依法治理、法院独立公正司法、法律监督体系完善、法律服务机制健全与法治文化繁荣昌盛等八条基本要求与标志而孕育形成完备的法律规范体系、高效的法治实施体系、严密的法治监督体系和有力的法治保障体系,以及完善

---

[1] 习近平:《把群众合理合法利益诉求解决好》(http://www.zaobao com/special/report/politic/cnpol/story-20140109-297318.2014-01-09)。

[2] 李步云:《法治中国拥有哪八大特征?》(http://theory.people.com.cn/n/2014/1115/c40531-26028610.html.2014-11-15)。

的党内法规体系等共同建构成有中国特色社会主义法治体系。这个法治社会结构是以宪法为核心、覆盖社会生活各领域体系化的法律制度,确立法律在整个社会当中的权威地位,并确保司法的独立性和公正性。正如习近平同志所言,要坚持"国家一切权力属于人民的宪法理念""党自身必须在宪法和法律范围内活动"以及"任何组织或者个人,都不得有超越宪法和法律的特权。一切违反宪法和法律的行为,都必须予以追究。"因为法治社会所具有的公正合理的法律体系,得以市场经济规范化有序化,有效规避市场经济的"两重性",使社会各群体间良性互动有章可循,社会成员基本权利得以维护,确保社会安全运行,切实发挥法律的社会整合保证正能量。

为此,党的十八届四中全会《决定》进一步指出,坚持走中国特色社会主义法治道路,全面推进依法治国,着力建设社会主义法制体系,以此不断提升国家治理体系和治理能力现代化水平,内在蕴含着依法配置公权力,公正地运作公权力,有效地协调公权力与社会和市场的"三者"关系,以透明高效地规范权力运行。可见,国家治理的法治化课题,首要指向对法律概念、规范与理论等范畴的界定与澄清,便于在法律实施过程中确保公权力的合法运行与合理运行,促进国家、社会和市场等各种力量协调配合与公平高效地化解社会问题,以形成动态稳定而富于韧性的良性社会秩序。

第二节 转型期完善我国社会整合基本领域

转型旨在实现一个国家或地区从传统农业社会走向现代工业社会转变的历史进程,其目的不仅是要实现经济现代化,而且要实现社会现代化、政治现代化、文化现代化和生态治理现代化等。新常态下,伴随市场化改革深入推进,转型社会的多元性要求我国社会整合主体的多元化,包括国家、政府、市场、社会组织和公民个人。同时,有中国特色社会主义市场经济视域下的法治就是法律至上、政府行为科学化、公民政治参与的秩序化、治理理念中的价值共享、多元社会的价值包容性以及社会主义核心价值观的话语体系建设。其中价值体系建设要注重包容性,兼容对话性。还需要关注社会化手段的科学性与公民意识的张扬,以及工业化道路、社会结构转换、社会运行方式、文化传统调适和人的发展等问题。因此，要着力落实"创新、协调、绿色、开放与共享"为核心的"五大发展新理念"、积极推动供给侧结构性改革、大力培育发展新动能、不断促进消费转型升级、加大有效投资以及着力保障和改善民生，旨在不断提升和完善转型期我国整合的基本领域。

一 完善我国的基本政治制度

政治制度是国家实体的首要根基，也是实现政治整合的重要依托，旨在实现共同体的善或者公共利益。转型期，基于尊重本国历史文化传统和现实国情，设计出科学合理的政治制度有利于助推和积聚社会整合功效正能量。

（一）我国基本政治制度的优越性

制度创新是现代化的关键，是社会变革完成的标志，有利于固化新社会关系和社会秩序。美国当代著名律师德肖维茨（Alan Dershowitz）提出"权力来自于恶行"[①]，是人类得享"安全的唯一保障"理论。所以，要建构良善和正义的政治制度，实现权威性分配，以有效遏制权力滥用。新中国成立60多年来，依据文化传统、现实国情和历史选择，并吸纳了古今中外的政治文明的有益成果，由此生成了具有我国鲜明特色的"人民代表大会制度、共产党领导的多党合作和政治协商制度[②]、民族区域自治制度以及基层群众自治制度"等四大支柱构成的根本政治制度和基本政治制度支撑框架，映射了马克思主义政党与政权建设的内在逻辑诉求，彰显了现代民主政治参与有序扩大以及崇尚政治包容的价值指向和理论原点。转型期市场经济视域下，具有一定的操作性且内涵和外延更为清晰的服务型政府的内涵结构，表征廉政效能、透明公开、民主参与等特点，为企业和民众的可持续性发展创造良好制度环境，提供

---

① ［美］艾伦·德肖维茨（Alan M. Dershowitz）：《你的权利从哪里来?》，黄煜文译，北京大学出版社2014年版。
② 有学者认为，中国共产党领导下的多党合作与政治协商制模式的核心要素是"开放、竞争和参与"。郑永年：《开放、竞争和参与：实践逻辑中的中国政治模式》，《人民日报》（海外版）2014年6月13日。

优质公共产品与服务，赢得人民群众信任、爱戴与支持的政府。①

第一，人民代表大会制度不断健全且趋于完善，选举制度向民主化方向迈出了重要步伐且逐步走向程序化、规范化、制度化。

第二，中国共产党领导的多党合作和政治协商制度得到了全面恢复和发展，其性质和地位得以明确，组织建设得到加强，人民政协的工作制度化、经常化，以及民主党派参政议政的渠道得到有效拓展，一大批党外干部被提拔使用，直接参与行政管理。

第三，民族区域自治制度更加完善。自治地方的数量和布局与中国的民族分布和构成基本上相适应，切实保障了少数民族在政治上的平等地位和平等权利，满足了各少数民族积极参与国家政治生活的愿望。

第四，我国政治体制改革渐进道路展现为政治气候不断好转，外部环境不断改善，改革的氛围逐渐形成，以及民主法治的进步，旨在建设民主政治。

第五，村民自治作为国家以法律形式确认的农村基层民主政治建设的一种制度安排，已经成为具有中国特色的农村基层民主的最基本存在形式。

（二）坚持有中国鲜明特色的社会主义民主政治制度

合法性是主体对享有"权威的人的地位的承认和对其命令的服从"②，民主不仅是作为一种政治制度存在，更表征合法化的价值理念和文化存在。③ 数千年来的历史反复证明，民主不可能在一夜间走向成熟，而是要经过一个渐进积累的孕育生成阶段和发展过程。在全球化时代，民主已经成为培育和生成政治合法性的主要依据。以熊彼特为代表的西方主流话语认为，民主是个体通过竞争人民选票来获取公共决策权的制度安排。学者张传鹤（2013）认为④，民主表征相关当事方的利益分配工具，指向国家和社会公共事务的决策方式，体现人民当家作主的

---

① 于文轩：《服务型政府建设的厦门启示》（http://sg.xinhuanet.com/2013-11/25/c_125754981_2.htm.2013-11-25）。
② 于海：《西方社会思想史》，复旦大学出版社1993年版，第33页。
③ 王宗礼：《当代中国政治发展研究》，甘肃文化出版社2013年版，第13页。
④ 张传鹤：《怎样在意识形态斗争中赢得民主话语权》，《光明日报》2013年12月11日。

"知情权、参与权、表达权、监督权以及决定权"的"五权一体化"。美国基督教现实主义奠基人尼布尔（Reinhold Niebuhr）在其《光明之子与黑暗之子》(1944)中指出，人有一种不正义倾向，使民主成为必需，同时人有一种正义之潜能，从而使民主成为可能。可见，民主政治生成原本就是辩证法的逻辑结果。而政党制内部多元主义体现为，在政治层面的开放型精英政治，经济社会层面的利益内部化，旨在有效实现政治、经济和社会权力的"三方"均衡与可持续发展。尽管，民主是正义的政治表达，而西方的外部多元主义政党制，容易导致"立法、行政和司法"三权混乱。[1]

所以，要警惕"西式民主陷阱"[2]，着力坚持党的领导、人民当家作主和依法治国的有机统一，不断加强和改善党的领导，提高党的领导水平和执政能力，充分发挥党总揽全局、协调各方的领导核心和战斗堡垒作用。不断深化政治体制改革，加快推进社会主义民主政治制度化、规范化与程序化，建设社会主义法治国家。着力发展和完善更加广泛、更加充分与更加健全的人民民主制度，彰显我国特色人民代表大会制度的成功经验和内在优越性。坚持中国共产党领导的多党合作和政治协商制度、民族区域自治制度以及基层群众自治制度，促进协商民主的广泛多层制度化发展，着力助推中国特色社会主义基本政治制度更加成熟、更加定型，自觉坚持走适合我国具体国情、历史传统和文化积淀的有鲜明中国特色的民主政治发展道路。

二 完善我国的市场经济体制

社会是由经济利益结构、政治权力结构和思想意识形态结构等若干部分构成的复杂动力系统。其中，经济利益结构是基于一定生产关系之上的社会经济基础，政治权力结构是指政治上层建筑，以及由观念、文化、社会心理等构成的思想上层建筑构成的思想意识形态结构。

（一）市场经济是资源配置的最有效方式

在人类经济思想发展史上，计划调控、市场调节、组织支配与权力

---

[1] 郑永年：《中国民主模式初步成型》，《人民日报·海外版》2014年6月9日。
[2] 米博华：《警惕西式民主陷阱》，《人民日报》2014年6月9日第4版。

关系运作等同样发挥着资源配置作用，其中市场机制的作用最为经济发展实践所认可和推崇。正如著名财经评论员谭浩俊认为，市场化改革能有效防止"中等收入陷阱"或"发展中国家陷阱"。转型期我国经济模式的失衡诱发的"立体型困惑"所导致的"立体式改革运作"的连锁反应，表现为经济发展方式陈旧、经济发展动力不足以及经济结构不能有效适应现代化发展。未来的中国经济改革转型内涵指向，着力改革和完善基本经济制度，促开放为经济转型护航，助推产业升级为经济转型赢得空间，创新与科技为经济转型夯实根基，绿色经济为经济转型降低消耗，内需和消费为经济转型助推动力，同时充分发挥市场在资源配置中的"决定性作用"，打造中国经济新动能，以助力构建开放型经济新体制，不断增强人民群众获得感和幸福感。

（二）坚持和完善我国社会主义初级阶段的市场经济体制

加快完善现代市场体系，构建开放型经济体制，强化改革引领，激发市场主体活力，积极适应国内外经济形势发展新变化。

1. 加快重塑经济发展方式转型与升级

新常态下，面对经济下行压力和挑战，要切实把推动发展的立足点转到卓有成效的提高质量和效益上来，着力激发各类市场主体发展新活力，着力增强创新驱动发展新动力，着力构建现代产业发展新体系，着力培育开放型经济发展新优势，使经济发展更多依靠内需特别是消费需求拉动，更加重视非公有制发展和扩大民间有效投资，更多依靠现代服务业和战略性新兴产业带动，更多依靠科技进步、劳动者素质提高、管理创新驱动，更多依靠节约资源和循环经济推动，更多依靠城乡区域发展协调互动。针对我国经济发展新常态，着力规范地方债管理防控经济风险，打造我国经济升级版，不断增强长期发展后劲。

2. 着力解决的核心问题是国民收入分配问题

在效率与公平之间求得更好平衡，助推经济创新活力得以激发。缩小收入差距重在初次分配，出路在于"限高、扩中、提低"新思路，国内外经验证明行之有效的"提低"方式是政府参与协调、劳动者与企业主直接谈判的"三方机制"。着力冲破既得利益者的变革共识与阻力。

为此，党的十八大报告强调提出要"逐步缩小城乡差距"，首次把

"收入分配差距缩小"作为2020年决胜全面建成小康社会的目标之一。共同富裕是中国特色社会主义根本原则，是全国人民的共同愿望，是发展要达到的最终目标，又是渐进的过程。价值增值规律是有中国特色社会主义市场经济的基本经济规律。① 要着力推动改革创新，不断放宽市场准入，允许各类资本平等而有序地参与市场竞争。当前，我国实行的"负面清单"②管理机制，遵循了市民社会发育规律和市场经济内在需求，有效限制了"政府自由裁量权"，激活和释放了市场主体活力，充分发挥了市场机制在资源配置中的决定性作用，将计划和市场的正能量有效放在同一个"篮子"里，协同助推了政府行为的公开与透明化，彰显了"规范公权、保障私权"的法治理念与"小政府、大社会"的社会治理理念的根本转型。

三 完善我国的社会治理体制

"治理"表征新公共管理视角下全新政治分析框架与社会整合理念，其本质特征在于国家权力与公民权利的持续互动博弈，着重于强调市场效率与灵活竞争。"治理"体系框架由治理主体、治理内容、治理结构以及治理机制等复合构成，辅之以规则、合规、问责和约束为核心组成一整套的制度安排，以重塑利益相关主体间关系，从而实现决策的科学化和民主化目标。

（一）社会治理主体目标旨在社会和谐

社会治理是在党委领导、政府主导以及社会组织参与的合力作用，直接指向社会和谐。有中国特色现代社会治理体系结构内涵合作共治和多元参与的"小政府—大社会"治理体制结构，体现以人为本与标本兼治、依法治理、刚柔并济与预防为先的动态治理理念，同时渗透进法治精神，以破解社会难题，并通过源头治理、依法高效预防和化解社会矛盾。社会治理核心旨在法治框架内妥善处理政府、市场与社会间的互动关系，并形成政府、市场与社会"三位一体"共同治

---

① 王维平：《价值增值规律是现代市场经济的基本经济规律》，《科学·经济·社会》2007年第2期。

② 王利明：《负面清单管理模式的优越性》，《光明日报》2014年5月5日。

理格局。在治理视角下，理性认识维稳和维权、活力和秩序的辩证统一关系，坚持维权是维稳的基础，维稳的实质旨在维权，着力解决好群众合理合法的利益诉求。可见，社会治理是基于国内外实践经验的合理借鉴和进一步总结，折射出了治理主体多元性、权力多元性和运作方式多样性。为此，党的十八届三中全会《决定》提出，致力于全面推进"国家治理体系和治理能力现代化"，助推 2020 年决胜全面建成小康社会。

（二）转型期社会管理与社会整合的治理效应及其内在逻辑

1. 社会管理结构从格局到体制的变迁

自党的十六大以来，为了适应市场化改革取向和现代化发展趋势，党和政府运筹帷幄、统筹兼顾，先后提出完善社会管理服务职能、创新社会管理体制，激发社会组织活力的战略决策。党的十六届四中全会提出，构建"党委领导、政府负责、社会协同、公众参与"的"四位一体"社会管理格局。党的十八大报告在此基础上进一步强调提出，着力推进城乡社会治理，要加快形成"党委领导、政府负责、社会协同、公众参与、法治保障"的"五位一体"多元主体共治生态型社会管理体制新架构，[①] 蕴含发展过程、理念、体制和措施的创新。这种由格局到体制的"表述"变化，表征我们党对社会管理的定位更加科学，认识更加深入准确，"五位一体"的社会管理体制是对中国特色社会管理体制的全面概括。其中，党委领导是前提，政府负责是基础，社会协同是依托，公众参与是关键，法治保障是根本。可见，社会管理着重于从管理学视角对社会整合与社会治理的统称，展现了政府单向行政管理手段，是作为主体的政府或其他组织依照法定权限，基于一定针对性的社会政策和法规，以行政强制方式，管理和规范社会组织、社会事务，并对其社会关系进行调整和约束，以化解社会矛盾，张扬社会公平正义，维护社会秩序和社会稳定的行为。

2. 社会管理创新对于社会体制的促进与优化作用

体制是在特定国家或地区内反映政府、市场与社会组织功能，体现

[①] 胡锦涛：《坚定不移沿着中国特色社会主义道路前进　为全面建成小康社会而奋斗——在中国共产党第十八次全国代表大会上的报告》，《人民日报》2012 年 11 月 18 日。

中央与地方各层级的政府事权、财权责任，在社会管理、公共服务、解决社会问题和社会发展领域的一系列机制与制度安排的结构和样式。①社会体制与社会管理，虽有内在联系，却是有着重大区别的不同指向域。从性质看，社会管理是政府和社会团体为促进社会系统协调运转，对社会系统的组成部分和社会生活领域及其发展过程所进行的组织、指挥、监督和调节的实践行为过程。社会体制则是社会领域或社会空间中的一种"客观结构"。中国社会的经济体制、社会结构和文化观念与改革开放前相比发生了深刻变化，社会生态的上述改变对政府社会管理工作提出了新的要求，成为助推转型期我国社会管理理念创新、技术创新和制度创新的现实依据。

3. 社会整合功能渗入社会管理的方方面面，协同推进社会治理的科学化

科学的社会管理是弥补"市场失灵"的必然要求，也是协调各种利益矛盾与社会冲突的必要前提。社会整合与社会管理在学科属性上系于同一概念，但与"舶来"的"社会整合"不同，"社会管理"缘起于中国经济、政治与社会发展的现实逻辑需求，更为鲜明地体现了中国转型期的独特性，彰显治理方略的转型升级。同时，基于社会整合视角审视，从"管理"到"治理"不仅是方式更蕴含理念的更新升级，彰显治理主体从一元到多元的丰富和扩充，权威性质从强制到协商的综合，权力运行向度从自上而下到复合平行，以及作用指向范围从权力领域到公共领域的拓展和宽泛。

（三）从社会管理到社会治理体制完善的现实逻辑

转型期从社会管理到社会治理体制的完善和创新，彰显了我国社会治理体系和治理能力现代化的现实逻辑。有学者认为，② 可以从主体、机制、绩效、目的、职能、指向、价值观、权力源与概念外延等多维视角辨析治理与管理内涵。第一，管理是一元化国家公共权力主体，而治理是公共权力机构、市场和社会组织等部门多元主体。第二，管理强调

---

① 陆学艺主编：《中国社会建设与社会管理：探索·发现》，社会科学文献出版社2011年版，第57页。

② 刘增禄：《推进国家治理体系和治理能力现代化》，《辽宁日报》2014年5月6日。

权力自上而下的运行机制,而治理着重于对话协商合作。第三,管理绩效重在过程的就事论事,而治理重在状态与结果以及系统整体协同。第四,管理目的强调既定目标,而治理强调还政于民和推进公共权力向社会回归,以实现多元主体利益均衡,旨在共治和分治结合,法治和德治结合。第五,管理职能重在决策落实的计划、组织、指挥、控制和协调,而治理注重监督、明确责任体系和决策指导。第六,管理指向侧重于规定具体发展路径和方法,而治理在于规范权利和责任。第七,管理价值观强调行政观、制度观和责任观,而治理突出民主观、社会观和法治观。第八,管理权力来自统治阶级及国家法律授权,而治理权力来自公众认可及社会契约。第九,管理概念外延更多体现国家意识形态的制度性概念,而治理是适用于全社会的宽泛概念。近年来,我国社会治理体制的不断完善和创新,彰显了我国社会治理体系和治理能力现代化的现实逻辑和发展图景。

综上可见,国家、市场与公民社会三种要素的互相支撑与综合平衡、法治与德治的有机统一以及民主与效率的协调补充,彰显了转型期我国现代化国家治理体系的内在规定性。[①] 构建科学有效的社会治理体系,要秉持系统依法、综合源头的理念,确保社会既充满活力又和谐稳定有序,其框架结构是党委领导核心、政府主导、群众主体、社会各方协同,旨在生成社会治理合力。着力坚持把维护群众合法权益和诉求放在首位,推动解决保障和改善民生的突出问题,筑牢社会和谐稳定的民心基础。建立依法有序表达诉求、及时就地解决群众合法合理诉求的联动机制。着力坚持常态治理与应急处置相结合,紧紧依托基层组织,整合资源力量,提升预防化解社会矛盾的能力和效果。坚持专项治理与长效机制相结合,加快创新立体化社会治理防控体系,提高动态化条件下驾驭社会治理能力。着力坚持资源共享与深度应用相结合,加强整体规划,提高信息互通和资源共享程度,拓展信息技术应用广度深度,完善信息安全保障体系,以信息化引领社会治理现代化。着力坚持党政主导与社会参与相结合,完善党组织领导的充满活力的基层群众自治机制,

---

① 李树林:《推进国家治理体系与治理能力的现代化》,《内蒙古日报》2013年12月20日。

发挥人民团体、群众组织、企事业单位、社会组织的积极作用，深入开展基层平安创建活动，夯实社会治理基础。① 总之，我国社会治理体制改革和完善，要着力于健全城乡发展一体化体制机制，加快转变政府职能，创新社会体制，旨在建设有中国特色社会主义和谐社会。

四 完善我国的文化整合体制

"文化"一词在我国古已有之且传承绵延至今，作为"文治教化"与"德性智慧、经天纬地"的总称。文化是中华民族精神符号与灵魂存在，而社会主义核心价值观是先进文化的精髓与核心，是传承文明、孕育价值和启迪未来的天然载体。

（一）文化是承载了传统、蕴含了价值选择的意义指向与精神载体

"文化"范畴在不同的学科和背景中具有多维镜像内涵，体现社会生活中占主导地位的价值观、习俗、象征、体制及人际关系等全部生活方式。② 文化"是一定社会政治与经济的反映，又给予伟大影响和作用于一定社会的政治和经济"③。文化内含认知、情感和评价三个环节，涵摄为规范与准则，文化表征"社会主义和谐社会的政治文化基础。"④ 文化之盛衰，"民族之兴亡系之"⑤。先进文化折射人类文明进步成果和发展方向，为未来发展提供思想保证、精神动力和智力支持。

（二）文化在社会生活中的地位

美国社会学家莫伊尼汉（Daniel Patrick Pat Moyniha）认为，真理的中心在于对一个社会的"成功起决定作用的是文化，而不是政治。"因《历史的终结》而名噪一时的日裔美籍著名政治学者福山指出，文化作为一种社会财产在促进民主体制方面发挥关键作用。而喀麦隆学者曼格尔（DanielEtounga—MangueUe）认同文化是"体制之母"。其实，文化

---

① 孟建柱：《新形势下政法工作的科学指南：深入学习贯彻习近平同志在中央政法工作会议上的重要讲话》，《人民日报》2014年1月29日第7版。
② ［美］塞缪尔·亨廷顿、劳伦斯·哈里森编著：《文化的重要作用：价值观如何影响人类进步》，程克雄译，新华出版社2010年版。
③ 《毛泽东选集》（第2卷），人民出版社1991年版，第663—664页。
④ 王宗礼：《论构建社会主义和谐社会背景下的政治文明建设》，《政治学研究》2005年第3期。
⑤ 《李大钊全集》（第1卷），人民出版社2006年版，第255页。

本无所谓优劣，西方民主制度也不可能是尽善尽美的代名词。世间没有一成不变、普遍适用的"万能"发展模式。当代作家王蒙先生认为，文化既是现实的，又是饱含理想的，最需要平和的文化生态。

(三) 建设国家先进文化占领社会主义思想阵地[①]至关重要

社会主义先进文化秉持"以马克思主义为指导，以培育有理想、有道德、有文化、有纪律的公民为目标"[②]，同时，积极推动社会主义精神文明和物质文明全面发展，着力发展"面向现代化、面向世界、面向未来，民族的科学的大众的社会主义文化。"[③] 坚持正确宣传导向，着力以科学理论武装人、正确舆论引导人、高尚精神塑造人、优秀作品鼓舞人，传播先进文化、倡导科学精神、塑造美好心灵、弘扬社会正气，着力促进我国社会主义先进文化健康发展。社会主义核心价值体系是中国特色社会主义"先进文化的核心部分"和国家文化的基础，映射社会主义意识形态的本质展现，表征其马克思主义指导思想、中国特色社会主义共同理想信念、以爱国主义为核心的强大精神力量和基本道德规范以及以改革创新为核心的时代精神的有机统一。文化是民族的血脉和人民的精神家园。文化形塑价值观，重塑国民基本共识，文化是整个社会得以维持其运行模式的根本保证。

为此，党的十八大报告提出，要扎实推进和着力建设社会主义文化强国，必须走中国特色社会主义文化发展道路。坚持为人民服务、为社会主义服务的"两为服务"方向，坚持百花齐放、百家争鸣的"双百"方针，坚持贴近实际、贴近生活与贴近群众的"三贴近"原则，以弘扬爱国主义精神、高扬理想信念旗帜与强化共同价值追求为着力点。中华民族拥有丰富历史和自然文化资源宝库，因地制宜建立国家文明传承创新区和国家文化产业示范园，提升文化产业在国家生产总值中的比值，持续用力推进社会主义核心价值体系建设，着力在引领、融入与涵养上下功夫，驱动核心价值观落地生根，人人知晓、人人践行，以不断满足人民群众日益增长的精神文化需求，培育社会主义先进文化成为经

---

① 丁志刚、王宗礼、郭淑兰：《加入WTO对我国意识形态的挑战与影响》，《甘肃社会科学》2003年第5期。
② 《邓小平文选》（第3卷），人民出版社1993年版，第209页。
③ 《江泽民文选》（第2卷），人民出版社2006年版，第17—18页。

济增长点,以提高国家文化软实力,充分发挥文化引领风尚、教育人民、服务社会与推动发展的正能量,着力于为决胜2020年全面建成小康社会和实现中华民族伟大复兴"中国梦"提供坚强的思想保证、精神力量和道德滋养。

五 完善我国的生态整合体制

生态环境是人类的生存之本和发展之基。所谓"生态兴则文明兴,生态衰则文明衰"就是这个道理。新常态下,建设生态文明,坚持绿色发展,以循环经济发展和生态环境保护为重点,坚持资源循环可持续利用和可持续发展能力不断提升,着力完善我国的生态整合体制,是关系人民福祉与民族未来的百年大计,对于我们决胜全面实现"两个一百年"奋斗目标意义重大。转型期,面对全球性资源趋紧、环境污染严重、生态系统退化的严峻形势和潜在风险性压力增大,① 生态危机这柄"达摩克利斯悬剑"在当代人头顶悬荡②,生态文明应运而生。近年来,随着国家综合实力迅速提升,生态问题日益引起全社会关注。党的十八大报告把"生态文明建设放在突出地位"③,首次单篇论述"生态文明",并把"美丽中国"作为未来生态文明建设总体布局的核心要件

---

① 民间流传有顺口溜,"50年代河流饮水淘米、60年代洗衣灌溉、70年代水质变坏、80年代鱼虾绝代、90年代身心受害。"这是近年来我国生态环境恶化的文学化生动描写。据有关数据显示,改革开放以来我国70%以上的江河湖泊遭到污染,全国600多座城市中有400多座缺水或严重缺水,70%的城市出现雾霾、沙尘暴。可见,环境问题日益成为重要的民生问题,过去的老百姓"盼温饱",现在"盼环保",过去"求生存",现在"求生态",既要"金山银山",更要"绿水青山"。唐任伍:《五大发展理念塑造未来中国》,《红旗文稿》2016年第1期。

② 自工业革命以来,典型的生态灾难持续不断,1952年伦敦的烟雾酸雨事件,1986年德国的莱茵河污染事件,1986年苏联的"切尔诺贝利事件"、2011年日本的福岛核电事故。2013年我国多次出现的大范围雾霾天气,华北、长三角等地陷入宛如世界末日的雾霾笼罩之下,部分地区空气质量达三级至六级严重污染级别。2014年春的兰州自来水苯超标以及江苏靖江自来水污染事件。有研究显示,我国每年有35万至50万人因空气污染而早死。环境保护部调查数据表明,我国中重度污染耕地大体有5 000万亩左右。全国因草原退化、耕地开垦、建设占用等因素导致草地减少1 066.7万公顷;具有生态涵养功能的滩涂、沼泽减少10.7%,冰川与积雪减少7.5%;局部地区盐碱地、土地沙漠化增加较多,生态承载问题比较突出,以及近年来的全球变暖,世界性缺水、臭氧层空洞。由此可见,完善生态治理机制刻不容缓。

③ 胡锦涛:《坚定不移沿着中国特色社会主义道路前进 为全面建成小康社会而奋斗:在中国共产党第十八次全国代表大会上的报告》,人民出版社2012年版,第41页。

来阐释，同时强调指出，基于人类共同利益的唯物主义立场出发，采取综合治理的科学方法，倡导"人类命运共同体意识"，融合东方文化中"天人合一与天下大同"的哲学思维，树立"尊重自然、顺应自然、保护自然"的生态文明理念，加强生态文明制度化建设，完善资源环境保护和管理体制，健全生态环境保护责任追究制度和环境损害赔偿制度，融入生态经济建设、生态环境建设、生态文化建设、生态社会建设和生态制度建设诸要素与全过程，努力建设美丽家园，实现中华民族永续发展。人类赖以生存的地球环境是由多种生物与非生物种群相互依存、相互作用所建构的动态平衡生态系统，是人类社会稳定发展的自然前提与基础。这种平衡一旦打破，生态危机就会不期而至。基于生物多样性视角和生态多功能维度出发，以科技创新推动生态文明和美丽乡村建设，是关系人民福祉、关乎民族未来的长远大计。为此，党的十八届三中全会《关于全面深化改革若干重大问题的决定》中强调提出，要高度重视我国的生态文明制度建设，着力建立有我国鲜明特色的生态整合机制体系。

第一，着力统筹当前与着眼长远相互结合的生态整合体制。践行公民环境权益，积极树立生态文明重在建设和环境资源"量质并重"理念，把良好生态环境作为公共产品向全民提供，发展生态经济和绿色产业是根本，不断强化环境保护法律责任，大幅度提高生态违法成本，加快建立具有约束力的促进绿色发展、循环发展、低碳发展的最严格的生态环境保护法律制度。

第二，着力以生态利益平衡为完善我国生态整合体制的出发点和基本方法。着力以制度保护生态环境，建立系统完整而独立统一的生态利益有效供给和生态文明制度监管体系。实行最严格的源头保护制度、损害赔偿制度，封育禁牧，退牧还草、① 补播改良，全面落实生态保护补助奖励政策，实施生态环境损害责任终身追究与倒查机制以及环境治理和生态修复制度，助推生态环境尽快得到显著改善。比如处于西北内陆

---

① 近日财政部、国家发展改革委等八部门联合发布通知，扩大贫困地区新一轮退耕还林还草规模并给予相应补助资金。财政部发改委等八部门：《新一轮退耕还林还草规模扩大》，《人民日报》2016年2月6日第7版。

的宁夏回族自治区，近年来下大功夫着力抓实天然草原退牧还草和补播改良优质牧草生产的同时，加强病虫害防治与草原防火，使得全区优质牧草生产能力逐年提高，草原生态环境得到显著改善。截至2015年底，全区草原植被综合覆盖度达到52%，比"十一五"末提高5个百分点。天然草原干草总产量达到194.9万吨，比"十一五"末增长10.9%。[①]

第三，着力改革和完善生态环境保护管理体制。通过划定生态保护红线和实行资源有偿使用与生态补偿制度，着力健全自然资源资产产权和用途管制制度。

第四，着力推进生态文明制度化和规范化建设。以科技创新和经济发展方式转型升级为抓手，以生态文明宣传为载体，深入践行新型工业化道路，将生态理念融入经济社会发展全过程并转化为公民自觉行动。完善我国的生态整合体制，要着力推进生态文明制度化和规范化建设，构建资源节约与环境保护长效机制，切实打造生态型政府和生态民主建设，努力实现生态保护与生产发展的良性循环、经济效益和生态效益的有机统一，共同服务于实现宜居、宜业、宜游的"和美中国"壮观图景。

第三节 转型期我国社会整合机制体系框架结构分析

我国传统国学经典《礼记·中庸》指出："凡事预则立，不预则废。"因为，道路是达到目标的途径。毕竟"潮平两岸阔，风正一帆悬。"转型期我国社会整合取得预期效果和良好绩效，就需要科学而完善的体制机制保障。体制是规范系统运行的结构和制度，而机制是载体、平台、工具和手段，体现的是事物系统内部各组成部分或要素运动变化过程的组织程序、组织原理、组织结构、组织方式和运行规律的内在机理，机制对于推进系统正常运转起着基础性、根本性作用。社会科

[①] 《宁夏草原植被综合覆盖度已达52%》，《人民日报》2016年1月27日第16版。

学研究的机制，是社会有机体"各部分的相互联系、相互作用的方式"。① 就社会系统良序运行而言，体制障碍是最大障碍，机制缺陷是根本缺陷，影响社会整合成效的主要因素是整合机制分散，形不成合力。社会整合机制是社会系统内各要素正常运行必不可少的程序、原理和载体，是社会整合的精神实质、组织体制和社会整合方式的有机统一。古人云，"工欲善其事，必先利其器"。社会整合的目标与任务要得以切实实践并转变为现实成果，实施整合计划的制订、执行、调节以及整合绩效反馈评估。就需要因势利导，把着力点放在增强整合实效上。不断提高社会整合度是社会分化和社会发展的必然要求，具有相对稳定基础上的动态平衡性。转型期的我国社会整合不仅要有科学和务实的实践路径，还要有保证社会整合目标落实的有效机制。在新常态下，我国社会整合置身于利益分化的多元社会场域，要避免社会失序或解体，必须借助多种"社会整合器"②。在依法治国基础上，构建结构严密、层次清晰、程序合理、功能匹配的社会整合生态机制，③ 及时回应社会期盼和诉求，着力化解矛盾。同时，在其他社会整合他的孕育生成过程中，掌握充沛资源的党委和政府要充分发挥多元治理中的主导作用。转型期的社会整合达成社会一体化目标，需要一定的机制支撑，目前理论界关于社会整合实现机制存在组织整合、意识形态整合、利益整合、制度整合和法律整合等五个方面的社会整合渠道在内的多元解释，④ 常见的还有差别化与阶梯化机制，具体表征为沟通交往机制、规则整合机制、利益整合机制、交换整合机制、参与整合机制和社会控制

---

① 赵理文：《制度、体制、机制的区分及其对改革开放的方法论意义》，《中共中央党校学报》2009年第5期。

② 罗峰：《完善公共治理 促进社会整合》，《中国社会科学报》2012年11月21日第A8版。

③ 有学者认为，转型期的我国社会整合机制应具备一系列规范性系统特征，这就是社会公平价值理念、民主法治制度基础、以人为本政策引导、利益共享机制保障、安定有序社会环境、系统优化社会结构，以及目标上从利益失衡到利益均衡、格局上从政府管理到社会治理、理念上从人治到法治、形态上从非制度化到制度化、手段上从单一的行政控制到多元的治理奇功。靳江好、王郅强主编：《和谐社会建设与社会矛盾调节机制研究》，人民出版社2008年版，第121—139页。

④ 王爱巧：《社会转型时期党的社会整合功能研究》，华中师范大学硕士学位论文，2007年。

机制等六种社会整合机制,① 以及有效的利益均衡与凝聚机制、诉求表达与施加压力机制、利益协商与调解仲裁机制。学者李友梅等认为,我国社会整合的基本形式有外在的行政性整合与内在的意识形态诉求整合。② 一般而言,社会发展状况是社会整合机制结构的制约因素,社会良序是其动力机制,社会问题新任务是其激励机制。除此以外,社会整合机制设计应具有前瞻性、预见性和针对性,围绕中心、服务大局,找准平台和载体,持之以恒推进和不断激发主体创先争优、先锋引领的原生动力,着力发现、培养、推广、宣传和表彰先进典型,努力营造比学赶超的浓厚氛围,为内涵发展、科学发展凝聚强大动力、解释性框架和相应对策建议。总之,为了顺利达成社会整合目标,要着力构建理论与实践、总体性与具体化、批判性与建构性、科学性与价值性的"四个"统一的社会整合机制,以及沟通整合、规则整合、交换整合机制,重大决策社会风险评估机制,以及无缝衔接社会监测体系与危机预警系统。

一 利益与收入分配调控机制

利益是客体为了满足主体需要,而在主体之间进行分配时生成的社会关系形式,其本质反映了个体间的利害关系和属性规定性。③ 利益是基于社会关系呈现出主体对客体的价值需要,其本质归属于社会关系范畴,社会整合旨在秉持公平正义的利益与收入分配理念,实现社会均衡和有序运行。

(一)利益是社会结构中的核心要素

利益结构是社会系统的深层结构,构成社会政治运行的内在动力。18世纪英国哲学家休谟(David Hume)认为,人的行为是由利益支配。19世纪法国政治思想家托克维尔极为重视个体"利益和感情",在其代表作《论美国的民主》(1835—1840)中指出,利益在某种程度上是受社会结构影响的东西。而哈贝马斯则认为,社会用"利益导向行为取

---

① 吴晓林:《社会整合理论的起源与发展:国外研究的考察》,《国外理论动态》2013年第2期。
② 李友梅等:《中国社会生活的变迁》,中国大百科全书出版社2008年版,第110页。
③ 任映红、戴海东:《中国共产党的社会公正观研究》,人民出版社2009年版,第264页。

代了价值导向行为"①。苏联著名哲学家斯皮尔金（Alexander Speer Gold）院士在其《意识和自我意识》中认为，利益是主体自我在正常的生命活动和发展历程中因缺乏基本物质条件而产生的一种主观冲动。马克思主义利益观的结论是，人们奋斗所争取的一切，都同他们的利益有关。利益分配牵涉社会经济、政治及其系统工程方方面面，其主要表征为利益收入问题。利益是现代经济学指向对象，彰显经济自利。马克思在《关于林木盗窃法的辩论》（1842）中将利益置于核心地位，并在《哲学的贫困》（1847）中更多关注阶级利益的冲突与整合。马克思认为，利益是"没有记忆的，因为它只考虑自己"。恩格斯指出，每一个社会的"经济关系首先是作为利益表现出来的"②，"个人利益和社会利益之间的关系，个人动机和社会要求之间的关系"③ 是任何社会必须面对的紧要而现实的社会整合问题。列宁多次强调，利益是"人民生活中最敏感的神经"④。可见，良好的利益与收入分配秩序对于构建"橄榄型"社会结构和实现我国社会整合目标的重要性。

（二）转型期我国利益与收入分配调控愿景

转型期我国收入分配领域问题主要展现为资本经营、资源经营和公权寻租经营，以及非规则金融放贷、企业改制、科技进步等多因素诱发的收入不公。我国社会主义初级阶段的现实国情和发展阶段决定了，经济新常态下我国收入分配困境和出路的主要症结关涉初次分配和再分配领域，作为社会整合主体的执政党和政府组织应有针对性地加大治理力度，以不同的方式消解或弱化分配领域的体制机制扭曲和制度障碍性因素。

1. 转型期我国收入分配差距日益拉大

目前，我国利益与收入分配差距呈现在多方面、多层次、多领域，表征为城乡、地区、行业、区域、东西部以及职业收入差距显著，在国

---

① ［德］哈贝马斯：《合法化危机》，刘北辰、曹卫东译，上海人民出版社2000年版，第29页。
② 《马克思恩格斯选集》（第2卷），人民出版社1995年版，第537页。
③ ［美］丹尼尔·贝尔：《资本主义文化矛盾》，严蓓雯译，生活·读书·新知三联书店1989年版。
④ 《列宁全集》（第13卷），人民出版社1990年版，第113页。

民经济初次分配中劳动者收入占比不高,用工"双轨制"同工不同酬,个税制度有待完善。1979年世界银行公布的我国基尼系数为0.33,1988年为0.38,1994年为0.43,1996年为0.46。进入新世纪,国家统计局在2006年公布的基尼系数为0.47。西南财经大学公布的2012年我国基尼系数达到了0.61。中国社会科学院2013年报告显示,2012年我国城乡居民收入差距达到20倍,这意味着基尼系数从1978年的0.16上升到2008年的历史最高点0.491,再回落到2013年的0.473、2014年的0.469到2015年的0.462,仍处于高位运行,也已严重超越了0.4的国际贫富差距警戒线。可见,我国"倒丁字型"①社会结构和阶层壁垒异常明显,且已到了应该高度关注的时候了。

2. 转型期我国收入分配差距"无序"格局生成原因

第一,城乡收入差距与我国计划经济长期实行的工农业产品剪刀差有关。在社会主义建设初期,我国作为一个农业大国,工业化缺少资金和原材料,作为权宜之计国家选择实施农业支持工业政策,通过压低农产品价格,抬高工业品报价,以此为工业发展积累资金,这种刚性政策由于制度惯性到改革开放后延续下来。同时,国家为了加快社会主义建设,加之计划经济时代资源有限,遂采取"户口与身份"等级差别,造就城乡二元体制或壁垒,诸如对就业有严格的户口、档案和身份限制,对农村户口实行"低工资、低福利和低待遇"的就业歧视。最鲜活的例子就是处于"夹心层"的城市农民工群体或者称之为新型工人阶级,既不是农民也不是工人,而是在城里务工的农民身份,他们为城市建设做出了不可磨灭的贡献,却仅获得微薄的收入与不平等的歧视性待遇。

第二,收入分配不透明导致不同行业和职业收入差距。体制内与公权力、准公权力相关的职业或垄断行业,尽管近年来福利有些下降,但是仍有着优厚待遇,职业稳定性高,且有保障,这就可以解释为什么当前大学毕业生初次职业首选为公务员、国有企业等,折射人们就业观念保守,也反映了社会就业环境不佳,创业门槛高、风险大。当然,也与我国传统就业习惯有关,普遍认为在体制内就业才是真就业。

第三,缘于区位优势差异诱发的地区和东西部收入差距。我国东部

---

① 李强:《"丁字型"社会结构与"结构紧张"》,《社会学研究》2005年第2期。

地区是改革开放的前沿和现代化示范区，经济发达、资源配置效率高，收入更多的是通过市场分配，或者要素分配，在长期的经济发展过程中，东部地区的收入比西部地区高，经济发展程度层次不同，造成劳动力工资差异。

3. 利益与收入分配调控目标

转型期的我国收入分配制度改革就是要着力把"提低、控高与扩中"作为主线。

第一，经济新常态下"中等收入群体"倍增是利益与收入分配调控的核心任务，也是我国社会整合的重要目标。从释放消费需求角度看，增加"中等收入群体"恐怕比一般性的收入倍增更为实际而重要。由此决定我们要把"中等收入群体"倍增作为收入分配改革的核心目标。

第二，着力促进社会收入总体性分配的公平合理。人们看到收入分配改革正在"加速度"。《中国居民收入分配年度报告》（2013）指出，"当前中国高收入人群主要集中在垄断行业和国有企业，因此必须通过深化体制改革，加大税收调节和加强收入监管等措施来有效控制这些行业和企业的过高收入，进而达到控制高收入者收入的目的。"有学者研究我国居民收入差距指标的基尼系数历史数据并根据经验推论，我国可能接近收入分配转折点，未来基尼系数可能按照库兹涅茨倒"U"曲线逐步回落，即在经济未充分发展阶段，收入分配将随同经济发展而趋于不同步性，然后经历收入分配相对稳定，而在到达经济充分发展阶段，收入分配将趋于平等。目前，我国收入分配践行"效率优先，兼顾公平"理念，其核心要义是兼顾"平等"，缩小收入和分配差距，代际收入趋近公平，重点指向消除收入与分配领域的不公平现象。为此，樊明教授等认为，[①] 转型期我国政府主导型收入分配政策的实践效果并不理想，所以应转向市场导向型收入分配政策为主，以缩小利益与收入分配差距。

（三）转型期我国利益与收入分配调控的应对逻辑和策略路径

直面我国收入分配现状，统筹谋划，注重顶层设计，调结构、促发

[①] 樊明、喻一文：《收入分配行为与政策》，社会科学文献出版社2013年版。

第六章　转型期推进我国社会整合实践路径选择

展、保稳定，着力通过全面深化改革减少审批，放松行政管制，改革个人所得税制，[1] 实质性降低工薪阶层税负。着力消除灰色收入，监管和调控垄断行业过高收入，统一工资标准，形成年度正常晋升与增长机制和劳动者报酬正常增长的保障机制。着力于推动基本公共政策改革，从多业态多维度联动整合我国利益与收入分配差距。

1. 在国家层面的制度设计上

要始终秉持社会公平公正与正义原则，制定合理的收入分配政策和机制。大力推进新型城镇化和收入分配体制改革，着力于规范利益与收入分配秩序，加大收入分配调节，基于初次分配注重公平、二次分配在兼顾效率与公平的基础上，加大对低收入群体的转移支付力度，充分利用财税杠杆调控社会收入差距。当前我国个人所得税占总税收比重近7%，而发达国家个税对国家贡献度超过50%，充分挖掘个税对于调节收入分配差异的空间和潜力，还须抑制灰色收入、营造公平竞争环境，设计更公正和更公平的权利规则，保障更完善的分配，实现机会均等，体现劳动就有所得，勤奋就会改变命运。同时着力于"保护合法收入、调节过高收入、清理规范隐形收入、取缔非法收入、增加低收入者收入、扩大中等收入者比重"[2]，建立"中低收入者收入稳定增长机制和解决收入分配混乱问题"[3]，努力缩小贫富和收入差距，培育中产阶层藏富于民，尤其关注低收入群体和弱势群体，提高城乡居民收入特别是最低工资水平，逐步形成"橄榄型"社会利益与收入分配新格局。

2. 在政策层面的制度设计上

着力消解和弱化附着在户口上的先赋身份与不平等权利。着力熨平制度造成的收入歧视，搭建平等平台鼓励"获致因素"，以畅通社会流动，还农民工国民待遇。习近平同志多次强调指出，努力为社会提供满足人民需求的多样化服务，让社会成员共享人生出彩机会，共享梦想成真机会，共享同祖国和时代一起成长与进步的机会。让一切劳动、知

---

[1] 陈宪：《个税改革要有利于壮大中等收入阶层》，《文汇报》2016年2月19日。
[2] 本书编写组：《〈中共中央关于全面深化改革若干重大问题的决定〉辅导读本》，人民出版社2013年版，第46页。
[3] 王春光：《当前收入分配制度改革面临的困境与挑战》，《传承》2013年第1期。

识、技术、管理和资本的活力竞相迸发，让一切创造财富的源泉充分涌流，让发展成果更多惠及全体人民。

3. 在对民族地区、边远地区和弱势群体的帮扶举措倾斜上

着力加大对西部地区、民族地区、贫困农村以及社会弱势群体的扶贫开发和财政转移支付力度①。着力完善基本公共服务社会保障机制，改变观念层面上的保守就业观，弱化体制内与体制外收入差异。鼓励大众创业和万众创新，给予自主创业尽可能多的优惠和扶持政策。倡导主流就业观，反对就业歧视。理顺收入分配关系，调整利益结构，增加居民收入，缩小收入差距，建立和完善利益协调机制，打造以底线公平为基础的和谐利益格局，以统筹城乡发展，加快社会建设，增进社会福利，促进社会公正。根据国务院《关于深化收入分配制度改革的若干意见》（2013）指出，坚持基本国情和发展阶段特征，收入分配改革要与相关领域整合有机结合，同步推进、凝聚共识、形成合力，着力于继续完善初次分配机制，规范收入分配秩序、取缔隐形和非法收入，促进就业公平；加快健全以税收、社会保障、转移支付为主要手段的再分配调节机制，保障和改善民生，多渠道优化多元收入分配结构，扩大消费需求，转变发展方式，努力实现居民收入增长和经济发展同步，劳动报酬增长和劳动生产率提高同步，形成合力有序的"橄榄型"收入分配格局；坚持工业反哺农业、城市回馈农村和多予少取方针，完善城乡一体化，建立健全促进农民收入较快增长的有效机制；推动形成公开透明、公正合理的收入分配秩序，加强深化收入分配制度改革的组织领导。关于我国"三农"问题核心和本质可以归结为，"红利谁分享、如何分享，成本谁承担、如何承担"等技术性问题。

综上所述，谋民生之利、解民生之忧、解决好人民群众最直接与现

---

① 当前，我国还有14个集中连片贫困区、592个国扶贫困县、12.8万个贫困村、7 017万贫困人口，所以，要着力推进精准扶贫，实施精准脱贫攻坚工程，加人对革命老区、民族地区、贫困地区的转移支付等，统筹协调城乡发展，着力落实好扶贫攻坚行动和"1+17"精准扶贫精准脱贫意见及政策措施，运用扶贫大数据管理平台，因村因户因人精准施策、靶向治疗，促进脱贫攻坚融合联动，稳定实现农村贫困人口不愁吃、不愁穿，义务教育、基本医疗和住房安全有保障，决胜到2020年全面实现我国现行标准下的农村贫困人口脱贫、贫困县全部摘帽，解决区域性的整体性贫困。唐任伍：《五大发展理念塑造未来中国》，《红旗文稿》2016年第1期。

实的利益问题始终是转型期我国社会整合的努力方向。着力于调整财税体制，提升税收杠杆调节力度、多渠道增加居民财产性收入、健全工资决定和正常增长机制、健全资本、知识、技术、管理等由要素市场决定的报酬机制、完善最低工资和工资支付保障制度，完善企业工资集体协商制度、改革机关事业单位工资和津贴补贴制度，完善艰苦边远地区津贴增长机制。改革公务员考核GDP崇拜机制，规范政府行为、强化行政监督、还权力于社会和市场，构建节约政府、廉洁政府、法治政府、民本政府和服务型政府，推动公共财政透明化、均等化、科学化与民主化改革，构建面向所有市场主体的平等有序、法治开放、完全竞争性的，产权明晰的"宽进严管"的，消除垄断和市场碎片化，同时财税体制、社会保障体制、国有经济体制等其他方面改革配套举措一体化的现代市场体系理想模型，着力于发挥市场在资源配置中的决定性作用，理顺政府、市场和社会关系。总体而言，"提低、扩中、控高"是理论和实务界公认的我国利益与收入分配整合的基本逻辑思路。通过构建科学高效的利益与收入分配社会整合机制，消除初次分配不公，控制高收入群体，助推中低收入者向小康大众或中等收入阶层转变，缩小阶层差距，消除社会保障上的待遇，优等级制，优化整合"养老金双规制"困境，合并城居保与新农保一体化，统一城乡居民养老保险待遇的定期调整机制，整合"二元结构"模式的养老碎片化，提升养老幸福指数，优化城乡社会保障公共服务均等化，均衡城乡财政补贴范式，以建立动态统一的城乡居民基本养老保险制度为切入点，大力推行全国统一社会保障卡为载体，使全体人民公平享有基本养老保障，以利于促进人口流动、提升社会安全感，改善民生，同时便于拉动消费、鼓励创新创业，旨在打造"菱形"收入分配良性格局，着力实现老有所依不是梦想、青年就业能如所愿，有房生活有保障，真正实现每一个公民内心所向往的"中国梦"。

二 政治参与机制

政治参与是现代政治学研究的重要命题，表征特定个体、团体在利益分化过程中对社会公平的合理诉求。政治参与要素包括政治参与主体、客体、途径等。《布莱克维尔政治学百科全书》认为，政治参与是将个人的意见集合起来，"制定、通过或贯彻公共政策的行动"，旨在达成政治意志。在经济全球化场域下，伴随全社会民主意识的不断成熟，政治参与成为民主政治现代化的发展成果和衡量指标，旨在提升政治合法性，进而实现政治平衡，为公民社会建设保驾护航。

（一）政治参与彰显政治发展民主化旨趣

古希腊政治学思想中蕴含着丰富的政治参与萌芽。早在两千多年前亚里士多德就指出，从本性审视人类是个政治动物。所以说，政治参与是人的天然社会属性。而作为独立概念与范畴的现代政治参与则发端于20世纪中叶后的美国，以亨廷顿、纳尔逊等学者为代表。美国著名政治学者亨廷顿认为，政治现代化的最基本要素就是政治参与，这也是现代政体与传统政体的重要区别，而政治参与的有序扩大是"政治现代化的标志"[1]。对此，我国学者在合理借鉴并结合我国政治文化与政治参与实践基础上提出了自己的诠释或解读。宋定国教授（1990）认为，政治参与是人民运用法律赋予的合法权利，直接或间接影响党和国家人事安排或者政府决策过程的行为。[2] 王浦劬教授（1995）认为，政治参与是作为平民、非职业性的普通公民表达政治愿景的合法活动，不包括政府官员、职业政治家或政治活动家的行为或活动。[3] 俞可平教授（2003）认为，政治参与是公民为影响或干预政治决策而采取的合法政治行为，旨在表达政治愿望或实现政治利益。[4] 魏星河教授（2007）等认为，政治参与是公民或团体旨在影响或推动政治系统决策过程的活动。[5] 陈振明教授（2008）等认为，政治参与是公民的非职业性行为。[6] 在一定程度上讲，非政府组织、信访、网络参与以及群体性事件等也是表征公民政治参与活跃度的重要标志。学者张利军（2014）认为，政治参与既包括参与态度，也包括参与行为，既包括职业政治家，也包括

---

[1] ［美］塞缪尔·P.亨廷顿、琼·纳尔逊：《难以抉择——发展中国家的政治参与》，王晓寿等译，华夏出版社1988年版，第1页。

[2] 宋定国主编：《新编政治学》，中国人民公安大学出版社1990年版，第129页。

[3] 王浦劬：《政治学基础》，北京大学出版社1995年版，第207—208页。

[4] 俞可平主编：《政治学通论》，当代世界出版社2003年版，第204页。

[5] 魏星河等：《当代中国公民有序政治参与研究》，人民出版社2007年版，第19—20页。

[6] 陈振明、李东云：《"政治参与"概念辨析》，《东南学术》2008年第4期。

普通公民的参与行为，既包括合法行为，也包括非法行为。① 可见，政治参与是获得民众积极支持的重要载体，是我们党的优良传统和宝贵经验。政治参与的形式有选举参与、政策参与、自治参与、接触式参与等。学者们对政治参与研究热情高涨，成果丰硕，本书综合学界已有成果，将政治参与的内涵和外延归纳指向，主体以直接或间接方式自愿实施的一切试图影响公益分配的愿望表达与合法性政治决策行为、观念活动以及政治不作为，利益多元化是政治参与有序运行的前提，同时制度建设必须容纳政治参与的扩大。② 公民政治参与的制度化和有序扩大是社会政治发展的重要内容和基本标志。

（二）政治参与表征提升社会整合度的有效机制

政治参与是巩固和扩大政治发展的基础，是现代政治的民主化根基和金钥匙。社会整合着力点旨在充分发挥政治参与机制正能量，实现"社会协同"③，使各主体间形成紧密配合的和谐关系与相互支持行动的有限发展和充分参与。群体凝聚力蕴含内群吸引力的生成，其形成标志是内群成员具有认同感。④ 有效提升政治参与度，需坚持以经济建设为根本前提，以扩大民权为政治基础，以统筹兼顾为根本方法，以制度、体制改革为重要保障。积极提供适当的制度化政治参与渠道和广泛的民主政治权利，同时着力于扩大基本公共服务供给，完善社会治理，促进社会公平正义，构建覆盖城乡居民的社会保障体系。

总之，转型期政治参与的有序扩大和制度化映射现代主权国家民主政治发展程度的重要内容和基本标志。我国政治制度提供了完整的利益整合渠道，保持政治稳定的根本机制在于政治制度的安排能够为政治民主化趋势提供规范化的保证和约束，积极健全风险评估机制和就地解决群众合理诉求机制，完善人民调解、行政调解与司法调解联动调处化解矛盾纠纷综合工作机制体系，改革并实行网上受理信访工作机制，着力

---

① 张利军：《国内外关于政治参与内涵的辨析》，《国外理论动态》2014年第2期。
② 杨雪冬：《当前中国政治参与的特点与出路》，《人民论坛》2013年第12期。
③ 朱力、葛亮：《社会协同——社会管理的重大创新》，《社会科学研究》2013年第5期。
④ 马进：《社会认同是怎样进行的——一种社会认同理论》，《甘肃理论学刊》2014年第1期。

构建通畅群众有序参与的权益与诉求表达渠道、心理干预、矛盾调处、权益保障机制，提升公众政治参与程度，使政治参与机制进入秩序化轨道，为和谐社会建设提供政治保障。

三 社会沟通与流动机制

沟通是个体之间、个体与群体之间的思想、感情与信息的传递和反馈的双向互动过程或结果，沟通旨在达成信任，促进彼此情感和心理认同。沟通意味着流动的可能性。社会沟通旨在协调关系、理顺情绪、达成认同，客观上充当"社会安全阀和缓冲器"。哈贝马斯认为，主体间的沟通使多元主体的行为计划相互协调，从而使他者的行为与自我的行为相互联系起来。可见，沟通不仅是个体间的浅层关系，更蕴含行为间的深度谋划关系。

（一）社会沟通旨在实现个体或群体间的相互理解和认同

沟通是利益的表达方式。德国社会学家尼克拉斯·卢曼在其《信任：一个社会复杂性的简化机制》中从结构功能主义维度提出，信任是一种简化机制和系统。而认同作为精神现象，其概念具有复杂和多义性，彰显"人类根深蒂固的心理需求和情感归属"[①]，认同映射社会整合的积极心理基础，也有可能成为社会整合面临的内在张力。沟通包括信息发送者、信息接收者、信息内容、信息媒介、传播路径及反馈等六个要素。沟通具有非权力支配性、非职责限定性和认同疏导性等特征。沟通的常见模式是语言沟通和肢体语言沟通。美国控制论创始人维纳（Norbert Wiener）认为，控制系统的过程就是沟通，包括人们相互联系的模型和媒介物等。社会沟通旨在实现身份认同、发展认同、政党认同、政策认同、体制认同、文化认同等。中国社会科学院房宁教授研究认为，我国公民的政治参与偏好与政治认同二者的关系，呈现为偏好选举参与的公民政治认同水平较高，偏好社团参与、自治参与和政策参与的公民政治认同处于居中水平，偏好维权参与和网络参与的公民政治认同水平偏低。男性公民的政治认同和政治参与水平均高于女性公民；少数民族公民的

---

① 王宗礼、苏丽蓉：《多民族国家的国家认同与公民教育》，《甘肃社会科学》2013年第6期。

政治认同水平高于汉族公民,但是不同民族公民的政治参与水平差异不显著;城镇户籍公民政治认同水平高于农村户籍公民,但是不同户籍公民的政治参与水平差异不显著;学历高低并未造成公民政治认同和政治参与的重大差异,但是从老年、中年与青年的年龄区分看,大致是年龄越长政治认同和政治参与的水平越高;公民中的共产党员的政治认同和政治参与水平高于共青团员和群众,共青团员与群众之间的差异不显著;不同职业的公民、不同区域的公民以及不同单位性质的公民,无论是在政策认同上,还是在政治参与上,都有显著的差异;但是不同收入的公民的政治认同和政治参与差异并不显著。[①] 畅通诉求表达渠道,加强真诚沟通,做好纠纷排查与矛盾化解工作,让群众办事更加便利、得到更多实惠,增强安全感、提高满意度,切身感受到社会公平正义。社会沟通旨在实现"信息共享、情感互动、达成共识、构建和谐"[②]。直面我国民主发展现状,以完善政治沟通机制为契机,妥善协调各方的利益关系[③],正确处理好人民内部矛盾,构建社会主义和谐社会。

(二)社会沟通与流动机制是打造诚信社会的重要着力点

随着我国社会进入全面转型期,作为社会整合重要力量的信任缺失成为社会危机根源之一。学者崇信研究发现,信任已经渗透到社会生活的所有方面,我国社会信任危机包括宏观政府信任、制度信任,中观系统信任,以及微观消费信任与人际信任。只有搭建信任基础,认同才成为可能。可见,信任是构建转型期社会整合机制有效性的情感基础和重要基石。

总之,转型期着力构建党委和政府主导下的,以承认社会利益异质性为前提,以多元利益主体和谐共处、合作共赢、各得其所为目的的利益表达与公正开放的社会流动机制,协调社会各阶层间的利益关系,健全依法维权与化解纠纷机制、利益表达机制、协商沟通机制、救济援助机制,以拓宽和畅通群众利益协调和权益保障法律渠道,从而在最大范围内实现价值认同、政治认同与文化认同。有效引领转型期多样化社会

[①] 房宁主编:《中国政治参与报告(2013)》,社会科学文献出版社 2013 年版。
[②] 沈传亮:《建立国家治理能力现代化评估体系》,《学习时报》2014 年 6 月 3 日。
[③] 刘先春、严娟娟:《政治沟通在构建社会主义和谐社会中的作用和时代价值》,《毛泽东邓小平理论研究》2007 年第 2 期。

思潮，实现社会沟通与流动有序高效。

四 区域联动均衡与矛盾协调机制

转型社会是过渡社会，蕴含复杂化及系统性风险日益增加，映射从传统封闭农业社会向现代开放工业社会的转化过程，表征为传统政治权威的消退和民主型政治的生成。而宏观调控、市场化资源最优配置和社会利益关系协调是现代社会运行的三大基础机制。其中的市场机制有效地调节了区域内的资源配置，加强了城市功能的互补性，加快了生产要素的自由移动，有利于深入实施西部大开放、大开发战略，扎实推进"丝绸之路"经济带和21世纪海上丝绸之路建设。历史是用来解读社会整合的一把钥匙，直面当前复杂多变的国内外形势和我国处于经济增长速度换挡期、结构调整阵痛期、前期刺激政策消化期"三期叠加"的重要研判。应着力秉持经济托底式的"保存量、加增量，稳增长与惠民生"技术路线，着力于科学界定"政府与市场"关系，发展循环经济，优化增长路向，拓展资源增值空间，提升技术创新贡献率，充分发挥市场在资源配置的决定性角色转型是保持区域联动均衡与矛盾协调机制有序运行的重要法宝，而法治民主与市场化的包容性经济与政治制度是其人间正道。

传统社会向现代社会转型的显著趋势折射社会结构由纵向层级分化逐步演变为横向功能分化。改革是转型期我国最鲜明而壮观的社会整合，是社会发展的必然趋势，是一场深刻的社会革命，旨在对社会发展的不同瘠症进行调整，涵摄社会经济、政治、思想文化与习俗等全方位和立体式的整体转型与变革，由此缓解社会矛盾，推动社会进步，实现"国以殷盛，民以富强"。从生产社会过渡到消费社会，转型期我国社会整合关注于宏大叙事、崇尚理性、国家中心、一元化为主要特征，亟待在历史的演进过程中寻觅，着力从西方社会整合实践中去借鉴，秉承从现实出发的思路，讲主观体验、认真思考和扎实践履。社会整合突出时代特点，注重规范化精细化与人性化。健全服务保障体系，建立稳定的基层组织运转和基本公共服务经费保障制度，推动人、财、物向基层倾斜，充分调动服务群众的积极性，保证群众话有地方说、事有地方办，困难有人帮、问题有人管。矛盾的社会整合功效集中展现为促进社会整合,助推社会变迁。① 区域联动均衡与矛盾协调机制映射社会结构转变过程中的组织性因素和自主性因素辩证关联的有机统一,② 目的就是要促进社会流动,推动经济稳定增长与民生持续改善。正如党的十八届三中全会强调指出的,要着力于实现发展成果更多和更公平地惠及全体人民,切实解决好人民最关心最直接和最现实的利益问题,更好地满足人民的现实需求。

为此,积极构建转型社会需要的科学合理、公平公正,且基于统筹兼顾之上的区域联动均衡与矛盾协调机制,着力于突破"利益固化"藩篱,秉持"重民生、顺民意、解民忧"理念,深入贯彻落实以"创新、协调、绿色、开放与共享"为核心的"五大发展新理念",依法建立有效利益表达、合理利益分配以及规范的联动均衡与矛盾协调机制,预防"马太效应"发生。转型期公民权利观念的提升,映射"民意已成为政治合法性的唯一来源"③。所以,必须着眼于维护最广大人民群众的根本利益高度,以最大限度增加和谐因素,不断增强和激发社会组织发展活力,同时着力健全社会矛盾预防、预警和化解机制,畅通群众利益协调、权益保障法律渠道,致力以法治的方式和路径构建区域联动均衡与矛盾协调机制。

五 生态治理长效机制

很长一段时间以来,在"人定胜天"的唯物主义思想引导下,人类将大自然视做"取之不尽、用之不竭"的资源宝库,而自然也默默地承受着人类永无休止的发掘和索取。直到18世纪工业革命的汽笛声改变了这一切,伴随工业化和城市化取向的深入推进,人类在创造丰裕物质世界的同时,包括空气、水质和土地污染在内的生态危机日益严峻的现状一再地给人类赖以生存的地球家园无情地敲响了警钟。正如恩格斯所言,我们"不要过分陶醉于我们对自然界的胜利,对于每一次这样

---

① 尹雪萍:《论矛盾的社会整合功能》,《华中理工大学学报》(社会科学版)1998年第4期。
② 王宏波、杨建科:《社会系统的变结构特征及其意义》,《西安交通大学学报》(社会科学版)2001年第1期。
③ 丛日云:《当代世界的民主化浪潮》,天津人民出版社1999年版,第24页。

的胜利,自然界都报复了我们。每一次胜利,在第一次确实取得了我们预期的结果,但是在第二步和第三步却有了完全不同的、出乎预料的影响,常常把最初的结果又消除了。"[1] 因此,我们必须时刻记住:"我们统治自然界,决不象征服者统治异民族一样,决不象站在自然界以外的人一样"[2]。尤其是近年来人与自然矛盾尖锐,人居环境日益引起社会关注,生态治理问题由此凸显,并逐步成为全社会共识。

(一)"美丽中国"背景下生态治理的出场

源于古希腊的"生态"一词原指称家或环境。在现代汉语中,一般是指生物在自然环境场域下按照内在规律生存与发展的存在状态,以及生物和环境的互动关系,表征自然生物的生理生活特性。而治理是特指政府的行为方式,及其调节该行为的路径与机制。学术界对治理概念的界定有多种范型,呈现为治理内涵的相对模糊和复杂性,彰显治理是一个内容丰富、包容性很强的范畴,具有主体多元化、合作性与和谐性,责任界限模糊性、权力互相依赖性和互动性等意蕴特征。政治学维度的"治理"指向政治共同体整合,映射政府运用治权来管理国家与人民。联合国全球治理委员会(CDD)认为,治理是公私机构采取联合行动管理其共同事务使冲突或利益得以缓解的正式制度规则或非正式制度安排的持续过程,及其诸多方法的总和。现代社会高度分化,各种事务纷繁复杂,单一主体疲于应付且因为缺少中间缓冲地带,反而徒增生态预警与治理风险。理性思考人与自然关系相继经历了从"人的适应和自然的选择、人的顺从和自然的恩赐,到现代人的索取和自然的报复"等若干阶段,在我国转型时期,推进生态治理旨在生态文明是建设宜居生态、美丽中国与同心共筑中国梦的重要任务,努力推进"国家更加富强、社会公平正义、增进人民福祉以及社会善治和共治"为出发点与落脚点,并改善民生、提升社会质量的重要举措,具有极为重要的学术价值与现实针对性。实施生态治理,要以"重塑社会结构、维护社会秩序、增促社会进步、缩减社会代价"为着眼点,构建有中国鲜明特色的"生态文明"是有别于"工

---

[1] 恩格斯:《自然辩证法》,人民出版社 1971 年版,第 158—160 页。
[2] 《马克思恩格斯全集》(第 20 卷),人民出版社 1971 年版,第 519 页。

业文明"的人类社会发展新阶段和价值抉择,是实现社会经济良性发展的重要前提,是人类发展观念的重大转变,是以和谐社会可持续发展为宗旨的生态文化伦理形态。

(二)打造有中国鲜明特色的生态治理长效机制,增促人与自然和谐发展共生

生态治理的出场映射转型期我国社会发展最强音。据世界自然基金会(WWF)发布的《地球生命力报告》指出,自1970年以来,地球生命力指数下降了30%—60%不等,人类生态耗竭已超50%,到2030年,要有两个地球才能承载人类需求。生态超载的罪魁祸首是碳排放,确保我们赖以生存的地球家园可持续发展,支撑未来的人口预期和发展需求,关键抉择是在能源消费领域减少生态足迹,切实降低碳排放,①建立生态监测②和生态预警机制,重视公民生态意识养成教育,增加对生态保护的投入,有效化解经济社会发展与生态环境约束的困境与矛盾,积极探索与推进"产业结构调整、发展指数升级、环境问题转型"的有中国鲜明特色的生态保护新道路,着力形成科学应对生态危机、协力发展绿色低碳经济并坚守生态红线的生态治理共识。为此要总体部署"生态治理"③的实践路径与长效举措,注重顶层设计、整体谋划和战

---

① 地处西北内陆的兰州作为共和国的重化工业长子,长期以来以大气污染最严重的城市之一著称。近年来兰州市下大功夫治理大气污染,降低碳排放,改变以煤炭为主的能源结构,启动"煤改气"和"热电联产集中供暖"等多措并举,取得大气污染治理工作创新和突出成效,在2015年底的联合国巴黎气候变化大会上,兰州获得中国非低碳试点城市"今日变革进步奖"。崔亚明:《巴黎气候大会传来"兰州声音"》,《兰州晨报》2015年12月14日第A2版。

② 国务院办公厅2015年8月12日发布的《生态环境监测网络建设方案》中提出,到2020年我国将基本形成政府主导、部门协同、社会参与以及公众监督的生态环境监测新格局,同时基本实现环境质量和重点污染源监测全覆盖。另据环保部数据显示,我国目前已建成超过1400个环境空气自动监测站点,338个地级城市可实时发布空气污染物数据。国务院办公厅印发《生态环境监测网络建设方案》(http://news.xinhuanet.com/fortune/2015-08/12/c_1116228079.htm.2015-08-12)。

③ 有学者认为,公民生态意识养成是生态治理的根本目标、关键所在、重要途径和基本保证,通过思想层面的科学理念指导和提升公民生态道德文化水平,行政层面的充分发挥政府主导作用与建立健全生态法律法规,以及实践层面的增强公民生态治理参与能力将极大地促进人类对自然和自身生存状态的认知,推动人类在生产生活方式上的重大变革,有效化解人与自然的矛盾,更好地促进协调发展。宫长瑞:《当代中国公民生态文明意识培育研究》,兰州大学博士学位论文,2011年。

略布局，健全法律制度体系，以改善生态并存共生界面，① 健全体现生态价值和代际补偿的资源有偿使用以及生态修复与多元救济补偿制度，健全生态治理考核评价体系与执法机制，健全生态文明机制建设。

1. 立足国情、科学指导、体大思精，加快调整能源结构

进一步健全"党委领导是根本、政府负责是关键、社会协同是依托、公众参与是基础的主体多元化合作共治与良性互动"生态预警与治理新格局。着力坚持预防为主与守住底线，推动转方式与调结构，着力推进环境与生态信息公开，形成科学有效、公众参与的利益协调、诉求表达、矛盾调处以及权益保障路径，切实改善环境质量。

2. 充分发挥经济杠杆激励和导向作用

着力培育、发展、规范和深化基层社会组织整合体制机制建设。创新整合方式，强化服务职能，持续加大生态保护力度，着力构建枢纽型生态治理组织体系，促进环境保护迈上新台阶。

3. 建立生态治理预警与防范督查多措并举

完善政策法规体系，加强上下联动和工作协调，构建体现生态文明要求的目标体系、考核办法、奖惩机制与第三方绿色 GDP 评估制度，接受社会评议和监督，着力依靠制度加强环境保护。

4. 以创新驱动和产业转型升级助推政府职能转变

构建具有"科学民主、法治责任、有限透明、阳光活泼、规范便利、廉洁高效为多元集合体"②，且人民满意的生态式服务型政府理想模型，充分调动社会组织参与生态治理和公共服务的积极性、主动性与创造性，实现科学发展与天人和谐。

5. 加强生态环境保护教育和生态文明意识培育

重视经济发展的生态成本，加强对生态治理的制度保障，祛除资本逻辑的单面性，需要切实践行法律规章，倡导循环经济，明确环境与生态责任主体的权利与义务关系，实施环境影响评价和环境立法，着力用

---

① 袁纯清：《和谐与共生》，社会科学文献出版社 2008 年版。
② 张番红：《整合视角下民族地区服务型政府构建障碍及策略分析》，《青海社会科学》2013 年第 1 期。

"严格的法律制度保护生态环境"①,积极构建以国家治理现代化与风险社会视野下的环境法治基础理论、环境保护法律体系、环境行政执法与环境司法为核心的生态环境法治保障体系。

6. 重塑精神家园,共筑生态文明

任何理论的孕育生成都有植根于自己的世界观和方法论基础。新常态下,以重建人文精神为核心,以绿色生态哲学为灵魂,②通过找回精神家园,促进生态文明建设。正如清华大学卢风教授在其《我们需要怎样的人文精神?》学术报告中指出,在全球面临生态危机的新时期,个体作为追求无限的有限存在者,我们要重建的人文精神是不同于西方以人本主义和自由主义为理念,具有中国特色,体现我国传统文化,追求真善美,有自己独特价值追求与精神内核结构,与市场经济相契合,超越拜金主义、消费主义与物质主义,并反思工业文明和现代性利弊的,旨在"发现终极真理"的,以无限追求精神价值方式追求无限的,走向生态文明的人文主义精神家园。

7. 深入实施"一带一路"和西部大开发战略

正确处理好生产发展与环境保护的平衡关系,走向生态文明必须着力实现经济模式、科技路向、制度逻辑、思想观念以及文明范式的若干转型,③着力以转型发展促进和维护生态建设。当前我国已进入第三波工业发展新时期,要实现经济运行模式从线性向生态与循环型的转变、科技路向由无限追求征服力型向维护地球生态健康的调适型转变、制度逻辑从资本型向生态型的转变、思想观念从现代性向涵盖生态主义的转型,以及文明范式从不可持续的现代工业文明向人类文明的必由之路——生态文明的转型,同时必须改变以往"GDP 优先"的发展方式,以系统化思维去推动和实现经济发展与生态治理在"合理区间"良性

---

① 《〈中共中央关于全面推进依法治国若干重大问题的决定〉辅导读本》,人民出版社 2014 年版,第 14 页。
② 卢风:《关于生态文明与生态哲学的思考》,《内蒙古社会科学》(汉文版) 2014 年第 3 期。
③ 清华大学卢风教授关于《生态文明建设与"四个转变"》学术讲座(http://video.chaoxing.com/serie-400004830.shtml.2014-10-06)。

循环,坚持绿色发展理念,着力走绿色循环、低碳节能与生态发展之路①,加大环境保护与建设,实现生态治理各项目标。

8. 从生态治理视角推进发展方式、产业结构、增长路径与消费模式转型升级,以及科学技术创新和制度设计安排

总之,我国生态治理长效机制,应坚持以社会主义核心价值观为基础的国家先进文化引导,以理性认知为基础,以社会实践为载体,恪守"以人为本、服务为先"的生态治理理念,秉持"群众导向、基层导向与问题导向"的扁平化生态治理范式,积极培育和践行公民生态治理在身边的科学、法治与道德意识和关注度,建设"信息公开、管理有序、服务完善、文明祥和"的生态治理共同体,积极鼓励和引导公民的生态治理参与行为,切实发挥好群众性环保组织的生态治理正能量,通过政府、企业和社会的区域性多元多方参与整合,使生态治理观念在全社会牢固树立,旨在构建环境友好型和资源节约型的科学有机完备、可持续体系化、制度规范化与立体常态化的有中国特色生态治理制度架构、路径选择和长效机制,统筹谋划循环经济、生态走廊与生态安全屏障综合示范区,实施生态保护、补偿与建设,为美丽家园筑牢国家生态屏障安全综合实验区,从而优化人与自然关系,实现生态人性、生态正义与生态和谐,助推生态治理现代化与文明的跨越,在坚持马克思主义生态观基础上,结合国情,着力于生态实践与资本逻辑的辩证统一,驱动生态文明建设,把握绿色发展机遇,增创低碳与循环新优势,维护生态安全,真正走出一条实现人与自然和谐发展且"青山不老、以绿为骨,蓝天常在、以水为媒,山清水秀、天高云淡、风清气爽,且绿水长流、景明水秀、天人合一"的有中国鲜明特色的社会主义生态文明发展道路,② 使山水相连与城市文明融为一体,以创新理念打造"山水中

---

① 联合国环境署前主席劳伦斯·布鲁姆在2014年全球低碳发展高峰论坛上指出,世界经济发展对环境连带损害自然成本每年约为3万亿至5万亿美元,这就意味着我国以往的高速GDP增长,是以破坏森林、河流与土壤为代价。可见,生态系统服务于经济发展成本也应作为GDP统计之一部分已经刻不容缓。《全球经济发展成本,每年3万亿至5万亿美元》,《今参考》2014年第11期。

② 王学俭、宫长瑞:《试析马克思主义生态文明观及其当代意蕴》,《理论探讨》2010年第2期。

国美"的和谐宜居环境,着力驱动"魅力中国走起来",大力助推人与自然在友好相处与和谐共生的靓丽情境下"诗意的栖居"[①],努力勾勒出社会发展与生态建设协同推进的"协奏曲"和"中国画"。

---

① "诗意的栖居"源自19世纪初叶德国著名诗人荷尔德林在其《在柔媚的湛蓝中》中的诗句。海德格尔:《海德格尔选集(上下)——二十世纪欧美思想家文库》,孙周兴编译,生活·读书·新知三联书店1996年版。

结束语

本书基于唯物史观的全球化时代出场并演绎现代化的世界历史过程，映射人类社会自18世纪以"工业化"为动力，从传统农业走向现代工业社会的全方位急剧变革，展现为后发国家以高效率举措学习借鉴西方先进技术，改造并推动社会经济、政治体制等从前现代社会向现代性整体变迁的不可逆转，且意义深远的长期发展图景和历史性过程。正如苏格拉底所说，"未经省察的人生是不值得过的"。置身于转型社会宏大场域，有必要从多维视角审视和反思现代社会及其发展方式，并借助于对实践动向的理解和把握，回应并提出科学的社会整合机制体系。一般而言，整合蕴含合作联动与融合统筹，注重强调政府主导、行为主动、措施综合的立体式保障等公共治理性，就是要充分发挥社会整合主体的总揽全局、协调各方的领导核心作用，着力于通过政策、制度与战略规划的硬性约束和利益激励等软性约束相结合，以助推经济、社会与生态协调有序发展。近年来，理论界多从支撑基础、捷径依托和关键点等多维镜像关切和强调作为西方社会学传统外来词的社会整合，着力探究其本土渊源和内在特征，为拓展和深化社会整合提供了强大思想武器。而作为社会学范畴的社会整合概念名目繁多，内容交叉带来一定理论困境与实践障碍。纷繁世事多元应，击鼓催征稳驭舟。转型期我国社会整合肩负推动社会全面协调及可持续发展的历史重任。为此，应善用分类思维多元性，蹚过改革深水区、渡过整合攻坚期，着力构建发展型公共政策，破解由社会差异和"累积性不平等"因素诱发的转型困境①，化解整合风险与挑战，着力做到蹄疾而步稳。所以，更需要注重

---

① 远山：《社会整合：弥合中国式断裂》，《社会科学报》2010年7月8日第4版。

顶层设计、整体规划，而不再仅仅依赖于"摸着石头过河"。应着力破除陈旧思维和利益固化藩篱，把准社会整合突破口，在解决矛盾与问题中推进和优化社会整合。同时，要将从下到上自发社会整合与自上到下总体规划性自觉社会整合融会贯通，共同指向激发经济活力、社会活力和制度活力，助推生产力高度发展，维护社会公平正义。

首先，社会整合是现实压力下的历史性选择。由于我国社会转型的复杂性，导致推进我国社会整合敏感度和艰巨性异乎寻常。由此，选择性借鉴西方社会整合理论要与我国历史文化传统、价值理念、发展道路、内外政策相结合，激发中国特色社会整合的优势韧性与活力潜能，注定了我们要构建适合自己特点的有中国特色、中国风格、中国气派，并显现强大吸引力、说服力、凝聚力和主动性的社会整合话语体系及其道路。着力打造融通古今中外的我国社会整合新概念、新范畴、新表述，形成有中国特色社会整合机制体系的"大众叙述"。同时，要讲究策略方法，先易后难，不搞一刀切，不求齐步走，着力把整合力度、发展速度和社会可承受阈值统一起来，在本土实践与理论建构基础上，坚持制度整合、系统整合、依法整合、民主整合、源头整合、宏观整合与微观整合。坚持以人为本、"新五化"同步、科学布局与绿色发展，在保持社会和谐稳定中推进有中国特色社会整合之路。当然，作为开放思维范式的社会整合本土化视域，力戒对西方社会整合的顶礼膜拜、厚外薄内等不良倾向，以坚守基本国情为基础，以改革创新为内核，适应我国社会发展为目的而学习鉴戒、回顾与前瞻，具有内涵开放性、目的本土性特点的方法与理论，其实质是以中国本土化社会整合实践为指向，彰显因地制宜的灵活策略，旨在形成有中国特色社会整合生态共同体思想谱系。

其次，转型期我国社会整合结构总体性分析。社会结构是审视转型社会的核心要素。社会整合旨在维持共同体的道德秩序和稳定发展。转型期我国社会整合大多具象化为关注具体现实领域的经验研究为主，且呈现较为繁荣的景象，构建有中国特色的社会整合机制体系要接现实中国、历史中国以及中国立场和观点的"地气"，破除"中心和边缘思维"，以马克思主义为指导，做到古为今用、洋为中用、中洋互补，从"独白"走向"对话"，实现社会整合研究话语模式转向。同时，社会整合研究应体现时代性、把握规律性、富于创新性，以逐渐消解西方社会整合学术话语权威,增强自身研究实力,旨在助推有中国特色社会整合研究屹立于世界学术之林"底气",建立"后西方话语时代"我国社会整合话语体系。

总之,人类社会发展史其实就是一部分化与整合的互动博弈史,就是一部波澜壮阔的透过法治与民主的社会整合演进史、社会治理完善史。在经济新常态下,从价值观念与社会共识层面助推国家治理体系和治理能力现代化,需重塑以公民权利平等为基点的人民共同体,着力推动有中国特色的社会整合彰显历史发展继承性与价值选择前瞻性、根本方向坚定性与具体路径协同性、宏观方针主导性与实践路向互动性为特点的动态平衡,以及强有力的社会整合话语叙述方式和理论框架,其焦点关注多样性的理论基础、作用机制以及情境因素等多维度诠释。正如俄国哲学家车尔尼雪夫斯基的名言,历史的道路"不是涅瓦大街上的人行道,它完全是在田野中前进的,有时穿过尘埃,有时穿过泥泞,有时横渡沼泽,有时行径丛林。"转型期我国社会整合应立足基本国情、历史发展、文化传承以及政情社情的现实需要,围绕中心任务、服务大局,尊重差异、包容多样,广泛借鉴与吸收人类一切优秀文明成果,以经济建设为中心,以科学发展为主题,坚守中国特色社会主义理论、制度和道路"三个自信",建设基于系统性、整体性和协同性之上的民主政治、市场经济、先进文化、和谐社会、生态文明和党的制度建设科学化"一体六翼"的社会建设网络总体格局并融入主流世界"命运共同体",不断创新载体与方法机制,集中人类的良知智慧和道德勇气,突破僵化思维,汇集强大合力,把整合力度、发展速度和社会可承受限度阈值有机统一于向改革、向调结构和改善民生要动力,以掌握社会整合话语权。在本土实践与理论建构基础上,从整合结构、整合机制、整合理念、整合效率等深层面的全方位优化维度,着力于克服制约整合发展的体制机制弊端,做到"立治有体、施治有序"的担当能力、责任和品格,打造利益与命运共同体,着力于选择性借鉴、合理性批判和吸纳西方社会整合逻辑表达传统,重点整合紧迫问题,突破我国社会整合学术合法性"表达"[①] 的根本困境,以"中体西用"的马克思主义方法

[①] 汪丁丁:《中国社会科学的研究方法导论》,《财经问题研究》2008年第10期。

论，熨平"西方中心主义"的社会整合学术话语霸权，在社会良序中打造全方位且立体式"兼容并蓄、开放包容，正本清源、标本兼治，内外联动、多元均衡、面向世界"的内涵学术合法性的治理体系，这样社会整合方能蹄疾步稳，发展才能柳暗花明，进而形成"系统完备、科学规范、运行有效与多元差异互补"的有中国鲜明特色的社会整合机制体系生态范式，努力推进国家层面的富强民主、文明和谐，社会层面的自由平等、公正法治，以及个体层面的爱国敬业、诚信友善，以增进人民福祉、社会善治和共治为出发点与落脚点。同时，着力跨越"转型陷阱"，避免陷入"修昔底德陷阱"，廓清和消解"中国威胁论"与"中国崩溃论"，着力化挑战为机遇，变危机为契机，注重顶层设计、突出制度建设，秉持"推改革、调结构、稳增长、转方式、塑环境、促发展、控风险和惠民生"的社会整合总体思路与转型"组合拳"，以"问题意识"为导向，以"重塑社会结构、维护社会秩序、增促社会进步、缩减社会代价"为着眼点，以社会主义核心价值体系为"主线"引领全面建成小康社会，让文明比翼齐飞，旨在实现"两个一百年"美好图景和中华民族作为"文明型国家"伟大复兴中国梦，其根本目标是实现马克思"理性标准"预设的"每个人的自由全面发展是一切人的自由全面发展的前提和条件"，并建立"自由人联合体"是其基本特征、最终归宿和核心价值追求，以共同谱写"中国触动、中国震撼与中国崛起"之系列"中国精彩故事"崭新篇章。

主要参考文献

1. 《马克思恩格斯选集》(第 1—4 卷),人民出版社 1995 年版。
2. 《马克思恩格斯文集》(第 1 卷),人民出版社 2009 年版。
3. 《马克思恩格斯文集》(第 3 卷),人民出版社 2009 年版。
4. 《马克思恩格斯全集》(第 1—2 卷),人民出版社 1995 年版。
5. 《马克思恩格斯全集》(第 9 卷),人民出版社 2009 年版。
6. 《列宁选集》(第 1—4 卷),人民出版社 1995 年版。
7. 《列宁全集》(第 13 卷),人民出版社 1990 年版。
8. 《毛泽东选集》(第 1—4 卷),人民出版社 1991 年版。
9. 《邓小平年谱》(下卷),中央文献出版社 2004 年版。
10. 《邓小平文选》(第 1 卷),人民出版社 1989 年版。
11. 《邓小平文选》(第 2 卷),人民出版社 1994 年版。
12. 《邓小平文选》(第 3 卷),人民出版社 1993 年版。
13. 《江泽民文选》(第 1—3 卷),人民出版社 2006 年版。
14. 本书编写组:《〈十八大报告〉辅导读本》,人民出版社 2012 年版。
15. 胡锦涛:《论构建社会主义和谐社会》,中央文献出版社 2013 年版。
16. 本书编写组:《习近平总书记系列讲话精神学习读本》,中共中央党校出版社 2013 年版。
17. 童星:《世纪末的挑战:当代中国社会问题研究》,南京大学出版社 1995 年版。
18. 童星:《发展社会学与中国现代化》,社会科学文献出版社 2005 年版。
19. 朱力:《当代中国社会问题》,社会科学文献出版社 2008 年版。
20. 周建国:《社会转型与社会问题》,甘肃人民出版社 2008 年版。

21. 李怀珠主编：《转型的探索》，经济管理出版社 2013 年版。
22. 刘伟：《近代中国的社会转型与制度变迁》，湖北人民出版社 2010 年版。
23. 吕小康：《社会转型与规则变迁：潜规则盛行的社会学阐释》，南开大学出版社 2012 年版。
24. 王绍光：《波兰尼〈大转型〉与中国的大转型》，生活·读书·新知三联书店 2012 年版。
25. 本书编写组：《推进国家治理体系和治理能力现代化》，国家行政学院出版社 2014 年版。
26. 谢春涛主编：《中国共产党如何治理国家》，新世界出版社 2012 年版。
27. 于歌：《现代化的本质》（修订版），江西人民出版社 2010 年版。
28. 吴晓明等主编：《全球化背景下的现代性问题》，重庆出版社 2009 年版。
29. 罗荣渠等：《中国现代化历程的探索》，北京大学出版社 2001 年版。
30. 张曙光：《现代性论域及其中国话语》，武汉大学出版社 2010 年版。
31. 漆思：《现代性的命运：现代社会发展理念批判与创新》，中国社会科学出版社 2005 年版。
32. 王怀超主编：《社会发展理论研究》，中共中央党校出版社 2002 年版。
33. 刘森林：《重思发展——马克思发展理论的当代价值》，人民出版社 2003 年版。
34. 侯衍社：《马克思的社会发展理论及其当代价值》，中国社会科学出版社 2004 年版。
35. 邢媛：《当代社会发展观导论》，社会科学文献出版社 2002 年版。
36. 邢媛：《马克思社会冲突思想》，山西人民出版社 2013 年版。
37. 金耀基：《从传统到现代》，中国人民大学出版社 1999 年版。
38. 金耀基：《中国现代化的终极愿景》，上海人民出版社 2013 年版。
39. 葛剑雄：《统一与分裂——中国历史的启示》，中华书局 2008 年版。
40. 刘晓凯：《利益分化与政治稳定》，人民出版社 2008 年版。
41. 杨建华等：《分化与整合：一项以浙江为个案的实证研究》，社会科学文献出版社 2009 年版。

42. 杨建华：《冲突与弥合：社会群体冲突及调节机制的实证研究》，社会科学文献出版社 2013 年版。

43. 胡思勇：《世界现代化陷阱与中国理性选择》，中国社会科学出版社 2013 年版。

44. 夏东民：《现代化原点结构：冲突与转型》，中国社会科学出版社 2008 年版。

45. 曾红宇：《马克思社会有机体思想研究》，中国社会科学出版社 2013 年版。

46. 马俊峰：《马克思社会共同体理论研究》，中国社会科学出版社 2013 年版。

47. 何中华：《社会发展与现代性批判》，社会科学文献出版社 2007 年版。

48. 吴俊杰、张红：《中国构建和谐社会问题报告》，中国发展出版社 2005 年版。

49. 李培林、张翼等：《社会冲突与阶级意识》，社会科学文献出版社 2005 年版。

50. 李培林：《另一只看不见的手：社会结构转型》，社会科学文献出版社 2005 年版。

51. 李毅：《中国社会分层的结构与演变》，安徽大学出版社 2008 年版。

52. 李春玲：《断裂与碎片：当代中国社会阶层分化实证分析》，社会科学文献出版社 2005 年版。

53. 王志勇：《转型时期我国政治整合问题研究》，中山大学出版社 2012 年版。

54. 吴晓林：《现代化进程中的阶层分化与政治整合》，天津人民出版社 2012 年版。

55. 周平：《多民族国家的族际政治整合》，中央编译出版社 2012 年版。

56. 张会龙：《当代中国族际政治整合：结构、过程与发展》，北京大学出版社 2013 年版。

57. 糜海波：《马克思阶级概念的当代演变》，中国社会科学出版社 2012 年版。

58. 张凤玲等：《社会整合视域下的统一战线》，甘肃文化出版社 2012 年版。
59. 杨国斌：《社会阶层论》，中国社会科学出版社 2009 年版。
60. 吴忠民：《走向公正的中国社会》，山东人民出版社 2008 年版。
61. 卞绍斌：《马克思的"社会"概念》，山东人民出版社 2010 年版。
62. 连玉明主编：《中国社会管理创新报告——社会管理科学化与制度创新》，社会科学文献出版社 2012 年版。
63. 张立杰：《比较与整合——中国当代主体间性道德教育理论的建构》，上海人民出版社 2011 年版。
64. 柯卉兵：《分裂与整合：社会保障地区差异与转移支付研究》，中国社会科学出版社 2010 年版。
65. 王伟光：《社会矛盾论——我国社会主义现阶段阶级、阶层和利益群体的分析》，中国社会科学出版社 2011 年版。
66. 袁钰等编：《中国文化的生成与整合》，中国时代经济出版社 2010 年版。
67. 姜卫平：《社会转型期中国共产党社会整合能力问题研究》，中国社会科学出版社 2012 年版。
68. 韩星：《儒法整合——秦汉政治文化论》，中国社会科学出版社 2005 年版。
69. 陈方勐：《转型社会中的中国共产党》，中央编译出版社 2010 年版。
70. 萧功秦：《超越左右激进主义：走出中国转型的困境》，浙江大学出版社 2012 年版。
71. 汤志华：《中国共产党利益整合能力建设研究》，中国社会科学出版社 2010 年版。
72. 王邦佐等：《执政党与社会整合：中国共产党与新中国社会整合实例分析》，上海人民出版社 2007 年版。
73. 萧冬连：《国步艰难：中国社会主义路径的五次选择》，社会科学文献出版社 2013 年版。
74. 兰久富：《社会转型时期的价值观念》，北京师范大学出版社 1999 年版。
75. 王维平等主编：《马克思主义基本原理当代价值研究》，中国社会科学出版社 2011 年版。

76. 李辽宁：《当代中国思想政治教育意识形态功能研究》，武汉大学出版社 2006 年版。
77. 刘丰：《先秦礼学思想与社会的整合》，中国人民大学出版社 2003 年版。
78. 丰子义编：《马克思主义社会发展理论研究》，北京师范大学出版社 2012 年版。
79. 侯惠勤等：《冲突与整合》，中国人民大学出版社 2004 年版。
80. 李延明等：《近代中国社会形态的演变》，安徽大学出版社 2010 年版。
81. 周志山：《整合与构建马克思"和谐社会"解读》，上海交通大学出版社 2008 年版。
82. 李振：《社会宽容论》，社会科学文献出版社 2009 年版。
83. 郑杭生：《从传统向现代快速转型过程中的中国社会》，人民出版社 1996 年版。
84. 陆学艺主编：《中国社会建设与社会管理：探索·发现》，社会科学文献出版社 2011 年版。
85. 龚维斌主编：《社会管理与社会建设》，国家行政学院出版社 2011 年版。
86. 苑芳江：《中国共产党社会建设理论与实践研究》，中国社会科学出版社 2013 年版。
87. 虞和平主编：《中国的现代化历程》（共 3 卷），江苏人民出版社 2007 年版。
88. 宫志刚：《社会转型与秩序重建》，中国人民公安大学出版社 2004 年版。
89. 郭大方等：《执政党政治整合的基石：中国共产党意识形态建设的研究与思考》，军事科学出版社 2011 年版。
90. 徐海波：《中国社会转型和意识形态问题》，中国社会科学出版社 2003 年版。
91. 刘祖云主编：《社会转型解读》，武汉大学出版社 2005 年版。
92. 李强主编：《中国社会变迁 30 年（1978—2008）》，社会科学文献出版社 2008 年版。

93. 李朝祥：《嬗变与整合：公民政治意识和国家意识形态》，世界图书出版广东公司 2013 年版。

94. 蔡昉：《避免"中等收入陷阱"：探寻中国未来的增长源泉》，社会科学文献出版社 2012 年版。

95. 孙立平：《转型与断裂——改革以来中国社会结构的变迁》，清华大学出版社 2004 年版。

96. 宋宝安主编：《社会稳定与社会管理机制研究》，中国社会科学出版社 2011 年版。

97. 巩刚军、马进等编著：《西北地区高校"五个认同"教育研究》，民族出版社 2013 年版。

98. 陶冬：《拐点下的困惑：陶冬预言中国经济的危与机》，中国人民大学出版社 2014 年版。

99. 郑永年：《中国模式：经验与困局》，浙江人民出版社 2010 年版。

100. 莫吉武等：《协商民主与有序参与》，中国社会科学出版社 2009 年版。

101. 李鸿渊：《党内民主与社会诉求有效性整合的新探索》，生活·读书·新知三联书店 2012 年版。

102. 于幼军等：《社会主义五百年》（全三册），广东教育出版社 2011 年版。

103. 钱书法等：《分工演进、组织创新与经济进步——马克思社会分工制度理论研究》，经济科学出版社 2013 年版。

104. 康晓光等：《多元与整合：改革开放时代中国发展方式实证研究》，社会科学文献出版社 2013 年版。

105. 蔡鑫：《中国的转型》，中国人民大学出版社 2014 年版。

106. 王涛：《中国特色社会主义民生建设研究》，中国社会科学出版社 2011 年版。

107. 国务院发展研究中心课题组：《民生为本：中国基本公共服务改善路径》，中国发展出版社 2012 年版。

108. 许海清：《国家治理体系和治理能力现代化》，中共中央党校出版社 2013 年版。

109. 张小劲：《推进国家治理体系和治理能力现代化六讲》，人民出版社 2014 年版。
110. 俞可平：《中国治理变迁 30 年（1978—2008）》，社会科学文献出版社 2008 年版。
111. 俞可平主编：《治理与善治》，社会科学文献出版社 2000 年版。
112. 俞可平：《论国家治理现代化》，社会科学文献出版社 2014 年版。
113. 胡鞍钢等：《中国国家治理现代化》，中国人民大学出版社 2014 年版。
114. 魏礼群：《社会建设与社会管理》，人民出版社 2011 年版。
115. 王宗礼：《当代中国政治发展研究》，甘肃文化出版社 2013 年版。
116. 侯万锋、王宗礼：《多民族国家的政治整合研究》，兰州大学出版社 2011 年版。
117. 靳江好等主编：《和谐社会与社会矛盾调节机制》，人民出版社 2008 年版。
118. 王学俭、宫长瑞：《生态文明与公民意识》，人民出版社 2011 年版。
119. 云立新：《冲突与和谐——透视转型时期中国的社会冲突问题》，兰州大学出版社 2012 年版。
120. 姚建军：《主流意识形态建设与社会整合研究》，光明日报出版社 2016 年版。
121. 邱震海：《当务之急：2014—2017 年中国的最大风险》，东方出版社 2014 年版。
122. 埃米尔·涂尔干：《社会分工论》，生活·读书·新知三联书店 2000 年版。
123. 西摩·马丁·李普塞特：《共识与冲突》，上海人民出版社 2011 年版。
124. 吴晓林：《社会整合理论的起源与发展：国外研究的考察》，《国外理论动态》2013 年第 2 期。
125. 吴晓林、戴昌桥：《政治整合研究：概念逻辑、问题论域与研究展望》，《社会主义研究》2009 年第 4 期。
126. 吴晓林：《现代化进程中的社会分化与整合》，《河南大学学报》

（社会科学版）2012 年第 3 期。

127. 吴晓林：《新中国阶层结构变迁与政治整合 60 年：过程、特征与挑战》，《天津社会科学》2010 年第 7 期。

128. 吴晓林：《20 世纪 90 年代以来国外社会整合研究的理论初探》，《广东行政学院学报》2011 年第 1 期。

129. 吴晓林：《新中国初期的政治整合研究：过程、特征与结果》，《党史研究与教学》2010 年第 8 期。

130. 黄勇：《邓小平社会运行理论的基本点：激励与整合发展》，《人大复印报刊资料（邓小平理论）》2003 年第 5 期。

131. 王邦佐：《近年来我国对社会整合问题的研究概述》，《贵州社会科学》2007 年第 2 期。

132. 颜廷平：《近十年来党的社会整合能力建设研究》，《高校社科动态》2010 年第 6 期。

133. 陶建钟：《国家与社会二元逻辑下的社会整合研究》，《浙江社会科学》2014 年第 4 期。

134. 孙立平：《从政治整合到社会重建》，《瞭望》2009 年第 36 期。

135. 王毅：《"社会—个体互构"的社会整合机制探析——从马克思到吉登斯》，《求索》2014 年第 8 期。

136. 程美东：《改革开放以来中国社会整合体系的演变》，《学习与探索》2004 年第 1 期。

137. 岳天明：《基于道德基础的社会整合——涂尔干的社会理论及当代中国社会意义》，《华东理工大学学报》（社会科学版）2014 年第 2 期。

138. 侯冬梅：《我国社会整合机制的转换——兼论宗教在社会整合机制建设中的价值》，《理论探讨》2014 年第 3 期。

139. 严庆：《解读"整合"与"民族整合"》，《民族研究》2006 年第 4 期。

140. 王红光、夏静雷：《改革攻坚期中国共产党执政风险的社会整合机制探析》，《甘肃理论学刊》2014 年第 2 期。

141. 杨帆、臧秀玲：《转型期中国共产党社会整合问题研究》，《理论学刊》2014 年第 5 期。

142. 戴桂斌：《社会转型与社会整合》，《求实》2003 年第 3 期。
143. 王宗礼：《国家建构视域中的后发多民族国家政治发展》，《当代世界与社会主义》2013 年第 5 期。
144. 王宗礼：《论构建社会主义和谐社会背景下的政治文明建设》，《政治学研究》2005 年第 3 期。
145. 王宗礼等：《多民族国家的国家认同与公民教育》，《甘肃社会科学》2013 年第 6 期。
146. 张翼：《社会整合与文化整合：社会学者的"整合"观》，《人大复印报刊资料（社会学）》1994 年第 2 期。
147. 袁君刚：《系统整合与社会整合：分析现代社会秩序的两种逻辑》，《理论月刊》2011 年第 7 期。
148. 吴素雄：《当代中国社会分化与中国共产党整合功能的重新定位》，《湖北行政学院学报》2003 年第 1 期。
149. 王虎学：《社会主义核心价值体系的整合力》，《重庆社会科学》2011 年第 2 期。
150. 王虎学：《多元社会的价值重建：论社会主义核心价值体系的历史生成与自觉建构》，《北京师范大学学报》（社会科学版）2011 年第 5 期。
151. 朱力：《我国社会整合机制的转换：兼论"和谐社会"的理念》，《学海》2005 年第 1 期。
152. 朱力、葛亮：《社会协同：社会管理的重大创新》，《社会科学研究》2013 年第 5 期。
153. 孔令友：《构建社会主义和谐社会关键在不断强化党的社会整合功能》，《南京社会科学》2005 年第 3 期。
154. 李朋：《谈谈党的社会整合功能》，《党政论坛》2011 年第 7 期。
155. 王道勇：《从社会整合到社会合作：社会矛盾应对模式的转向》，《教学与研究》2014 年第 7 期。
156. 樊青青：《国外社会整合的实现路径及其启示》，《求索》2011 年第 9 期。
157. 汪家华：《论新世纪中国共产党的社会整合功能》，《理论导刊》2014 年第 6 期。

158. 李南海：《从结构到文化：迪尔凯姆社会整合思想的演变》，《沈阳工程学院学报》（社会科学版）2011年第1期。
159. 杨信礼、尤元文：《论社会整合》，《理论学习》2000年第12期。
160. 杨国荣：《道德与社会整合》，《天津社会科学》2001年第5期。
161. 贾绘泽：《社会整合——涵义述评分析及其相互概念辨析》，《高校社科动态》2010年第2期。
162. 李强：《职业共同体：今日中国社会整合之基础》，《学术界》2006年第3期。
163. 许耀桐、刘祺：《当代中国国家治理体系分析》，《理论探索》2014年第1期。
164. 王维平：《推进中国特色社会保障体系建设的思考》，《理论月刊》2008年第10期。
165. 陈振明、李东云：《"政治参与"概念辨析》，《东南学术》2008年第4期。
166. 马进：《社会认同是怎样进行的：一种社会认同理论》，《甘肃理论学刊》2014年第1期。
167. 张利军：《国内外关于政治参与内涵的辨析》，《国外理论动态》2014年第2期。
168. 尹雪萍：《论矛盾的社会整合功能》，《华中理工大学学报》（社会科学版）1998年第4期。
169. 张兆曙：《从政治整合到经济整合——建国以来中国社会系统结构整合方式的转变》，《浙江师范大学学报》（社会科学版）2004年第6期。
170. 刘惠：《社会公正：当代中国社会整合的基本准则》，《齐鲁学刊》2011年第1期。
171. 刘惠：《党的社会整合能力建设与机制创新》，《重庆社会科学》2013年第5期。
172. 万本根、姜生：《中国传统社会整合思想方法论的特点》，《社会科学研究》1999年第2期。
173. 崔建明：《杜尔凯姆的道德社会整合论》，《学术月刊》1996年第5期。

174. 曲洪志、谭延敏：《文化建设与社会整合》，《马克思主义与现实》2009 年第 1 期。

175. 王博识：《管子社会整合思想与积极构建和谐社会》，《管子研究》2008 年第 1 期。

176. 谈正好：《论社会转型过程中的政治整合》，《甘肃社会科学》2000 年第 1 期。

177. 万江红、徐小霞：《试论孔子社会整合思想及其对现代社会的影响》，《学术论坛》2005 年第 10 期。

178. 胡艳华、万江红：《孙中山与迪尔凯姆社会整合思想的分析比较》，《华中农业大学学报》（社会科学版）2004 年第 3 期。

179. 张番红：《整合视角下民族地区服务型政府构建障碍及策略分析》，《青海社会科学》2013 年第 1 期。

180. 张永浩：《试论江泽民的社会整合思想》，《广西社会科学》2004 年第 4 期。

181. 王勇：《近年来我国社会管理问题研究综述》，《云南社会科学》2007 年第 5 期。

182. 刘红凛、李卫华：《论社会整合机制》，《山东师范大学学报》（哲学社会科学版）2003 年第 6 期。

183. 肖小芳、曾特清：《马克思社会整合理论的新诠释——从帕森斯、洛克伍德到哈贝马斯》，《伦理学研究》2015 年第 2 期。

184. 袁泽民、莫瑞丽：《"社会整合"的类型及建构》，《理论界》2008 年第 5 期。

185. 魏佐国：《先秦儒家社会整合思想及其当代价值》，《广东行政学院学报》2009 年第 6 期。

186. 王浩斌：《马克思恩格斯的社会整合思想及其当代价值》，《湖南城市学院学报》2009 年第 5 期。

187. 宁德安：《社会整合初论》，中共中央党校博士学位论文，2013 年。

188. 卢希望：《执政党的社会整合功能研究》，中共中央党校博士学位论文，2005 年。

189. 贾绘泽：《邓小平理论与当代中国社会整合》，河北师范大学博士学位论文，2008 年。
190. 闻晓祥：《论社会整合》，南开大学博士学位论文，2007 年。
191. 罗峰：《变革社会中的政党权威与社会整合——对中国共产党执政体系的政治学分析》，复旦大学博士学位论文，2006 年。
192. 齐先朴：《论增强党在信息时代的社会整合功能》，中共中央党校博士学位论文，2008 年。
193. 颜廷平：《中国共产党社会整合能力建设研究——以党的社会主义改造与改革为例》，曲阜师范大学硕士学位论文，2011 年。
194. 刘惠：《利益分化下中国共产党的社会整合研究》，西南交通大学博士学位论文，2011 年。
195. 戚如强：《思想政治教育社会整合研究》，南京师范大学博士学位论文，2013 年。
196. 吴小刚：《马寅初社会整合思想研究》，重庆师范大学硕士学位论文，2010 年。
197. 黄建文：《新时期执政党社会整合研究》，苏州大学博士学位论文，2008 年。
198. 涂小雨：《转型期中国共产党的社会整合机制研究》，中共中央党校博士学位论文，2010 年。
199. 杨立志：《中国共产党政党文化与中国社会整合》，东北师范大学博士学位论文，2009 年。
200. 王爱巧：《社会转型时期党的社会整合功能研究》，华中师范大学硕士学位论文，2007 年。
201. 徐占元：《西部民族地区加强党的政治整合能力研究》，兰州大学博士学位论文，2011 年。
202. 崔晓晖：《意识形态认同：新时期中国共产党社会整合的思想基础》，吉林大学博士学位论文，2008 年。
203. 韩巍：《新媒体背景下的政治整合研究》，复旦大学博士学位论文，2011 年。
204. 徐露辉：《政治整合论》，浙江大学博士学位论文，2009 年。
205. 李红松：《现代化进程中的社会分化与社会整合》，中共中央党校博士学位论文，2015 年。

206. 杨帆：《改革开放以来中国共产党社会整合问题研究》，山东大学博士学位论文，2014年。
207. 张文岩：《改革开放以来中国共产党社会利益整合研究》，兰州大学博士学位论文，2015年。
208. 亓光：《当代中国社会组织的政治整合功能与实现》，江苏省第八届学术大会学会专场论文哲学社会科学类论文汇编，2014年11月1日。
209. 晏荣：《现阶段中国面临的社会整合难题与可能之出路》，中国国际共运史学会2013年年会暨学术研讨会，2013年8月25日。
210. 杨建华：《从马克思到卢曼：社会分化与整合研究及启示》，浙江省社会学学会成立二十周年纪念暨2007学术年会，2007年10月。
211. 黄建新：《系统整合与社会整合——兼论转型时期社会组织的复位》，福建省社会学2008年会。2008年10月。
212. 石英：《社会管理是推动社会建设的基本手段》，《中国社会科学报》2011年5月17日。
213. 张祖林：《关于构建和谐社会的几点思考》，《光明日报》2010年8月15日。
214. 徐玉俊：《邓小平如何处理社会冲突?》，《北京日报》2011年11月20日。
215. 赵军：《增强和发挥党的社会整合功能》，《安徽日报》2011年7月19日。
216. 程铁军：《浅谈转型进程中的社会整合机制》，《安徽日报》2010年1月8日。
217. 王世奇：《构建社会主义核心价值体系是社会整合的需要》，《中华工商时报》2011年2月23日。
218. 左志坚：《"爆炸式信息碎片"需要社会整合机制》，《21世纪经济报道》2010年4月16日。
219. 王义桅：《中国模式既发展中国又造福世界》，《人民日报》2014年11月11日。
220. 吴忠民：《中国现阶段社会矛盾本质是民生问题》，《光明日报》

2013年8月13日。

221. 郑功成：《公平、可持续：社会保障制度发展目标》，《光明日报》2014年1月31日。

222. 郭轩宇：《构建和谐社会的五方面机制》，《光明日报》2010年11月4日。

223. 单世联：《文化多样性内在结构和意义内涵》，《中国社会科学报》2014年6月18日。

224. 朱海风：《为实现平等创造更好的制度土壤》，《河南日报》2014年4月9日。

225. 肖文涛：《国家治理现代化的时代意蕴》，《福建日报》2014年2月17日。

226. 房宁：《如何推进国家治理体系和治理能力现代化》，《人民日报》2014年1月28日。

227. 江必新：《推进国家治理体系和治理能力现代化》，《光明日报》2013年11月15日。

228. 刘宝明：《推进民族事务治理现代化的途径》，《中国民族报》2014年3月28日。

229. 孔德永：《动态理解政治认同与政治稳定》，《中国社会科学报》2014年4月4日。

230. 刘增禄：《推进国家治理体系和治理能力现代化》，《辽宁日报》2014年5月6日。

231. 沈传亮：《建立国家治理能力现代化评估体系》，《学习时报》2014年6月3日。

232. 梁理文：《为什么说"必须创新社会治理模式"？》，《南方日报》2012年6月7日。

233. 远山：《社会整合：弥合中国式断裂》，《社会科学报》2010年7月8日。

234. 张翼：《社会整合的核心在于回归社会》，《社会科学报》2015年2月26日。

235. Emile Durkheim, The Division of Labor in Society (1893), New York: The Free Press edition, 1933.

236. Max Weber, 1970, Class, Status, Party, in From Max Weber: Essays in Sociology (ed.) . by H. H. Gerth &C. Wright Mills, London, Routledge Paperback.
237. Claude Ake, Political Integration and Political Stability: Ahypothesis Author, World Politics, Vol. 19, No. 3 (Apr. 1967) .

后　记

　　拙作是基于我的博士学位论文基础上，经过反复修改而成，书中部分内容和观点已经或即将要在学术期刊发表。如今成书出版是对自己学习生涯的一个总结，也是新的开始。拙作通过选择性借鉴和批判性吸纳发端于西方社会整合理论与实践，坚持"中体西用"，积极扬弃的马克思主义方法论，着力熨平西方社会整合制度性学术话语权，打造有中国特色社会整合话语主导权，探寻其机制渊源和内在机理，依靠改革创新，越过结构调整坎，攀爬转型跃升坡。直面经济下行压力，坚持和发展有中国特色社会整合机制体系，作为化解我国现代化转型陷阱的重要抓手，旨在形成有中国特色社会整合生态"风景这边独好"，助推社会整合范式从一元到多元、从单一到复合、从管理到治理、从控制到服务、从单向到双向、从单功能到多功能、从改造式到总体式的多集群转型升级更新版，以驱动国家治理体系和治理能力现代化的科学有效性维度发挥独特作用，着力避免"修昔底德陷阱"，以此回应与消解"中国威胁论""中国崩溃论"和"中国失去动力论"，旨在实现"两个一百年"奋斗目标和重建中华民族伟大复兴"中国梦"美好愿景。回首读博的几年，徜徉于读书和悬思之间，在彷徨、困惑和苦索过程中，顿悟到为学之不易，体认求学不仅要以获取真知为旨趣，更是对心灵和精神的一种历练、扬弃、净化与沉淀。经师易遇，人师难求。每念及我的授业恩师王宗礼教授多年来的谆谆教诲和承蒙不弃，以及学生困惑、茫然、迷失、动摇之际对学生鲁钝的包容体谅、宽容仁爱、鞭策鼓励和无微不至的关怀体恤之情，心中充盈的不仅是感激，更是一种对恩师的愧疚！恩师教导的"问题意识"将时时警醒自己并渗透和镌刻于我学术生命过程。论文从选题构思、提纲设计、资料收集，从章节布局、观点推演到行文修饰、遣词造句、反复修改润色、直到定稿，都凝结、浸润和消耗了恩师大量心血和汗水。论文的完成离不开恩师的精心点拨、悉心指导与有益启迪。师恩似海，唯恐有负尊望。恩师平易近人、内敛厚道、谦虚谨慎、淡泊名利，其渊博严谨的学识与博闻强记的思维品格和勤勉风范，潜移默化的熏陶、感染，时刻教导我，这份厚重当弥足珍惜，是我为人治学处世的终生榜样。

饮其流时思其源，成吾学时念吾师。衷心感谢导师组的刘基教授、陈晓龙教授、李朝东教授、张润君教授，感谢你们在博士论文撰写和（预）答辩过程中提出的真知灼见。感谢王维平教授、王学俭教授、张新平教授、刘先春教授给予拙作的极有价值的建设性意见和进一步改进的思路等诸多帮助。感谢我工作单位甘肃政法学院党委副书记、纪委书记赵鹏研究员，宣传部长巩刚军研究员，组织部长杨景平教授，人事处长何瑞林研究员，以及马克思主义学院院长马进教授等领导和同事，你们都是我非常敬重爱戴且学识与人品俱佳的师长，在此表示诚挚谢意。感谢中国社会科学出版社马克思主义理论出版中心田文主任为拙作出版付出的辛勤劳动，在此表示衷心感谢。

感谢我的家人至亲，以及每一位曾经帮助过我的人们，感谢你们长期以来给予我的无私关怀和理解支持是鞭策与鼓励我不断成长进步的原动力。尤其要感谢我的父亲——感谢您对我学业的坚定支持、无限帮助和精神慰藉，是您的热情鼓励坚定了我的决心。在我人生的路上，不管是欢笑还是泪水、抑或是挫折，您始终是我生命中的太阳，您永远都陪伴在我身边。我非常感激和尊重所有人为我付出的一切！

拙著在写作期间，笔者查阅、借鉴和吸纳了学界前辈与师长同仁富有洞见的众多优秀研究成果与珍贵学术观点，为拙著提供了宽阔的学术视野和可资镜鉴的素材，纵使我力求在注释和参考文献中给予尽可能地一一标明出处，但由于各种原因仍不免有所遗漏，借此机会，谨向给予我指点和鼓励的学界朋友和前辈，以及拙著所引用、引证或参考资料所属的专家学者也一并深表诚挚感谢。借用英国作家切斯特对常识的戏谑性颠覆诠释了一个道理："如果事情值得做，就值得做坏"。同样，学术研究需要持续执着探究的修行轨迹，囿于笔者的天资努力、知识结构、研究水平、能力学识的缺陷和可获得资料有限，以及转型期我国社

后 记

会整合研究所涉及的问题与知识域过于宽广，还有许多问题有待继续研究讨论与深化提升。尽管笔者一直在真诚地努力与探索，以求实现学术提升与人生价值追求，实没有能力将社会整合研究视野作以全方位的丰富和拓展。在此，笔者虔诚地就拙著难免存在的粗糙疏漏、薄弱不足、甚或是瑕疵谬误之处，殷切恳请各位专家学者和师长朋友的批评斧正与学术建议，以便今后继续修改以不断完善。

最后，谨以借用美国《时代周刊》入选20世纪百位影响力人物的世界左翼运动大师切·格瓦拉的名言："让我们面对现实，让我们忠于理想"，追风踏浪，勇往直前。并以此自勉。

是为记。

张番红
2016年2月26日